AF592556

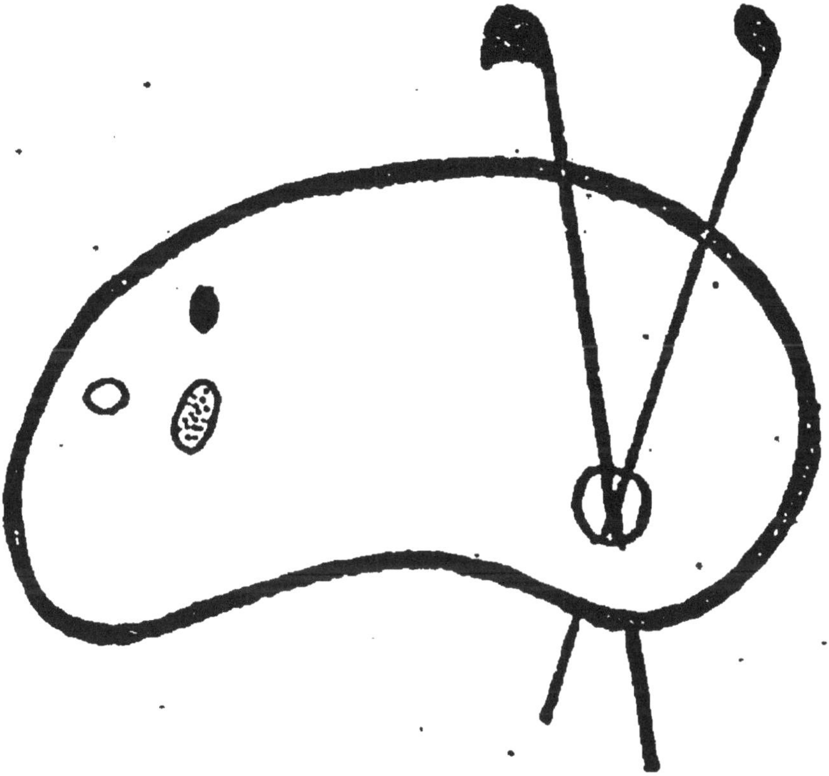

LYSIS

CONTRE 'OLIGARCHIE FINANCIÈRE EN FRANCE

NOUVELLE ÉDITION
Corrigée, mise à jour et augmentée
suivie de la

RÉPONSE DE LYSIS AUX ÉTABLISSEMENTS DE CRÉDIT

ALBIN MICHEL, ÉDITEUR
22, RUE HUYGHENS, 22
PARIS

Imp. C. Goubert, 52, avenue du Maine, Paris

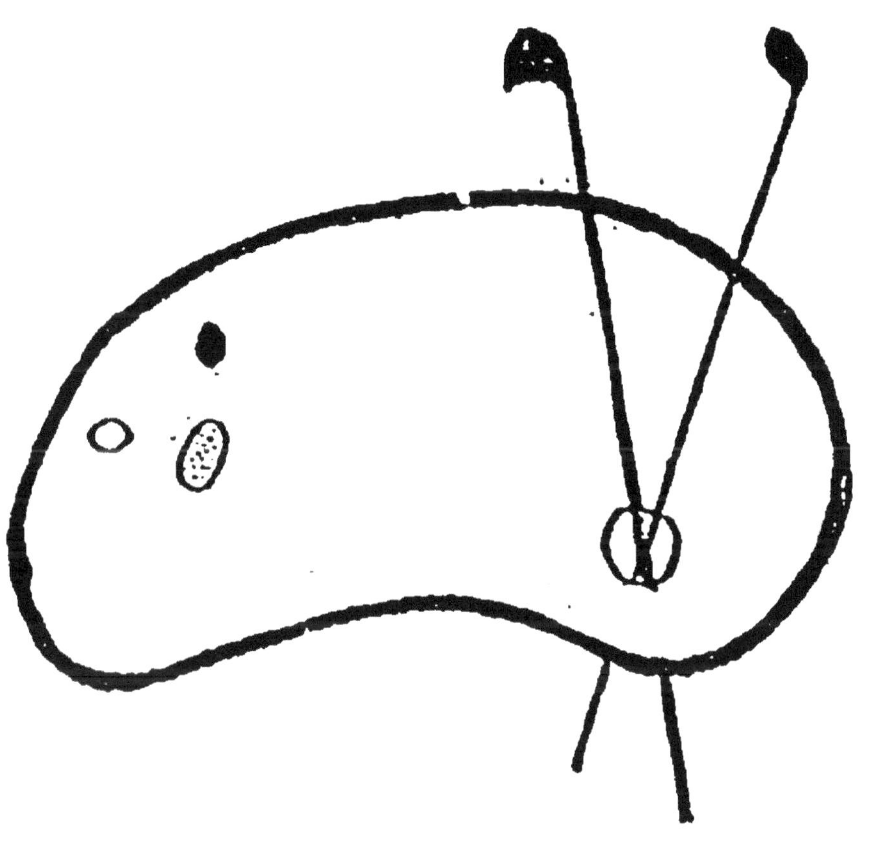

FIN D'UNE SERIE DE DOCUMENTS
EN COULEUR

CONTRE

L'OLIGARCHIE FINANCIÈRE

EN FRANCE

Lysis

CONTRE L'OLIGARCHIE FINANCIÈRE EN FRANCE

ONZIÈME ÉDITION

Corrigée, mise à jour et considérablement augmentée, suivie de

LA RÉPONSE DE LYSIS AUX ÉTABLISSEMENTS DE CRÉDIT

ALBIN MICHEL, ÉDITEUR
22, RUE HUYGHENS, 22
PARIS

NOTE DE L'AUTEUR

Nos articles Contre l'Oligarchie financière en France, *parus dans la* Revue *en 1906 et 1907, ont fait l'objet d'une publication qui est depuis longtemps épuisée et que beaucoup de personnes ayant lu seulement nos plus récents écrits nous demandent souvent de leur procurer. Nous procédons donc à leur réédition.*

Étant donné l'intervalle assez long qui s'est écoulé depuis leur première impression, on trouvera sans doute naturel que nous ayons fait subir à notre texte quelques remaniements. Sans parler de certaines corrections d'ordre littéraire et n'ayant trait qu'à la forme, il était impossible de laisser subsister dans une édition nouvelle des exposés de faits ou des appréciations se rapportant à des questions qui étaient d'actualité, il y a quatre ans, et ne le sont plus aujourd'hui, soit qu'elles aient été solutionnées par les événements, soit qu'elles se présentent maintenant sous d'autres aspects, en raison de cette loi d'évolution à laquelle obéit aussi le monde financier... De même, il nous a paru nécessaire de compléter les chiffres et statistiques cités par nous à cette époque en les mettant à jour à la date actuelle.

C'est donc un travail corrigé et revisé que nous offrons au lecteur. Nous le faisons suivre de la Réponse de Lysis aux Établissements de crédit, *et d'un article intitulé* les Menées de l'Oligarchie financière en 1907 et 1908 *publiés dans la* Grande Revue *et qui n'ont pas encore été édités en volume. Enfin nous y ajoutons, pour achever l'instruction du lecteur, l'énumération des valeurs étrangères introduites à la Bourse de Paris en 1909 et 1910.*

Contre l'Oligarchie financière en France

CHAPITRE PREMIER

LE MONOPOLE DES ÉTABLISSEMENTS DE CRÉDIT

L'importance démesurée des emprunts étrangers émis dans notre pays attire l'attention sur la question de l'organisation des banques en France. Cette question n'est pas seulement financière, comme on le croit communément, elle est en outre politique et nationale en raison de sa grande importance. Il est curieux cependant de noter que sous notre régime de libre discussion où toutes les institutions sont passées au crible de la critique, notre système financier seul échappe à toute analyse.

La question financière est une question politique et sociale.

Dans le domaine industriel, quand un différens surgit entre un patron et ses ouvriers, l'opinion s'émeut, elle prend parti pour le capital ou pour le travail, elle manifeste ainsi qu'elle s'intéresse au conflit. Dans le domaine économique, plus général, de même, chacun est protectionniste ou libre-échangiste. Avec plus ou moins de raison, l'un défend l'industrie nationale, l'autre proteste contre la cherté du pain, mais tout le monde a son système. Dans les questions se rattachant aux libertés publiques, à l'impôt, à l'enseignement, à l'armée, à la marine et même à l'hygiène, il n'est pas de citoyen non plus qui n'ait ses tendances préférées ou ses opinions propres. Seule la question financière reste une question technique, une question spéciale. Le grand public l'ignore, il s'en désintéresse, il ne voit pas que cette question financière présente de nos jours un caractère politique et social qui la met au premier plan.

La France est le banquier du monde.

C'est pourtant un fait connu que la France est le banquier du monde. Le montant des valeurs mobilières appartenant aux capitalistes français était estimé, pour l'année 1909, à 140 ou 150 milliards de francs. Sur ce chiffre, 35 à 40 milliards étaient des titres étrangers[1]. Tous les pays de l'univers, ou à peu près, sont débiteurs du rentier français. Depuis les grandes nations comme la Russie, l'Angleterre, l'Italie, l'Espagne, l'Autriche, etc., jusqu'à celles de moindre importance, comme la Belgique, la Suisse, le Danemark, la Hollande, la Finlande, la Grèce, la Suède, la Norvège, le Portugal, tous les pays étrangers, à peu près, sont tributaires de l'argent français. La France est essentiellement prêteuse.

Qui exporte nos milliards.

Par l'entremise de quelles institutions, au moyen de quel mécanisme, sous la garantie de quel contrôle

1. 8e rapport de M. Alfred Neymarck sur la *Statistique internationale des valeurs mobilières*.

officiel s'effectue cet énorme exode de capitaux français à l'étranger, ce sont là des questions auxquelles peu de personnes dans notre pays démocratique pourraient répondre. Nos députés et sénateurs ne paraissent à cet égard ni plus curieux, ni mieux instruits, car on ne relève que rarement dans leurs discussions publiques des allusions à ces problèmes. Il s'agit pourtant de milliards qui peuvent être engagés dans des placement aventurés, de milliards dont notre industrie peut avoir besoin et qui lui sont retirés; de milliards qui, prêtés à telle ou telle grande nation, constitueront plus tard une des bases de notre politique extérieure. Ces milliards ne donnent cependant lieu à aucun débat entre nos législateurs[1].

Conditions uniques.

Telle étant l'ignorance qui règne sur une question dont l'importance est capitale entre toutes, il paraît intéressant d'étudier les conditions dans lesquelles se concluent les emprunts étrangers en France, et de montrer *que ces conditions sont spéciales à notre pays et n'existent chez aucune autre nation au monde.*

1. Depuis la publication de ces articles en 1906 et l'agitation qui l'a suivie, un mouvement d'idées s'est dessiné contre l'oligarchie financière. MM. Rouanet, Meslier, Wilm et Jaurès ont interpellé à la Chambre au sujet de nos révélations (7 et 8 février 1907). MM. Georges Gérald, Plissonnier, Klotz, André Michel, Augagneur, Turmel, Édouard Néron, etc., ont protesté contre l'exportation des capitaux au Parlement. Dans la presse économique surtout, le mouvement d'idées dont nous parlons a été en s'intensifiant, mais il est regrettable de constater qu'il n'est pas encore sorti des sphères dirigeantes et que, par suite du silence des grands journaux politiques, il n'a pas pénétré jusqu'ici dans la masse de la nation.

I

Les banquiers sont libres d'exporter l'argent français.

Si curieux que cela paraisse, quand on y réfléchit sérieusement, le placement des valeurs étrangères en France n'est soumis à aucune restriction. Ce commerce relève de l'initiative individuelle comme les autres négoces. Les banquiers sont libres d'exporter l'argent français comme les négociants le sont d'expédier des produits français à l'étranger. L'intervention de l'État ne se produit que sous la forme d'une autorisation d'inscription à la cote officielle que le ministre des finances peut accorder ou refuser à son gré.

Encore ce droit ne résulte-t-il pas d'une loi, mais seulement d'une tradition. Et si le ministre refuse l'autorisation, il ne s'ensuit nullement que les titres rejetés ne peuvent être écoulés en France. N'importe quels titres étrangers sont susceptibles d'être vendus, s'ils sont en règle avec le fisc. Des quantités importantes de fonds japonais ont été placés chez nous, bien avant leur inscription à la cote. Des quantités très considérables aussi de valeurs russes, notamment d'emprunts de villes russes non cotés, existent dans nos portefeuilles. Ces titres ont été vendus par les grands établissements de crédit. Leur non-inscription à la cote n'a pas empêché leur écoulement.

Comment le Ministre des Finances exerce son contrôle.

Quand il s'agit de grands emprunts, cependant, le veto du ministre est sinon légalement, du moins moralement et pratiquement péremptoire. Il serait donc intéressant de connaître les conditions dans lesquelles s'exerce ce droit du ministre des finances d'autoriser ou de refuser l'inscription à la cote des fonds d'États étrangers.

Malheureusement, il plane sur ce point essentiel une obscurité des plus regrettables. On voudrait savoir, par exemple, si le ministre s'inspire exclusivement de considérations se rattachant à notre politique étrangère ou s'il considère, en outre, qu'il a pour mission de défendre l'épargne. Examine-t-il la sécurité et l'avenir des placements? Étudie-t-il les dessous des affaires? Veut-il savoir quels bénéfices se réservent les banquiers, quel est leur prix d'achat et leur prix d'émission, s'il y a bénéfice normal ou excessif? Nul ne peut répondre à ces questions, à part quelques intéressés ou initiés. Une chose certaine, c'est que l'intervention parlementaire se produisant très rarement en matière d'emprunt étranger, le ministre a toute liberté pour interpréter, comme il lui plaît, les rapports de l'État moderne avec la finance[1].

1. Depuis que ces articles ont été écrits, des campagnes spéciales que nous avons menées dans *l'Humanité*, simultanément avec un ou deux confrères de la presse politique, ont mis le gouvernement français dans la nécessité de s'opposer à la cotation d'un emprunt austro-hongrois et d'un emprunt turc. A cette occasion, le gouvernement de M. Briand a revendiqué le droit de protéger l'épargne et de s'inspirer, dans ses décisions relatives aux emprunts étrangers, de considérations relatives à la sécurité des placements, mais ce droit lui a été d'autre part, de différents côtés, vivement contesté. Il règne donc toujours la même incertitude au sujet du pouvoir que possède effective-

Énorme pouvoir du ministre.

Pour peu qu'on songe avec insistance à cet aspect du problème, on est frappé de l'énorme responsabilité qui incombe au ministre des finances par suite de ce manque de contrôle. Somme toute, ce ministre a le pouvoir de faire réussir ou de faire échouer, suivant qu'il en décide, des opérations se chiffrant par des centaines de millions ou des milliards, opérations qui rapportent de très gros bénéfices à des banques.

Étant donnée la tendance professionnelle du monde financier à voir partout des affaires, on conçoit que cette omnipotence du ministre ait accrédité l'opinion que, dans les pays qui contractent les emprunts comme dans les pays qui les concluent, les ministres des finances participent souvent, sous une forme déguisée, aux bénéfices de ces opérations. Que de pareilles pratiques puissent exister à l'étranger, c'est chose possible, que nous ne pouvons pas plus mettre en doute qu'affirmer, tandis qu'il nous paraît évident comme la lumière du jour que, dans le passé, nos ministres des finances ont toujours été... d'honnêtes gens. Toutefois, si le passé et le présent sont sûrs en pareille matière, l'avenir ne peut être assurément préjugé. Pour la réputation et la tranquillité de nos ministres des finances, il est donc à désirer très vivement qu'on les décharge du soin d'ouvrir ou de fermer les écluses par lesquelles passent chaque année

ment le ministre dans le domaine qui est peut-être à l'heure actuelle le plus important de notre vie nationale.

de un à deux milliards d'or français, d'après l'inspiration de leur conscience propre, et sans aucun contrôle extérieur.

II

En France, toute concurrence financière a disparu.

On dira peut-être que le pouvoir législatif ne peut pas intervenir dans des questions qui relèvent de l'initiative des citoyens et qu'il est conforme au libéralisme économique de laisser les banquiers faire leur métier, comme on laisse les industriels et les commerçants faire le leur. La concurrence et le libre jeu des forces doivent régler théoriquement l'évolution. Mais précisément, il importe de montrer que, dans le domaine des grandes émissions financières en France, toute concurrence a effectivement disparu. Ce qui règne en France, c'est le régime du monopole.

Quatre sociétés de crédit font toutes les grandes émissions.

En Angleterre, on compte vingt-quatre grandes banques ayant chacune plus de cent succursales. Ces banques sont indépendantes les unes des autres. En Allemagne, il y a cinquante-quatre banques importantes autonomes affiliées à sept groupes distincts, ces sept groupes étant indépendants les uns des autres. En France, si l'on excepte deux établissements spéciaux qui ne font pas d'émissions, la Banque de France et le Crédit Foncier, toute notre puissance financière est centralisée dans quatre sociétés de crédit, le *Crédit Lyonnais*, la *Société Générale*, le *Comptoir National d'Escompte*, le *Crédit Industriel et Commercial*; dans plusieurs banques d'affaires, la *Banque de Paris et des Pays-Bas*, l'*Union Parisienne*, le *Crédit Mobilier*, la *Banque française pour le Commerce et l'Industrie* et dans un *Syndicat* dit *des Banquiers de province*. Or, ces banques forment un consortium et font toutes les grandes émissions en commun.

Dans le journal *le Rentier* du 7 janvier 1905, l'écrivain financier, bien connu M. Alf. Neymarck, recommandait d'acheter les actions des grandes banques françaises, en invoquant les arguments suivants :

Le trust des grandes banques.

« Toutes nos grandes sociétés, disait-il, ont su, depuis plusieurs années, s'entendre entre elles, marcher d'accord et ne plus se faire concurrence pour les opérations financières extérieures. Elles sont devenues presque des associées. Quand la *Banque de Paris*, le *Crédit Lyonnais*, la *Société Générale*, le *Comptoir National d'Escompte* contractent des emprunts ou s'intéressent à des affaires industrielles et financières à l'extérieur, ils ont comme principaux participants, ou syndicataires, les autres établissements de crédit et maisons de banque qui, en apparence, ne figurent pas au contrat d'emprunt (*sic*). Il en résulte que *toute grande opération financière profite à tous les établissements financiers dans des proportions qui dépendent du montant de leur participation*, mais qui sont suffisantes pour accroître le quantum des bénéfices de leurs opérations normales et courantes.

« C'est ainsi que se sont effectués, l'an dernier, sans remonter aux exercices précédents, les emprunts *Russe, Bulgare, Maroc, Ville de Paris*, etc. »

Il est intéressant de montrer comment s'est constitué ce monopole des grandes sociétés de crédit, de quelle manière il fonctionne et quelles conséquences en résultent, afin de bien établir qu'en ce qui concerne les valeurs mobilières, l'orientation des capitaux en France n'est pas déterminée par la concurrence, comme on le croit souvent, mais qu'elle dépend en réalité de quelques personnes.

III

L'ancien système haute banque et banquiers locaux.

L'ancien système de banques, qui s'est affaibli graduellement, comprenait la Haute Banque composée de banques d'émission, distinctes et indépendantes. Ces banques d'émission, telle la maison Rothschild, portaient le nom d'une famille ou de plusieurs associés, et souscrivaient aux grandes émissions avec leurs propres capitaux. En dehors de la Haute Banque, il y avait d'innombrables banques locales, moyennes ou petites, en rapport avec le public, à Paris et en province, escomptant le papier commercial, prêtant l'argent, etc. La Haute Banque revendait ses titres aux banquiers locaux et les banquiers locaux, eux; revendaient les titres au public.

Ce système comportait la concurrence. Concurrence

entre les diverses maisons de la Haute Banque en lutte pour conclure les affaires, concurrence entre les banquiers locaux qui pouvaient traiter avec telle ou telle maison de la Haute Ban[illegible] comme il leur plaisait. Observons aussi que, par [illegible] système, l'exode des capitaux français à l'étrang[illegible] n'était pas indûment facilité. Les banquiers loc[illegible] ne travaillaient avec la Haute Banque que dans [illegible] mesure où ils ne trouvaient pas du côté de l'indu[illegible] et du commerce régionaux des placements av[illegible]ux pour leur argent.

Création des grands magasins financiers

Petit à petit, par le phénomène [illegible] de la concentration, les banquiers locaux ont ét[illegible] esque entièrement éliminés, Des banques importantes ont pris leur place. Ces banques ont grandi, elles sont devenues ces vastes établissements de crédit que nous connaissons et qu'un écrivain, M. Paul Leroy-Beaulieu, croyons-nous, a justement désignés sous le nom de grands magasins financiers. Disposant de capitaux très importants, grâce aux fonds que le public leur remet en dépôt, ces grands établissements peuvent escompter le papier commercial à meilleur marché. Dans toutes les opérations de banque proprement dite, ils se contentent, en outre, de commissions plus réduites. Devant cette concurrence meurtrière, les banquiers locaux ont dû disparaître. Ils sont aujourd'hui remplacés par les succursales des grands établissements de crédit, qui forment un immense réseau couvrant tout le pays. Pour ne citer qu'un seul exemple, la Société Générale possède aujourd'hui 838 agences et bureaux en France, à Paris et en province.

Commodités et avantages pour le public.

Le public est attiré vers ces succursales par un ensemble de commodités et d'avantages réels et apparents. Non seulement il bénéficie d'une réduction de commissions et de courtages, mais le grand établissement, tant par l'importance de ses capitaux que par son caractère anonyme, administratif et presque officiel, lui inspire plus de confiance. Il y dépose son argent liquide, au lieu de le garder chez lui, se contentant d'un faible intérêt; il prend l'habitude d'y déposer aussi toutes ses valeurs, laissant à la succursale le soin de détacher et d'encaisser ses coupons à sa place, ou bien il y loue des coffres-forts pour la garde de ses titres; il obtient de même de la succursale tous les renseignements financiers dont il a besoin.

Cet ensemble de commodités a, d'autre part, le grave inconvénient qu'il entretient le capitaliste dans l'inertie, l'empêche d'agir et de réfléchir, le rend plus désarmé, plus suggestible, plus accessible au conseil. Très fréquemment le directeur de la succursale est le confesseur financier du capitaliste. Il joue d'autant plus facilement ce rôle qu'il connaît — puisqu'il l'a en dépôt — le portefeuille de son client. S'il veut influencer ce dernier, il peut le faire à coup sûr, connaissant exactement ses points sensibles.

Organisation napoléonienne.

Les établissements de crédit ont acquis de cette manière une grande influence morale. Qu'on songe à ceci : toutes les succursales obéissent au même mot d'ordre qui leur est envoyé par le siège social. Tous les sièges sociaux, c'est-à-dire tous les établissements, d'autre part, sont d'accord. Quand on le veut, par conséquent, *dans tous les coins de la France et le même jour, on peut donner au public capitaliste le même conseil d'acheter ou de vendre.*

Énorme développement des établissements de crédit.

Le développement des grands établissements et leur ascendant sur le public vont croissant. Prenons seulement les chiffres depuis quinze ans. Le total du bilan du Crédit Lyonnais en 1895 était de 1.239 millions, il est aujourd'hui de 2.489 millions. Le total du bilan de la Société Générale en 1895 était de 591 millions, il est aujourd'hui de 2.130 millions. Le total du bilan du Comptoir National d'Escompte en 1895 était de 535 millions, il est aujourd'hui de 1.659 millions.

De fin 1887 à fin 1910, les dépôts de fonds aux Crédit Lyonnais, Comptoir d'Escompte et Société Générale, en comprenant les soldes des comptes courants créditeurs, ont passé de 1.336 à 3.437 millions de francs. Ces trois établissements détiennent donc à eux seuls plus de 3 milliards de francs d'argent public.

Le mouvement des dépôts de fonds a été le facteur le plus favorable à la prospérité des grands établissements de crédit. Il procure, en effet, à ces établissements d'énormes capitaux, qui ne leur coûtent presque rien et dont ils disposent librement [1].

1. Le nombre de comptes ouverts fin 1908 au Crédit Lyonnais atteint 482.471, il était de 2.563 en 1863 et de 12.500 à fin 1911.

Le montant total des escomptes effectués dans les grands

IV

Haute ba que éliminée

Une conséquence de cet état de choses est que la Haute Banque ancienne, elle aussi, est éliminée. Tout le pouvoir d'achat du public se trouve aujourd'hui entre les mains des établissements de crédit. Ceux-ci s'en servent pour leur compte. La Haute Banque ne joue plus qu'un rôle effacé. Plutôt que de ne rien faire, elle travaille avec les grands établissements, intervient comme participant, comme apporteur de capitaux, ou bien elle rabat des affaires, ce que ses relations et sa vieille organisation à l'étranger lui permettent de faire souvent avec succès. Une partie de la Haute Banque paraît s'être concentrée dans les deux banques d'affaires, la Banque de Paris et des Pays-Bas, et l'Union Parisienne, cette dernière une nouvelle venue.

établissements de crédit est considérable : près de 15 milliards au Crédit Lyonnais pour 20.166.000 effets; près de 30 milliards, comme entrée et sortie, pour 62.449.000 effets, à la Société Générale; 14 milliards 473 millions d'effets au Comptoir National d'Escompte, etc. On peut dire que le montant total des effets escomptés par ces trois seuls établissements de crédit, Crédit Lyonnais, Société Générale, Comptoir National d'Escompte, atteint, s'il ne le dépasse, 45 milliards par an.

Les ordres de bourse, achats et ventes de valeurs, encaissements de coupons gratuits, sont énormes. En 1908, la Société Générale a exécuté 958.000 ordres de bourse pour 2.663 millions, elle a payé pour 931 millions de coupons; le Crédit Lyonnais a payé près d'un milliard de coupons (Commu

Ce consortium est étroitement uni, il est même absolument fermé. On ne peut y pénétrer. Pour y faire admettre les participants d'ordre secondaire, comme l'Union Parisienne ou la Banque Française pour le Commerce et l'Industrie, on raconte que l'influence d'une personnalité financière, comme M. Villars, ou d'un homme politique important, comme M. Rouvier, s'est heurtée à des difficultés presque insurmontables.

D'autre part, tous les capitaux étant drainés par les grandes sociétés de crédit, l'activité de la finance moyenne ne trouve plus à s'occuper. Seule végète une petite finance, qui en est réduite aux raclures.

V

Succursales sans initiative.

Passons aux conséquences.

Constatons d'abord que la manière dont nos grands magasins financiers remplissent leurs fonctions dépend en partie de leur organisation, en partie de la psychologie des gens qui les dirigent. Regardons-les de près. Leur direction est absolument centralisée dans un siège social situé à Paris. Leurs succursales en province sont confiées à des fonctionnaires qui n'ont pas le droit d'avoir de l'initiative. Le siège social peut,

nication de M. Alf. Neymarck à la Société d'Économie politique, séance du 5 octobre 1909).

d'ailleurs, difficilement s'en remettre à eux du soin d'engager des opérations qu'il n'est pas en mesure de contrôler. Par suite, les services que rendait autrefois le banquier local, connaissant les gens et la région, la succursale ne peut plus les rendre. Le commerce et l'industrie dans chaque région ne trouvent plus les commandites et les prêts de capitaux que leur procurait l'ancien système. L'établissement de crédit a tué quelque chose qu'il n'a pas remplacé. Le mal est connu.

Siège social mal conformé pour s'occuper d'industrie.

Deuxième défaut de la centralisation : le siège social est mal conformé pour entreprendre la création, l'administration ou la surveillance d'entreprises industrielles. Dix à douze personnes constituant le conseil d'administration ayant seul le pouvoir de délibérer et d'agir, il est impossible que ces personnes possèdent l'ensemble des connaissances techniques et pratiques requises dans chaque industrie. Si elles s'en remettent à des spécialistes ou à un bureau d'études du soin de prendre les décisions à leur place, elles se démettent de leurs fonctions. Même difficulté pour administrer les entreprises que pour les créer : il faut trouver des hommes capables au point de vue commercial, administratif et industriel, et s'en remettre à eux, c'est-à-dire toujours se démettre.

En Allemagne, les banques sont restées locales.

En Allemagne, la concentration s'est faite sans centralisation. Les sept groupes de banques, dont nous parlons plus haut, laissent subsister cinquante-quatre banques autonomes intéressées chacune dans l'industrie de leur région. Comparant les bilans des sociétés de crédit allemandes et françaises, le journal *le Pour et le Contre* (n° du 22 janvier 1905) montre que les capitaux mis à la disposition de l'industrie, en dehors de l'escompte et des prêts sur titres, sont, pour le Crédit Lyonnais, la Société Générale et le Comptoir d'Escompte, de 143 millions de francs, alors que, pour neuf banques allemandes, ils sont de 650 millions de marks, ou 812 millions de francs. Six banques allemandes sont représentées dans les conseils d'administration des cent treize plus importantes sociétés industrielles d'Allemagne, mines, métallurgie, électricité, produits chimiques (*Cote de la Bourse et de la Banque,* 5 avril 1906). Rien de pareil n'existe chez nous.

Nécessité d'effectuer de grandes émissions.

Un autre défaut de la centralisation, c'est la nécessité d'effectuer des opérations de grande envergure. Le placement s'opère d'une manière automatique par la mise en branle simultanée de toutes les succursales et agences. Il est difficile de faire fonctionner un si gros organisme pour l'écoulement de quelques millions. Faire marcher certains rouages et non les autres est une complication. Considérées comme des machines à placement, nos sociétés de crédit sont construites pour effectuer les émissions marchant par des centaines de millions. Et les grands emprunts rentrent à peu près seuls dans ces conditions.

Paresse et raisons d'intérêts.

A ces raisons tirées de la conformation actuelle de nos établissements de crédit, s'ajoutent les raisons de convenance personnelle ou d'intérêt, qui peuvent influencer leurs administrateurs. L'étude d'affaires industrielles multiples représenterait un incessant labeur, tandis que l'étude d'un ou deux fonds d'État, dans l'année, est un travail relativement simple qui comporte seulement l'examen des budgets et de la situation générale d'un pays. En outre, avec une ou deux affaires de ce genre dans l'année, on gagne le dividende de l'établissement, et largement. De plus, les affaires industrielles, il faut les surveiller, tandis que le fonds d'État une fois placé, c'est fini. Ici pas de contrôle, pas d'ingérence, pas d'administration personnelle impliquant une responsabilité permanente. Si les choses tournent mal, ce n'est pas la faute des banques, c'est la faute des États.

Enfin, dernière considération qui n'est pas la moins importante, la conclusion des grands emprunts étrangers permet de réaliser des bénéfices, sinon plus considérables, du moins plus difficilement contrôlables que ceux qu'on pourrait retirer d'entreprises françaises. Les accords secrets, la rémunération de concours, les manipulations inavouables qui sont inséparables de ces grandes opérations peuvent invoquer, le cas échéant, la raison d'État comme couverture. Janus est financier et diplomate.

Ainsi, d'une part, les grands établissements de crédit imposent au pays tout entier les conditions contingentes, en quelque sorte, de leur structure. Et d'autre part, les administrateurs de ces établissements ont, eux, la satisfaction royale de penser que leur caractère, leurs goûts et leurs tendances individuelles ne peuvent se manifester sans se répercuter en même temps sur la destinée économique de toute la nation.

VI

Les emprunts sont des affaires.

Nous disions, à l'instant, que la conclusion des emprunts étrangers donnait lieu à des combinaisons, et se traduisait par des bénéfices qui ne pouvaient pas être étalés au grand jour. Parlons un peu de ces dessous, non par esprit de dénigrement ou de critique malsaine, mais afin de rappeler que, pour ceux qui les concluent, les emprunts sont seulement des affaires.

Syndicats d'apporteurs.

Les emprunts généralement ne viennent pas tout seuls, ou du moins il n'en vient pas assez de cette manière. Il faut donc aller les chercher. Cette besogne incombe à des intermédiaires, à des personnes fixées dans le pays étranger ou à des envoyés, courtiers d'un genre spécial qui vont représenter au gouvernement ami combien il a besoin d'emprunter pour acheter des canons, pour augmenter sa flotte, pour boucler son budget ou pour unifier sa dette. Il y a donc au début des « inventeurs » ; il y a des premiers négociateurs; il y a aussi des premiers concours, soi-disant indispensables; ce qui donne prétexte à constituer ce qu'on appelle un *syndicat d'apporteurs*. Ce syndicat prélève une commission qui varie selon les pays, mais qui serait rarement inférieure *à 5 p. 100 du produit de l'émission*. Dans ce syndicat figurent tous les intermédiaires ou personnes utiles à la combinaison qui ne veulent pas se faire connaître. Le plus curieux, nous est-il affirmé, c'est que *les principaux administrateurs de l'établissement de crédit ou leurs hommes de paille font partie souvent du syndicat d'apporteurs.* Ils sont, en effet, indispensables, puisque si d'autres apportent l'emprunt, ils apportent, eux... leur établissement. Cette manière d'agir est parfaitement admise, elle se pratique couramment.

Syndicats de garantie.

En dehors de ce premier syndicat, la banque qui conduit les opérations s'occupe de constituer un *syndicat de garantie.* Elle fait appel, pour cela, aux autres grandes banques, à charge de revanche. Ce syndicat de garantie s'assure, comme l'ont déjà fait *les apporteurs*, une commission fixe qui sera supportée par le pays emprunteur et à l'aide de laquelle il se charge de rémunérer les différents concours qu'il devra solliciter. La moyenne de cette commission, pour les emprunts émis pendant ces dix dernières années, est également *de 5 p. 100 environ du produit de l'émission.*

Calculons sur la base d'un *emprunt à émettre au pair.* Le pays emprunteur ne recevra donc, en réalité, que 90 *p.* 100 *du montant de l'emprunt,* déduction faite de la commission des apporteurs et de celle du syndicat de garantie. Un journal financier a relevé de la sorte une commission de 10 p. 100 sur *un emprunt russe en obligations de chemin de fer.*

VII

Exemples de bénéfices réalisés sur de grands emprunts.

Des renseignements puisés par nous à des sources sérieuses confirment pleinement ces données. Voici quelques exemples de bénéfices qui auraient été réalisés sur plusieurs emprunts :

EMPRUNT SINO-RUSSE, 400 millions de francs 4 p. 100 or 1895, garanti par les gouvernements russe et français. — Coût originaire : 91 francs et une fraction. Cours d'émission : 99 fr. 20. — Bénéfice environ 8 p. 100. Remarque : ce taux est un minimum, car on suppose que le « coût originaire » correspond à la somme entrée réellement dans la caisse du gouvernement.

BONS DU TRÉSOR RUSSE, 5 p. 100 1904, 800 millions de francs. — Emprunt destiné à accroître les ressources du Trésor impérial russe en vue de la guerre russo-japonaise. — Coût originaire : 450 francs (toujours en supposant que cette somme ait été versée sans déduction). — 1904, plus bas cours : 495 francs ; plus haut cours : 520 francs. Différence : au moins 45 francs = 10 p. 100.

Le tiers seulement, soit 266 millions de francs, avait été pris ferme par le groupe d'établissements ; les deux autres tiers étaient « sous option ». Ces options ont été levées par tranches de 266 millions, après qu'on en eût assuré la vente.

D'après nos renseignements, *un seul établissement* a réalisé, à différents titres, sur cette opération, *environ vingt millions de francs de bénéfices.*

Obligations du Maroc, 5 p. 100 1904, 62 500 000 fr. en 125 000 obligations. — Cours d'émission, le 20 juillet 1904 : 462 fr. 50. — Plus bas cours coté en 1904 : 473 francs ; plus haut cours : 529 francs.

Ces obligations ont coûté à l'origine 400 francs. Nous supposons que ces 400 francs sont entrés effectivement dans les caisses du Trésor marocain ou du Sultan du Maroc. Le cours d'émission est nominal, le plus bas cours coté en Bourse ayant été de 473 francs, le plus haut cours de 529 francs. Il ne serait pas exagéré d'estimer le prix de vente à la moyenne de ces deux cours, soit à 501 francs ; mais si l'on se base seulement sur le bas cours coté de 473 francs, on trouve que le groupe émetteur a réalisé *75 francs de bénéfices sur 400 francs, soit* 18 3/4 p. 100.

Dans beaucoup de cas, le bénéfice laissé par ces grandes opérations financières est d'une estimation difficile. Les chiffres précédents, notamment, sont des minimums, car il n'est pas certain que le prix originaire officiel soit exactement le prix de revient. Il faudrait savoir combien les gouvernements ont encaissé réellement d'argent, ce qu'il est presque impossible de connaître. Dessous ignorés.

Certains emprunts aussi sont conclus avec l'objet de rembourser certaines dettes à des particuliers ou à des institutions, ou d'effectuer certaines commandes auprès de maisons industrielles. Par exemple, sur l'emprunt bulgare de 100 millions 1904, 80 millions sont pris ferme par le groupe financier, mais ces 80 millions comprennent 30 millions acceptés en titres par la Banque Nationale Bulgare et par la Banque Agricole et 30 millions et demi affectés au payement d'une commande donnée au Creusot. En dehors de la différence entre le prix d'achat et le prix de vente au public, il est certain que le groupe financier a reçu des commissions des banques auxquelles il a facilité le remboursement de leur créance et de la maison industrielle qui a bénéficié d'une forte commande.

VIII

Les Français les usuriers de l'Europe

Le caractère excessif et léonin de ces rémunérations apparaît clairement, si l'on mentionne que, sur la place de Londres et pour le placement de titres similaires, les banquiers se contentent souvent *d'une marge de* 1 1/2 *à* 2 *p.* 100. Aussi dit-on à l'étranger que les Français sont les usuriers de l'Europe. On se trompe. Les Français ne sont pour rien dans ces profits anormaux dont ils ne bénéficient pas. Les Français souffrent, au contraire, des mêmes abus, car nos groupes financiers, en même temps qu'ils exploitent les gouvernements étrangers au dehors, nous pressurent au dedans. C'est la conséquence du monopole.

Un consortium d'établissements de crédit et de banques est placé dans cette situation incroyablement avantageuse, qu'il dispose de l'épargne française, qu'il peut la vendre ou la garder à son gré. Les États, les gouvernements étrangers savent qu'ils doivent s'entendre avec ce consortium financier, et que, sinon, le marché français leur est fermé. D'où nécessité pour eux d'accepter toute condition. Le public souscripteur, de son côté, est dans le même état d'infériorité. Les grands établissements sont ses pourvoyeurs exclusifs de papier. A lui donc d'acheter le papier qu'on lui offre, au prix indiqué, ou de ne pas placer son argent. C'est comme si, dans la France entière, tous les restaurants étaient sous la direction du même chef de cuisine ! Il faudrait accepter son menu ou mourir de de faim.

Le taux des bénéfices ainsi réalisés est d'autant moins admissible qu'il s'agit de profit d'intermédiaires. 40 000 obligations Sucreries et Raffineries d'Égypte ont été émises par la Société Générale, en décembre 1904, à 490 francs. Qu'ont rapporté net ces obligations aux Sucreries d'Égypte? D'après les constatations officielles des experts, 452 fr. 30, soit une marge de 8, 14 p. 100. 300 000 obligations du Crédit Foncier Égyptien furent émises en 1905 par la Société Générale et la Banque de Paris et des Pays-Bas. Leur écoulement rapporte un bénéfice de 5, 13 p. 100, soit environ *6 millions et demi, plus une participation dans une remise de 41 millions de francs* sur la prime d'émission des actions.

Ce ne sont pas là des profits de banque, comme on en réalise à l'étranger, ce sont à proprement parler des redevances de monopole.

IX

Comment on travaille le public.

L'analyse des procédés employés pour faire acheter les titres au public jette, d'autre part, une lumière des plus suggestives non seulement sur le véritable caractère des opérations de notre haute finance, mais sur la part de liberté ou de libre arbitre que son régime de domination peut laisser en réalité aux capitalistes souscripteurs.

A lire les rapports de nos sociétés de crédit, on croirait que les opérations courantes de banque, notamment l'escompte commercial, constituent leur base d'activité presque exclusive; mais d'après ce qui transpire de leur organisation intérieure, le placement de valeurs mobilières avec prime ou bénéfice apparaît, au contraire, comme l'opération type, l'opération rémunératrice par excellence pour ces grands établissements. Les chefs des succursales sont classés et rémunérés d'après la quantité de titres qu'ils écoulent. Des employés spéciaux nommés « démarcheurs » attachés aux succursales vont relancer les capitalistes à domicile et solliciter habilement leurs souscriptions. Des guichetiers (employés de guichet) en rapport avec le public pour les opérations de banque ordinaires ont, pour devoir principal de causer avec les clients et de les amener stratégiquement à l'achat de certains titres rémunérateurs. Ce personnel des succursales de nos grandes sociétés est donc, en fait, sous des déguisements divers, un personnel de courtiers travaillant à la commission.

La hausse ou la baisse à volonté.

Le succès des émissions se prépare aussi par un ensemble de trucs et de manœuvres. Les établissements de crédit, possédant la plus grosse partie de l'argent disponible, exercent naturellement à la Bourse une influence prédominante. Ils peuvent, en achetant ou en vendant, faire eux-même la hausse ou la baisse. Même sans s'imposer aucun sacrifice, il leur est facile d'influer sur la tendance du marché en fournissant avec abondance ou en distribuant avec parcimonie l'argent des « reports ». Ils encouragent ou paralysent à leur gré, de cette manière, les spéculateurs à crédit.

A l'approche des émissions, la finance, pour rendre le public propice, fait monter le cours des titres similaires. Cette manœuvre est parfaitement admise et la presse financière y fait allusion souvent comme à une chose des plus naturelles. On lit notamment dans la Semaine financière du *Temps* du 19 février 1905, à propos de l'assassinat du grand-duc Serge : « La Bourse allait-elle donc renoncer à tous ces avantages, à la nouvelle de l'assassinat de Moscou? Que non pas. *Des mesures préparatoires sont prises pour le succès des grosses opérations financières.* Les banques ne sont pas disposées à renoncer au bénéfice de leurs premiers efforts. Ainsi le *mot d'ordre fut* d'apprécier l'événement de Moscou avec sérénité. »

Et le public, et la presse en général, de suivre ce mot d'ordre !

Agents de change et établissements de crédit, la main dans la main.

Ces manœuvres sont facilitées par le fait que la Bourse elle-même est monopolisée : 70 agents de change ont chez nous le privilège exclusif des transactions sur un marché financier qui est presque le plus grand du monde. A Londres, les intermédiaires de Bourse sont plus de 2.000. Or 70 personnes peuvent s'entendre plus aisément que 2.000. Pendant la guerre russo-japonaise, il fut décidé arbitrairement qu'on n'exécuterait plus les ordres de vente à terme sur les fonds russes. On supprimait ainsi, pour une sorte de raison d'État, la liberté des transactions. Nos 70 agents font partie d'une chambre syndicale qui, traitant en leur nom, participe aux profits des grandes émissions. Les deux monopoles financiers, celui des établissements de crédit et celui des agents de change, sont donc unis naturellement par des intérêts communs.

X

Pas de contrepoids.

En politique, il y a le parti au pouvoir et l'opposition; en justice, il y a le procureur et l'avocat; dans le commerce, il y a l'acheteur et le vendeur; partout, dans le monde social, l'équilibre s'établit grâce à l'existence de forces antagonistes luttant les unes avec les autres. Rien de pareil ici.

La presse financière presque toujours subventionnée.

L'élément naturel de contre-poids devrait résider dans la presse, mais celle-ci, elle aussi, se trouve presque tout entière inféodée aux monopoles financiers, ou se tait par pusillanimité. Les grandes émissions donnent lieu à une abondante distribution de subventions, de mensualités, d'insertions payées, à laquelle la presque unanimité des journaux participent. Les bulletins financiers des journaux politiques sont le plus souvent affermés, et n'expriment d'avis sincère que dans une mesure impossible à connaître. D'une manière générale, et à peu près absolue, la presse financière est une presse de publicité, ce n'est pas une presse d'opinion. Son vice fondamental est qu'elle reçoit sa rémunération de la finance, non du public. Qu'il y ait une ou deux exceptions honorables, il n'importe : elles ne peuvent pas modifier ces vues d'ensemble.

Les actionnaires ne savent rien.

D'où peut provenir le contrôle, l'opposition capables d'empêcher l'abus? Ce n'est pas certainement du côté des actionnaires des établissements de crédit. Eux ne savent rien de ce qui se passe dans leur propre entreprise. Les bilans des grandes sociétés comprennent cinq ou six gros chapitres, à dénomination élastique, se chiffrant par des centaines de millions, dans lesquels se trouvent résumés tout l'actif et le passif. Un expert comptable lui-même n'oserait tirer aucune déduction sûre de données aussi vagues.

« Chaque fois que l'on veut étudier la situation du Crédit Lyonnais, dit le journal *l'Information*, on reste confondu devant la disproportion existant entre l'ampleur des opérations traitées par notre grand établissement de crédit et l'exiguïté du seul document statistique, le bilan, résumant ces opérations.

« A l'actif du bilan, sept rubriques suffisent à renseigner sur l'emploi de plus de 2 milliards de capitaux; si l'on met à part les comptes « immeubles », « comptes d'ordre » et « portefeuille-titres », qui sont peu intéressants au point de vue de l'activité sociale, il reste tout juste quatre chapitres (espèces en caisse, portefeuille, avances et reports, comptes courants) où vient se concentrer cette activité.

« Au passif, il en est absolument de même. De sorte que le bilan du Crédit Lyonnais apparaît d'abord comme une énigme opposée à la curiosité des chercheurs. »

Les rapports des banques sont muets.

Après la lecture des rapports annuels de nos établissements de crédit, on n'est pas mieux renseigné. Si l'on constate, dans ces rapports, que telle succursale prospère, que telle autre se développe, si l'on compare volontiers les postes du bilan d'une année à l'autre, c'est à peine si l'on fait allusion aux émissions auxquelles l'établissement a participé. « Nous avons pris part, dit-on laconiquement, à telle ou telle affaire. » Mais dans quelles conditions? mais pour quelles sommes? mais avec quel résultat? On ne le dit pas.

XI

Entreprises vées ou institutions nanales.

Vis-à-vis des actionnaires, on a la thèse suivante toute prête : « Nous ne pouvons parler, divulguer à nos concurrents nos affaires. » Vis-à-vis de l'État, d'autre part, on est une entreprise privée, qui ne doit, et ne rend de comptes qu'à soi-même.

La question est précisément de savoir si trois à quatre banques disposant de plusieurs milliards de dépôts peuvent être considérées comme des entreprises capitalistes relevant exclusivement du droit commun. Par l'énorme importance des intérêts dont elles ont la garde et la gestion, ces trois à quatre banques ne sont-elles pas des institutions nationales? Nous avons montré que nos établissements de crédit imposent les conditions de leur « fonctionnement » à toute la France. Est-on sûr qu'ils ne lui imposent pas également les conséquences de leurs fautes? Et peut-on affirmer que l'énorme perte de prestige, qui allait résulter pour ces établissements d'une baisse prolongée des fonds russes, n'a pas été l'une des raisons déterminantes de la conclusion des deux derniers emprunts russes? Sans ce nouvel emprunt, la débâcle était certaine, et l'ère des responsabilités commençait.

Erreurs sans sanction.

Ces grands établissements apparaissent de plus en plus comme des piliers de l'ordre social, et la nécessité de les défendre, de les préserver contre toute atteinte, se manifeste à l'instar d'une raison d'État. Dans cette affaire des *Raffineries d'Égypte*, où 90 à 100 millions de francs ont été perdus par le public, la Société Générale a moralement assumé les plus sérieuses responsabilités. N'a-t-elle pas fait l'émission des 64.000 obligations 4 p. 100 des Raffineries d'Égypte, en affirmant dans des prospectus la prospérité de cette entreprise qui, depuis plusieurs années, payait

10 francs de dividende par action de 100 francs? N'a-t-elle pas, de même, émis à 150 francs, c'est-à-dire avec une prime de 50 p. 100, les 100.000 actions nouvelles des Raffineries? Or il est prouvé, par les rapports officiels des experts, que *les Raffineries d'Égypte avaient distribué des dividendes fictifs* et que leur exploitation industrielle, au lieu de rapporter des bénéfices, avait laissé, en réalité, des déficits masqués par des falsifications d'écritures. *Un des directeurs de la Société Générale était membre du Conseil d'administration des Raffineries.* C'est un fait. Il est énorme.

Il y a donc eu, du côté de ce grand établissement patronnant l'affaire, négligence, erreur ou faute grave. Eh bien, dans tout système social viable, il faut, n'est-ce pas, que les erreurs se payent? Sans cela, où est la sanction? Ici elles ne se payent pas. Une erreur est commise; elle fait perdre au public 100 millions. Nul n'en parle. La presse est muette. L'établissement qui s'est trompé ne perd aucun prestige, il n'éprouve aucune diminution de clientèle. Nous le demandons de nouveau : dans ces conditions, où est la sanction?

XII

Une petite collectivité maîtresse de l'épargne.

M. Bourrat constatait, dans son rapport sur les projets de rachat des chemins de fer, que « nos réseaux, qui ont coûté 23 milliards et demi, sont gérés par une collectivité qui représente 211 millions, soit un centième du capital d'établissement ».

On peut faire de même l'observation suivante : pour être administrateur du Crédit Lyonnais, il suffit de posséder 300 actions; de la Société Générale, 200; du Comptoir d'Escompte, 50; du Crédit Industriel, 200. *Une petite collectivité de 50 personnes, représentant 8 millions de francs seulement, dispose ainsi de 3 milliards et demi de francs d'argent public; elle est maîtresse d'orienter, comme elle l'entend, suivant son propre intérêt, tous les ans, 2 milliards d'argent français.* Cette petite collectivité peut décider que cet argent français sera employé à l'achat de telles ou telles valeurs, prêté à tel ou tel pays, comme il lui plaira. Quand elle a fait son choix, elle transmet aux innombrables succursales et agences qu'elle possède dans toutes les villes de France, l'ordre de dire que ces valeurs sont bonnes, et d'en recommander l'achat. Elle dresse, de même, un budget de publicité et, distribuant de l'argent à presque toute la presse, elle fait proclamer partout que lesdites valeurs sont avantageuses, sûres, et qu'il est bon de les acquérir. Elle s'assure, en outre, le concours de MM. les agents de change, à qui elle rétrocède une part des profits d'émission. Elle fait enfin monter le cours de la Bourse, artificiellement, avant l'émission.

Il n'est pas exagéré d'affirmer qu'une organisation de cette nature, ayant ce caractère occulte, en même temps que cette universalité de moyens d'action, ne peut laisser au capitaliste, déjà financièrement incompétent dans le placement de son argent, qu'un infime résidu de libre arbitre.

***

Que faut-il faire.

Nous ne prétendons pas résoudre des questions aussi graves, ni même les discuter en quelques pages. Nous nous contentons de les poser. Il est de notre devoir de sonner la cloche d'alarme.

Danger du monopole de l'État.

Que faut-il faire pour remédier à cet état de choses abusif? Les solutions possibles sont théoriquement : ou le monopole de l'État en matière de grandes émissions, ou le retour à la concurrence. Le monopole actuel des grands établissements de crédit mène droit à cet autre abus, le monopole de l'État. Qu'on y prenne garde! Là est le danger. Si le capitaliste, d'une manière générale, abdique son droit de placer son argent selon son propre jugement, s'il laisse une collectivité très petite s'emparer de ce droit et l'exercer à son profit, quelle objection valable pourra-t-il présenter le jour où il plaira à l'État d'exproprier ce monopole indéfendable dans un intérêt budgétaire ou national?

Le retour à la concurrence par l'interdiction des opérations d'émission aux banques de dépôts.

Quant au retour à la concurrence, il pourrait s'effectuer d'une manière simple, si l'État interdisait aux établissements de crédit, gardiens de plus de 3 milliards de dépôts, les opérations d'émission. En Angleterre, les banques de dépôts (*joint stock banks*), travaillant comme les nôtres avec l'argent du public, font l'escompte, les nantissements, les reports, etc., mais ne participent à la création et à l'émission d'aucuns titres, autrement qu'en commission. Cette règle est dictée par un sentiment de prudence élémentaire. En France, elle s'imposerait d'autant plus que la concentration de dépôts énormes entre les mains de trois à quatre établissements opérant ensemble, expose toute la fortune du pays aux risques et aux vicissitudes auxquels — l'histoire financière le montre — toutes les banques d'affaires finissent un jour par payer leur tribut.

CHAPITRE II

LES BILANS ET AUTRES ACTES ÉQUIVOQUES

La République française est une monarchie financière.

Si avancée que soit la France au point de vue des institutions politiques, elle vit au point de vue financier sous un régime autocratique. La République française est une monarchie financière. Trois ou quatre banques syndiquées détiennent l'argent du pays et administrent cet énorme patrimoine sans rendre de comptes à personne. D'innombrables succursales enveloppent la France de leur réseau, elles drainent et font refluer vers un point central tout l'or du pays. Cet or, quelques personnes en disposent; elles l'emploient souverainement.

Ce n'est pas seulement par le despotisme que notre régime financier ressemble au tsarisme, c'est aussi par ses procédés de gouvernement. En France, comme en Russie, l'absolutisme a pour soutien la corruption. Là-bas c'est le pot de vin, quand ce n'est pas la terreur, ici c'est la « publicité » qui fait régner partout l'approbation servile ou le silence dégradant.

Un régime financier aussi manifestement contraire aux principes républicains peut-il durer? Il est téméraire de le penser.

I

Les dessous d'un emprunt russe.

Pour montrer dans quel esprit notre finance exerce son monopole, il suffit de raconter les manœuvres auxquelles a donné lieu l'émission de l'emprunt russe 1906. Nos lecteurs se rappellent ıns doute les conditions financières dans lesquel cet emprunt a été conclu et offert au public. D'après les chiffres avoués, l'emprunt revenait au co ortium des banques au prix de 82 francs [1]. On l'offrit 88 francs. Entre le prix de revient et le prix d'é ssion, il y avait donc une différence de 6 francs. s 6 francs représentaient 72 millions. Telle était la narge dont les banques disposaient à l'origine pou leurs frais d'émission et leurs bénéfices. Calculée ur l'argent versé effectivement au gouvernement usse, cette retenue équivalait à 7,31 p. 100, elle é t donc, on le voit, pas mal usuraire. Nos banques voulurent pas cependant s'en contenter.

1. Voici les conditions exactes : l'emprunt a conclu à 83 francs, mais ce chiffre comprenait une commi on de 1 p. 100 versé à M. X..., *intermédiaire des banques!* outre, les frais du timbre français étaient à la charge du ouvernement russe. Celui-ci recevait donc, en réalité, moins de 82 francs.

Un coup monté.

Comme, en raison du taux apparemment avantageux du nouvel emprunt, les souscripteurs étaient venus en abondance, nos banques eurent l'idée géniale de servir à ces souscripteurs le moins de titres possible, puis de faire coter en Bourse un cours beaucoup plus élevé auquel, pensait-on, le public alléché par la hausse ne manquerait pas d'acquérir les titres qu'on lui avait refusés. Ainsi fut fait. On simula l'énorme succès que l'on sait et grâce au traditionnel procédé des souscriptions fictives, on n'attribua aux souscripteurs de 1 à 100 obligations (les seuls sérieux) qu'une seule obligation ; puis de 88 francs, prix d'émission, on fit bondir le cours de la nouvelle banque russe à 95. A cette cote, le bénéfice n'était plus de 7,31, mais de 15,85 p. 100.

Cette audacieuse razzia ne réussit qu'en partie. Acheteur à 88, le public ne le fut plus à 95, ou plutôt il le fut beaucoup moins. A ce cours, le placement n'était plus avantageux. Le mirage du revenu disparaissant, les risques apparaissaient plus clairement. En deuxième lieu, parmi les souscripteurs de la veille, beaucoup furent tentés par les hauts cours fictivement cotés, et revendirent les titres qu'ils avaient souscrits. En troisième lieu, les nouvelles de Russie redevenant mauvaises, le public eut de nouveau peur d'acheter.

Cet ensemble de circonstances fit que notre haute finance manqua partiellement son coup. Elle plaça autant de titres qu'elle le put dans les hauts cours, puis, débordée, elle dut laisser rétrograder la cote et battit en retraite, remportant un gros stock de papier sur les bras.

Ces titres non vendus, « flottants », comme on dit en termes de Bourse, pesèrent sur le marché des fonds russes. On les mit en « report » ou en « pension ». Dans l'intervalle, on s'efforça de les réaliser petit à petit. Il paraît qu'un gros paquet de titres est ains resté pour compte au syndicat des banques, situation périlleuse, car un nouvel emprunt russe devait être préparé pour empêcher ou, plus exactement, pour ajourner la faillite. La suite se devine : la suite fut cette récente campagne de presse, où les finances de la Russie étaient présentées sous un jour favorable dans des interviews complaisantes, au moyen de statistiques inexactes dont le caractère apocryphe fut révélé par la divulgation malencontreuse du rapport Kokovtsoff.

Faits délictueux

La presse financière a parlé de ces faits. Dans son numéro du 28 juillet 1906, le journal *l'Information* reconnaissait leur caractère délictueux. Il disait que la cote prématurée d'une prime sur le nouvel emprunt russe était une manœuvre de Bourse. C'était une manœuvre aussi que d'organiser une souscription fictive pour évincer l'épargne au moment de l'émission, et l'obliger à payer plus cher en Bourse; mais ces faits ont une importance d'autant plus grande que plus hauts placés sont leurs auteurs. Quand des établissements financiers ont acquis par leur développement un caractère quasi national, il est inconcevable qu'on puisse les soupçonner de participer ou de prêter les mains à des manipulations qui constituent un attentat à la fortune publique.

Si, d'autre part, on se rappelle dans quelles circonstances cet emprunt russe a été émis, au milieu de quel malaise et de quelles inquiétudes, sous l'influence de quelles nécessités prétendues diplomatiques ou patriotiques, si l'on songe, en outre, à l'énormité de la somme engagée par l'épargne française dans cette nouvelle opération (1.250 millions), ne sera-t-on pas révolté profondément à l'idée que les dirigeants de notre finance aient eu l'audace de greffer, sur un emprunt se présentant dans ces conditions spéciales, une spéculation personnelle aux dépens du pays?

On ne peut rien savoir.

Il est encore un point que nous voulons faire ressortir. C'est le plus important à nos yeux. Ces spéculations hasardées ont-elles été faites avec l'argent des actionnaires ou avec celui des déposants, nous ne pourrons le savoir. Quels résultats ont-elles donnés favorables ou désastreux, nous devrons également l'ignorer. Eh bien, le fait le plus grave, le plus émouvant à notre avis, c'est celui-ci : la comptabilité de nos grandes banques peut ne faire aucune mention et ne rien dire d'opérations ayant mis en mouvement des centaines de millions d'argent public!

II

Cours artificiels des fonds russes.

Une autre opération aussi inavouable est celle qui consiste à soutenir artificiellement les cours des fonds russes, en rachetant des titres en Bourse. C'est un acte abusif au premier chef. Il a pour objet de tromper le public en lui laisant croire que les cours cotés sont naturels et correspondent à l'équilibre des offres et des demandes, alors qu'il n'en est rien. La cotation d'un cours fictif est, d'ailleurs, un délit que la loi réprime et pour lequel le banquier véreux est envoyé plus d'une fois en correctionnelle. Il ne devrait pas y avoir deux morales, l'une pour la grande finance, l'autre pour la petite.

Sans doute, si nos sociétés de crédit étaient interrogées, elles nieraient la matérialité des faits, elles seraient dans la nécessité de soutenir qu'elles n'ont rien à voir avec la tenue des fonds russes ; par là elles reconnaîtraient d'ailleurs le caractère honteux des opérations auxquelles elles se livrent clandestinement, et qu'il leur est impossible de mettre en lumière. Que nos sociétés de crédit rachètent des fonds russes en Bourse pour soutenir les cours, cela pourtant n'est pas douteux. Toute la presse financière, toute la Bourse, tout le milieu des affaires font allusion, à chaque instant, à ces opérations. Les faits sont notoires.

Dans son bulletin financier du 4 décembre 1906, *le Temps* disait :

On commence à regretter ici *qu'on n'ait pas laissé, livré à lui-même, le marché des fonds russes* à un moment où la faiblesse était déjà justifiée.

Dans son bulletin quotidien du 25 juillet, le même journal faisait l'observation suivante :

> Le comptant tient toujours bon contre le mauvais vent qui souffle de Russie, *et les sociétés de crédit n'ont pas jugé nécessaire d'intervenir sur le marché* pour arrêter des ventes *qui trouvent tout naturellement leur contre-partie* dans des achats du même ordre.

Les autres jours, les sociétés de crédit intervenaient donc? Les autres jours, la contre-partie des ventes n'était donc pas naturelle? C'est *le Temps* qui le dit.

Duplicité. A coup sûr, ces aveux involontaires sont superflus, mais ils ont leur valeur pour le public trop crédule à l'égard de nos grandes banques officielles. Ainsi, pendant que, par l'entremise de leurs agences et succursales, ces banques incitent leur clientèle à prendre des fonds russes, elles-mêmes soutiennent les cours de ces rentes ou les font artificiellement progresser pour influencer les acheteurs! Comme le public est joué!

D'où vient l'argent? Mais ce n'est pas sur le caractère méprisable de ces manœuvres que nous voulons insister. Un autre aspect de la question, non moins curieux, s'impose; une autre interrogation, poignante, angoissante, se présente à notre esprit, elle nous hante, elle nous obsède. On ne soutient pas un marché de 14 milliards avec quelques centaines de mille francs. Pour soutenir un marché de cette importance, il faut des dizaines de millions, il faut peut-être des centaines de millions.

Eh bien, où prend-on cet argent? D'où vient cet argent que nos établissements de crédit emploient dans des opérations illicites, spéculatives au premier chef? On veut le savoir. Le gouvernement, la Chambre, le pays doivent se poser la question. Quelques banques, sont, à elles seules, les dépositaires de l'épargne publique, les gardiennes de plusieurs milliards de capitaux qui leur ont été confiés et qui ne sont pas leur propriété. Qu'ont-elles fait, que font-elles de ces milliards? En d'autres termes, est-ce avec l'argent des dépôts qu'on « soutient » les fonds russes? La question est posée. Elle est grave, elle est terrible[1].

III

Bilans indéchiffrables.

Quelle est, en effet, cette comptabilité, quels sont ces bilans et ces rapports que nos établissements de crédit publient tous les ans? Que contiennent-ils? On peut répondre, sans exagération, qu'ils ne contiennent rien. Ces bilans sont des énigmes. Le Crédit Lyonnais accusait, au 31 décembre 1905, un actif de 2.176 mil-

1. Quoique la situation de la Russie, à l'heure où nous revisons ces lignes, ne présente plus les mêmes dangers immédiats (tout en restant peut-être intrinsèquement aussi périlleuse) ces considérations relatives au soutien des fonds russes ont conservé le même caractère d'actualité.

lions[1]. La décomposition de cet actif est une charade que nous proposons à la perspicacité du lecteur.

ACTIF DU CRÉDIT LYONNAIS

au 31 décembre 1905

Espèces en caisse et dans les banques.	171.554.052,82
Portefeuille	1.030.060.878,68
Avances sur garanties et Reports . . .	395.685.193,93
Comptes courants	535.566.961.42
Portefeuille-titres (actions, bons, obligations et rentes)	5.446.754,89
Comptes d'ordres et divers	1.422.772,67
Immeubles	37.000.000 »
	2.176.736.614,41

Deux milliards en quatre lignes.

L'actif entier du plus grand de nos établissements de crédit, s'élevant à 2 milliards 176 millions, est résumé en sept articles. Trois de ces articles sont d'importance secondaire et représentent une somme de 44 millions. La différence, soit *2 milliards 123 millions, est résumée en quatre articles* seulement! Tels sont les comptes que le Crédit Lyonnais soumet à ses actionnaires, tels sont les éléments d'appréciation qu'il fournit au pays pour lui permettre de juger sa situation. Admirez le laconisme du mot « portefeuille ». Cette seule rubrique vaut un milliard. Un point, c'est tout.

1. Nous laissons subsister dans notre édition nouvelle cet exemple et les suivants qui ont trait à des comptes, bilans et rapports de l'année 1905. Il n'y a pas d'intérêt à leur substituer des documents plus récents, aucun changement ne s'étant produit dans la comptabilité publique des compagnies.

Le passif est aussi brièvement exprimé. Il contient neuf articles, dont six ont une valeur relativement négligeable. Les trois autres sont les suivants :

Dépôts et bons à vue.	703.630.500,36
Comptes courants	856.272.484,76
Acceptations.	180.559.616,46

Soit une somme totale de *1 milliard 742 millions, en trois articles!*

Les esprits curieux ont essayé déjà de percer les mystères de la comptabilité du Crédit Lyonnais. Les rubriques « Espèces en caisse » et « Dépôts et bons à vue » ont un sens bien défini et ne donnent lieu à aucune controverse. Il n'en est pas de même des rubriques « Portefeuille », « Avances sur garanties » et « Comptes courants », dont l'élasticité permet les interprétations les plus diverses. Il est possible de faire entrer dans ces rubriques n'importe quelle opération. On va le voir par un exemple. Comptabilité mystérieuse.

Supposons que le Crédit Lyonnais ait acheté des fonds russes pour soutenir les cours de ces valeurs. S'il portait ces fonds russes à son « Portefeuille-titres », celui-ci, qui figure seulement pour 5 millions et demi, accuserait une augmentation considérable. Ce fait attirerait aussitôt l'attention. Le Crédit Lyonnais aura donc la ressource de faire entrer ce fonds dans la rubrique « Portefeuille » réservée généralement aux effets de commerce, mais qu'on s'est bien gardé de dénommer « portefeuille commercial », afin de pouvoir y mettre, justement, le cas échéant, des titres financiers.

Supposons, d'autre part, que le Crédit Lyonnais veuille comprendre ses fonds russes dans les rubriques « Avances sur titres » ou « Comptes courants ». Rien ne lui sera plus facile. Il chargera une tierce personne de faire les opérations en Bourse, il ouvrira à cette personne un compte courant ordinaire ou un compte courant d'avances. Ses fonds russes seront parfaitement dissimulés. Ces énormes rubriques de la comptabilité des banques se prêtent, on le voit, à tous les maquillages, à tous les artifices. Leur généralité et leur souplesse permettent d'y faire figurer n'importe quelle opération. Ces rubriques sont des réservoirs hermétiquement soudés dont nul ne peut dire le contenu.

Bilans simulés.

Les bilans de nos établissements de crédit ne constituent donc pas une reddition de comptes véritable, ils en sont plutôt une simulation, une parodie. Quand on pense à la multiplicité des opérations qui sont effectuées par une banque ayant, en plus de son propre capital, 1 500 millions d'argent public à mettre en valeur, il est évident que trois ou quatre articles de bilan à dénomination élastique ne peuvent aucunement la traduire, et que ni la situation, ni l'activité réelles de nos établissements de crédit ne sont reflétées dans leurs comptes.

Ce qu'on ne dit pas.

Nous ignorons les choses les plus essentielles, nous ne savons pas quelle partie de l'actif est réalisable, quelle partie ne l'est pas, ce que contient le portefeuille d'un milliard, si c'est du papier commercial exclusivement, s'il ne contient pas aussi des titres et des valeurs, si ce papier commercial est escomptable, dans quelle proportion il l'est et ne l'est pas, si les titres et les valeurs sont négociables, quelle est leur nature, et quel est leur montant? Nous ne savons rien de tout cela. Nous ignorons totalement si nos établissements de crédit peuvent montrer, en contrepartie des fonds qu'on leur a confiés, des ressources équivalentes.

Un exemple va nous faire toucher du doigt le caractère conventionnel des bilans de nos banques. On sait que le Crédit Lyonnais souscrit souvent à de grands emprunts étrangers. Il achète les titres « ferme » et les revend au public. Il va de soi que des opérations de cette importance ne peuvent pas être terminées en quelques jours ou en quelques semaines. Les gens du métier savent que la totalité des titres d'un emprunt n'est pas écoulée si vite. Il y a généralement une « queue », un « solde » plus ou moins considérable dont la liquidation traîne en longueur.

Où cache-t-on la queue des emprunts?

Eh bien, si l'on examine les bilans mensuels du Crédit Lyonnais depuis plusieurs années, on voit que dans ces bilans le portefeuille-titres n'a jamais varié, d'un mois à l'autre, de plus de 2 ou 3 millions, tandis qu'il aurait dû varier de plusieurs dizaines de millions, si la comptabilité avait été sincère. Où était donc ce solde de titres non placé? On le cachait évidemment quelque part.

IV

D'où proviennent les bénéfices.

Non seulement nos établissements de crédit dissimulent l'état de leur situation, le détail de leur actif et de leur passif, mais ils nous refusent tous renseignements aussi sur leurs comptes d'exploitation. Nous ignorons absolument d'où viennent leurs bénéfices, dans quelles opérations ils ont été réalisés, comment ils se décomposent.

Le compte de profits et pertes du Crédit Lyonnais est, à ce point de vue, un curieux document. C'est le compte le plus concis, le plus télégraphique qu'aucune société anonyme ait jamais publié. Il tient dans une ligne unique. Voyez plutôt :

Comptes de profits et Pertes du Crédit Lyonnais
au 31 décembre 1905.

Actif

Solde créancier.	28.505.547,94

Passif

Bénéfices de l'exercice 1905 . .	28.505.547,94

N'insistons pas sur l'ironie des centimes. Mais ce chiffre total des bénéfices qu'on consent à donner n'est même pas un chiffre réel, c'est un chiffre fictif, arbitrairement fixé, inventé pour la cause. Nous n'exagérons pas. On lit dans *l'Information* du 12 avril 1905 :

Le Conseil du Crédit Lyonnais n'indique, chaque année, comme bénéfice que la somme suffisante pour répartir le dividende fatidique de 50 francs, *augmentée des quelques centaines de mille francs nécessaires à la vraisemblance.*

Le même journal disait (n° du 9 mai 1905) :

Il est certain qu'une grosse partie des bénéfices est dissimulée. En 1897, 1898 et 1899, les bénéfices annoncés ont été supérieurs aux répartitions et les excédents ont été appliqués à augmenter les réserves. Nombre d'actionnaires se sont plaints de cet état de choses, demandant une augmentation de dividende. Le Conseil d'administration résista énergiquement à toutes ces demandes, mais probablement pour éviter leur retour, il s'est décidé à faire apparaître des résultats inférieurs à la réalité.

Amortissements inconnus.

En 1905, le Crédit Lyonnais déclare un bénéfice de 28.505.547 francs, mais pendant l'année il a opéré des transformations dans quatre-vingts succursales, en a créé deux nouvelles, etc. Toutes ces dépenses et d'autres, dont on ne connaît pas le montant, ont été amorties sur les bénéfices. Tous les ans, le bénéfice est déclaré « après amortissements ». Amortissements sur quels chapitres, amortissements pour quelles sommes,? on l'ignore. La nature et le chiffre des amortissements opérés dépendent de la volonté du Conseil. Celui-ci ne les fait pas connaître. Un bénéfice obtenu dans ces conditions échappe évidemment à tout critérium.

Affirmation dangereuse.

De ce fait, un grand mystère plane sur la situation du Crédit Lyonnais. Les journaux insinuent que cet établissement s'est constitué des réserves secrètes.

Il y aurait des trésors dissimulés dans ses comptes. Dangereuse affirmation. Si l'on admet que nos banques maquillent leur comptabilité pour dissimuler une bonne situation, à qui fera-t-on croire qu'elles ne la maquilleront pas aussi bien pour en dissimuler une mauvaise? L'ère des plus-values ne dure pas éternellement, un jour vient où l'ère des moins-values commence. Habituées à déguiser la vérité pendant les temps heureux, est-ce au moment critique du déficit que nos banques deviendront sincères?

Ni le détail ni les totaux.

Les statuts du Crédit Lyonnais stipulent que les bénéfices doivent être répartis de la manière suivante : 1° un vingtième sert à constituer une réserve légale; 2° une somme égale à 5 p. 100 du capital versé et des réserves est répartie aux actionnaires; 3° le surplus est attribué dans une proportion de 15 p. 100 au Conseil d'administration, et de 85 p. 100 aux actionnaires et à un fonds de réserve extraordinaire.

Eh bien, de toute cette répartition compliquée, fixée par les statuts, il n'est fait aucune mention dans les comptes soumis aux actionnaires. On se contente de déclarer une somme globale, on ne donne même pas la possibilité de vérifier si la répartition est effectuée selon les statuts. Ces statuts sont lettre morte!

Le Crédit Lyonnais fait savoir que « les bénéfices nets, déduction faite de tous frais généraux, charges, amortissements, provisions et attributions statutaires, s'élèvent à la somme de 32.206.935 fr. 50 ». Ce que sont ces frais généraux, ces charges, ces amortissements, ces provisions, il n'en dit rien.

Non seulement nous n'avons pas le détail des chiffres, mais nous n'avons pas leurs totaux. Ainsi nous ignorons même quelles sont les dépenses d'exploitation du Crédit Lyonnais. Peut-on moins savoir?

Si nos critiques ont été concentrées sur le Crédit Lyonnais, c'est pour rendre notre exposition plus claire, mais nos constatations seraient, à peu de chose près, les mêmes s'il s'agissait des autres établissements. La Société Générale n'accuse pas non plus la totalité de ses bénéfices, et pratique des amortissements avant inventaire, amortissements dont on ignore, par conséquent, le montant. Quant aux bénéfices de cette Société, au lieu d'être mentionnés en une seule ligne, ils sont indiqués dans deux! On distingue entre « intérêts sur placements de fonds » et « commissions et bénéfices sur affaires diverses ». Aucune définition n'est donnée, d'ailleurs, de ces deux rubriques dont les dénominations sont d'un vague étudié et n'apprennent rien à personne. Les deux lignes de la Société Générale n'en valent qu'une seule. Critiques générales.

Le Comptoir d'Escompte est comme le Crédit Lyonnais. Une ligne aussi lui suffit. Il appelle ses bénéfices « intérêts, charges, commissions et bénéfices divers, déduction faite des charges et amortissements ». Suit la somme totale : 9.0[illegible].779 fr. 82.

Toujours les centimes, comme on le voit, mais toujours aussi la même absence de renseignements sur l'origine des bénéfices, sur les charges et amortissements, sur leur nature et leur montant. L'actionnaire est bien renseigné!

V

Nullité voulue des rapports.

Le soin méticuleux avec lequel nos établissements de crédit s'efforcent de cacher leur situation et la provenance de leurs bénéfices apparaît encore plus nettement quand, après leurs bilans, on lit leurs rapports annuels. Il est difficile d'imaginer littérature plus nulle, plus insignifiante et plus insipide. On sent que tous les termes ont été pesés pour ne rien dire. Voyez ces phrases tirées du dernier rapport du Crédit Lyonnais :

« L'activité règne dans tous les services. » — « On a pu réaliser des progrès sur certains points. » — « Tous les sièges des départements exploitent dans des conditions normales. Ils ont déjà beaucoup fait pour la formation de leur clientèle et ils ont encore beaucoup à faire. » — « Votre établissement de Paris, secondé par quarante-sept bureaux auxiliaires, rend à la population de la capitale des services de plus en plus nombreux. » — « En dehors de ses rapports avec la place de Paris, votre siège central continue à entretenir avec l'étranger des relations très étendues. Il travaille dans toutes les parties du monde sous forme d'ouvertures de crédits et d'escomptes de papier. Grâce aux deux branches qu'il exploite, il joue un rôle de plus en plus important dans l'ensemble des opérations de votre Société. » — « Votre agence de Londres est toujours le centre d'affaires très important. Correspondante en Angleterre, non seulement de tous les sièges du Crédit Lyonnais, mais encore de beaucoup de maisons de différents pays, elle est mêlée à de grands mouvements d'espèces et de papier. Ses résultats sont en rapport avec l'étendue et l'activité des opérations internationales (*sic*). » — « Après avoir jeté un coup d'œil sur le fonctionnement des différents groupes dont se compose votre Société, nous pouvons ajouter que tous ont rivalisé de zèle et d'efforts pour apporter à l'inventaire général un contingent de profits aussi satisfaisant que possible. »

Suivent, dans le rapport, quelques chiffres statistiques. On apprend à l'actionnaire qu'il est entré, pendant l'année, 19.427.423 effets commerciaux, ayant une valeur de 14.039.550.987 fr. 84, qu'il a été remis à l'encaissement 88.241.950 coupons ayant une valeur de 889 millions 197.358 fr. 89, que le nombre des comptes courants s'élève à 416.230... Puis cette phrase finale :

> Les chiffres ci-dessus témoignent de l'activité de votre Société... En résumé, Messieurs, la marche de votre Société pendant l'année 1905 n'a pas différé de ce qu'elle a été pendant les années précédentes.

Aucun élément d'appréciation.

Tout cela renseigne peu l'actionnaire. Il semble en résulter que l'activité se développe, que le chiffre global des affaires augmente, mais avec quel résultat, avec quels bénéfices pour chaque catégorie d'opérations, on n'en sait absolument rien. Sur les amortissements, cette seule phrase : « L'inventaire a été dressé avec la sévérité habituelle. Toute créance douteuse a été amortie. » L'affirmation est très énergique, mais elle gagnerait à être précisée davantage.

Les couplets

Tous ces rapports de nos grandes banques se ressemblent par leur caractère incolore. Pour arriver à les remplir sans dire rien de compromettant, on y insère divers « couplets » qui alternent d'une année à l'autre. Il y a le « couplet des coffres-forts ». Les coffres-forts que nos établissements de crédit louent au public sont très intéressants à étudier. On peut en décrire l'installation. On peut montrer les services qu'ils rendent au capitaliste. On peut encore comparer leur nombre d'une année à l'autre. C'est très amusant.

Il y a le « couplet de l'immeuble ». Quand on a la chance d'avoir acheté un immeuble pendant l'année, quelle bonne aubaine! Il y a quelques phrases faciles à écrire pour constater que la clientèle se développe, que la banque s'agrandit. Et l'on parle de constructions, de locaux, sujet inoffensif et instructif.

Il y a « le couplet du personnel ». On rend hommage au personnel, on constate les qualités éminentes, le zèle, le dévouement, le désintéressement du personnel. Le personnel est content et le Conseil d'administration ne l'est pas moins : dans son rapport annuel il gagne 12 lignes.

Prétendu puritanisme.

Le *leit-motiv*, ou couplet principal, qui sert de thème à tous les autres, est celui des « opérations de banque pures ». Il consiste à déclarer qu'une banque de dépôts doit être extrêmement prudente dans l'emploi de ses fonds, et se borner aux opérations de banque pures qui n'exposent les capitaux à aucun risque.

« L'orientation de nos efforts est toujours dirigée vers les affaires de banque. On aurait voulu quelquefois nous voir rechercher les affaires industrielles. Il en est assurément d'excellentes, mais les entreprises industrielles, même les mieux conçues, même les plus sagement administrées, comportent des risques que nous considérons comme incompatibles avec la sécurité indispensable dans les emplois de fonds d'une banque de dépôt. » (Rapport annuel du Crédit Lyonnais, 1901.) — « Depuis des années, nous considérons que le rôle — je ne dirai pas l'unique rôle de la Société Générale — mais le rôle principal est de s'attacher surtout aux affaires de banque proprement dites. » (Déclaration du président à l'Assemblée générale du 30 mars 1901.) — « Depuis l'origine, notre programme est demeuré le même. Notre premier objectif étant de donner pour base à notre activité les opérations professionnelles de banque, nous nous sommes efforcés, comme les années précédentes, de développer encore les affaires de cet ordre. » (Rapport annuel du Comptoir d'Escompte, en 1900.)

En vérité, l'on ne comprend plus. Si les opérations de banque pures constituent la base d'activité et la principale source des bénéfices de nos banques, pourquoi tant de réserve et de discrétion dans leurs comptes? Ces opérations de banque pures sont classiques, elles donnent un pourcentage de profit régulier sous forme de commissions et de courtage, dont le tarif est universellement connu, elles exposent à peu d'aléas. En ce qui les concerne, il n'y a rien à cacher. Pourquoi, dans ces conditions, n'est-on pas plus communicatif?

On ne comprend plus.

Il serait facile aux établissements de crédit de faire

connaître les bénéfices qui sont réalisés par eux dans chaque catégorie d'opérations de banque, escompte de papier, change, ordres de Bourse, reports, dépôt de titres, encaissement de coupons, etc. Ils pourraient également nous faire connaître ce que rapporte chacune de leurs agences à Paris et en province. La Banque de France publie les résultats obtenus par chacune de ses succursales, elle classe celles-ci selon leur chiffre d'affaires. On peut suivre ainsi leur immobilité, leur progrès ou leur déclin. Pourquoi nos établissements de crédit ne font-ils pas de même?

Puisque leurs opérations sont licites, régulières, puisqu'elles offrent toute sécurité, soi-disant, pourquoi nous refusent-ils tout renseignement à leur sujet? Pourquoi ce mystère, pourquoi ce silence, pourquoi cette dissimulation systématique?

VI

Trois lignes à la Russie.

Si nous lisons le rapport du Crédit Lyonnais de 1905, nous sommes frappé d'une chose: dans ce rapport, il n'est fait aucune allusion à la Russie. Nous nous trompons: il y a trois lignes. Trois lignes sont consacrées à la Russie! « Les événements survenus en Russie, dit-on, ont obligé nos agences russes à redoubler de prudence, mais nous avons été assez heureux pour pouvoir, dans ces temps troublés, ne subir aucune perte. » Tel est le seul commentaire des administrateurs du Crédit Lyonnais sur les affaires russes.

On peut d'autant mieux s'en étonner que le Crédit Lyonnais est l'établissement qui a le plus contribué au placement des fonds russes en France. Non seulement il a placé dans sa clientèle la plus grande partie des emprunts du gouvernement russe, mais c'est lui qui a conclu les emprunts des municipalités russes. Il est responsable, pour des milliards, de l'orientation des capitaux français vers le pays du tsarisme. Et sur le rôle qu'il a joué, cet établissement n'a rien à dire !

Pas un mot des émissions.

Si maintenant on parcourt les rapports des précédents exercices, on observe que ce principe de ne faire aucune allusion dans les comptes rendus annuels aux émissions ou placements de titres auxquels il a participé, est observé d'une manière absolue par le Crédit Lyonnais. Cette grande Société, qui n'a pas seulement placé les fonds russes en France, mais aussi les fonds suédois, norvégiens, danois et beaucoup d'autres encore, n'a jamais inséré dans ses rapports une seule ligne sur ces opérations, elle n'en a jamais fait mention. Tous ces milliards de bon argent français changés en titres n'ont jamais eu l'honneur d'une citation dans les rapports du Lyonnais, ils n'ont pas à ses yeux l'importance d'un immeuble acheté rue du Quatre-Septembre ou du dispositif ingénieux d'un coffre-fort...

Les autres établissements de crédit sont un peu plus

communicatifs, mais ils ne vont pas très loin non plus dans la voie de l'épanchement. Qu'on en juge par ces extraits :

La Société Générale, dit-on, a participé en 1905 aux affaires les plus importantes qui se sont traitées sur la place de Paris, notamment aux suivantes.

Suit l'énumération des émissions. Et c'est tout. Voici maintenant la formule du Comptoir d'Escompte :

Avec d'autres établissements de crédit, nous avons coopéré à l'émission des obligations 2 trois quarts p. 100 de la Ville de Paris, des obligations du Gouvernement général de l'Afrique Occidentale française, de l'Emprunt japonais 4 p. 100 1905, du complément de l'Emprunt algérien 3 p. 100 1902, de l'Emprunt 3 et demi p. 100 de l'Indo-Chine, de l'Emprunt siamois 4 et demi p. 100 de 1905, de l'Emprunt ottoman 4 p. 100 1901-1905, des obligations 3 p. 100 du Crédit foncier égyptien, et de l'Emprunt chinois 5 p. 100 or 1905, etc.

N'attendons pas cependant d'autres renseignements. Non seulement on ne nous dira pas dans quelles conditions les affaires ont été conclues, combien les titres ont coûté, combien on les a vendus, ce qu'ils ont rapporté, mais on s'abstiendra à leur égard de toute appréciation.

Extraordinaire oubli.

Si maintenant on réfléchit que nos grandes banques ont écoulé, en une quinzaine d'années, plus de 20 milliards de titres, que l'écoulement de ce papier leur a rapporté des sommes énormes, qu'il est, sans contredit, le fait le plus important de leur gestion, on reconnaîtra que le parti pris de n'en faire aucune mention dans les rapports annuels est trop extraordinaire pour ne pas éveiller les soupçons. On commence à comprendre pour quelles raisons nos établissements de crédit se refusent à déclarer l'origine de leurs bénéfices. Il n'est pas difficile de toucher du doigt leur point sensible. Leur préoccupation principale, maîtresse, exclusive, est de ne pas faire connaître quelle partie de leur bénéfice est gagnée dans les opérations d'émission. Cette confusion n'est pas seulement nécessaire, elle est vitale pour nos grandes banques. Le jour où cette confusion cessera d'être possible, en effet, nos grandes banques péricliteront.

Finance gratuite.

Tout le monde a remarqué le nombre croissant des succursales que les établissements de crédit installent à Paris et en province. Dans les grandes villes, il n'est pas rare de voir sur une même place trois agences du Crédit Lyonnais, de la Société Générale et du Comptoir d'Escompte se faire vis-à-vis. A qui n'est-il pas venu à l'idée que, dans cette création incessante de succursales nouvelles, il y avait quelque excès? Cette première et instinctive impression se fût accentuée, si l'on avait réfléchi à la rémunération modique, insignifiante, que comportent aujourd'hui les opérations de banque ordinaires. Que disons-nous, rémunération? Dans bien des cas, le service est gratuit. On encaisse les coupons pour rien, on donne les renseignements pour rien. En vérité, la philanthropie, le désintéressement font de grands progrès dans la finance.

On gagne sur l'article de luxe.

Ceci, bien entendu, n'est qu'apparent. Le principe d'après lequel on administre la multitude de nos petites succursales de banque est à peu près le suivant : la réduction des commissions et des courtages ramenés à leur expression dernière, les commodités offertes au public, location de coffres-forts, dépôts de titres, renseignements, etc., sont considérées seulement comme des moyens d'attirer le client. En fait, les opérations de banque ordinaires sont exécutées à prix coûtant ou à perte. Nos établissements « se retrouvent » de deux manières : d'une part, en attirant les dépôts de fonds sur lesquels ils payent peu ou point d'intérêt et qui leur fournissent d'énormes capitaux à bon marché; d'autre part, en vendant au public des titres rapportant un pourcentage de profit élevé, titres que nos établissements ont à bon compte, parce qu'ils les émettent eux-mêmes. S'il est impossible, comme chacun le comprend, de « carotter » la plus petite fraction sur une opération de banque courante, exécutée au tarif, par contre il est facile de vendre un titre 5 ou 10 p. 100 plus cher qu'il ne vaut. C'est le principe appliqué dans certains magasins où l'on cède au public, à bas prix, des articles de réclame, tandis qu'on « l'estampe » sur les articles de luxe. Cette manière d'agir est pratiquée en grand par nos établissements de crédit, de sorte que tout notre système de banque, en France a pour base une supercherie.

Le mensonge une raison d'État.

Il faut cacher la vérité pour des raisons faciles à comprendre. En premier lieu, ces bénéfices anormaux sont pris sur le public, à l'insu du public; leur caractère est donc inavouable[1]. En deuxième lieu, ces bénéfices sont incertains, irréguliers, ils dépendent d'affaires qui peuvent ne pas se représenter. Un dividende acquis par des opérations courantes de banque offre des garanties de stabilité pour l'actionnaire, on ne peut en dire autant d'un dividende subordonné à des succès d'émission. En troisième lieu, les émissions exposent les banques à des risques. Elles nécessitent des engagements fermes, des achats préalables de de papier qui peuvent donner lieu, plus tard, à des laissés pour compte. Le bon sens l'indique : puisque nos grands établissements de crédit souscrivent à des emprunts, s'ils ne réussissent pas à écouler tous les titres qu'ils ont achetés, ils sont bien obligés de les garder. Sans doute, ils s'efforcent de les écouler par la suite, mais pour cela ils doivent payer la presse, se livrer à des manœuvres de Bourse, racheter de nouveaux titres pour faire monter artificiellement les cours, etc., toutes entreprises spéculatives, dangereuses, véritable engrenage d'où l'on n'est jamais sûr de sortir indemne, si puissant qu'on soit.

1. Exemple : sans prospectus, sans publicité, *en catimini*, par le travail sourd et occulte de ses « guichetiers » et « démarcheurs », le Crédit Lyonnais a écoulé pour 871 millions de francs (valeur nominale) d'obligations Banque Foncière de la noblesse russe qui laissent une perte considérable sur leur prix d'émission.

On comprend, dans ces conditions, la nécessité, pour nos grands établissements, de la dissimulation, du mensonge. Le mensonge a pour eux toute la force d'une raison d'État. Quel que soit le défaut, le vice ou le danger de leur situation financière, il leur est interdit de le rendre public. Ils vivent du crédit. Si l'opinion se répand qu'ils se livrent à des opérations hasardeuses ou seulement incertaines, le public ne leur confiera plus son argent, ce sera l'effondrement.

Nos établissements de crédit ne peuvent donc pas avouer qu'ils sont des banques d'affaires déguisées en banques de dépôt. Cette reconnaissance serait, de leur part, un suicide. De là l'énigme du bilan, de là le mystère du compte « Profits et pertes », de là la rigidité puritaine des rapports. Le décor, la façade doivent rester les mêmes, quoi qu'il arrive. La vie, la mort en dépendent. Le mensonge est de rigueur. La vérité n'importe pas. Des efforts surhumains sont donc faits pour ne fournir dans les rapports et dans les comptes aucun élément d'appréciation et de comparaison.

VII

Bilans communiqués au dernier moment.

Le croirait-on? Même ces bilans mystérieux, indéchiffrables, on a tellement peur de les donner qu'on ne les délivre aux actionnaires qu'à leur entrée en séance, au dernier moment. Ceux-ci n'ont pas un jour, n'ont pas une heure pour les étudier. On lit dans le procès-verbal de l'assemblée de la Société Générale tenue le 30 mars 1906 :

Un actionnaire. — Il y a deux points sur lesquels je désirerais attirer l'attention de l'assemblée et lui faire émettre un vœu. Le premier est relatif à l'époque tardive à lquellea nous est donné le rapport du Conseil d'Administration. *Je trouve que c'est une mauvaise plaisanterie que de donner un document aussi important sur lequel nous sommes appelés à prendre des décisions, en entrant en séance.* Il serait très facile de nous le distribuer huit ou dix jours avant la réunion de l'assemblée, comme cela se fait dans beaucoup d'autres sociétés, et notamment à la Compagnie du P.-L.-M.

A cela, que répond le président? La loi, dit-il, n'oblige nullement la Société à communiquer le rapport du Conseil avant l'assemblée.

On lit, dans le procès-verbal de l'assemblée du Comptoir d'Escompte, tenue le 26 avril 1902 :

Un actionnaire se plaint de la communication tardive du bilan et critique les propositions du Conseil; il regrette qu'on ait pris l'habitude de remettre les rapports et le bilan aux actionnaires, *au moment même* de l'Assemblée générale (*Vie financière*).

Comment on répond aux actionnaires.

Ainsi le bilan et les comptes sont donnés aux actionnaires à la dernière minute, pour ne pas laisser le temps de formuler des critiques ou de poser des questions. Mais quand des interrogations sont faites aux assemblées générales, veut-on savoir comment il y est répondu? Lisez l'extrait suivant du procès-verbal de l'assemblée ordinaire du Comptoir d'Escompte, tenue le 3 avril 1906 :

Un actionnaire. — Ne pourriez-vous, dans le rapport, donner plus de développement au compte de profits et pertes? Tel qu'il est établi, il ne donne aucun chiffre de répartition.

M. le Président. — Il faut que vous ayez confiance en nous; ce n'est pas à cause de vous que nous ne donnons pas trop de détails, mais à cause des concurrents. Remarquez bien que nous sommes les associés des actionnaires et non des adversaires. Mais, encore une fois, il faut que vous ayez confiance en nous, nous sommes d'honnêtes gens, nous sommes dans une maison de verre, etc.

Quand, par suite de la publicité d'un procès, il devient notoire qu'un établissement de crédit a éprouvé des pertes dans une participation malheureuse, c'est en vain qu'on essaye d'obtenir du Conseil d'administration le moindre renseignement. Par exemple, la Société Générale a eu des mécomptes graves dans trois affaires, les Guanos, le Port de Callao, la Caisse Générale des Familles; mais quelle est l'importance de ces pertes dans ces affaires, on se refuse à l'indiquer. Voici le genre de réponses par lequel on esquive les questions indiscrètes :

Un actionnaire. — Je voudrais, dans la mesure du possible, obtenir de la présidence quelques chiffres sur certaines de nos participations, par exemple le Callao; le rapport dit que tout va très bien (*sic*), mais un chiffre serait intéressant à connaître.

M. le Président. — Permettez-moi de vous dire que c'est exprès que nous ne vous indiquons pas le chiffre dans notre rapport. Pareille question m'a été posée à plusieurs reprises en assemblée générale, et j'ai cherché à faire comprendre aux actionnaires que si nous étions très désireux de leur donner tous les renseignements possibles, nous aimons mieux le faire dans le cabinet d'un des administrateurs que dans une assemblée générale, qui a nécessairement de la publicité (*sic*).

Je vous demande donc, Messieurs, d'être un peu discrets. Ce n'est pas par plaisir que je vous demande cette discrétion, j'aimerais mieux tout dire aux actionnaires, d'autant plus que cela dégagerait notre responsabilité; mais si je suis réservé, c'est uniquement parce que je me préoccupe avant tout des intérêts de la Société, etc.

Écoutez maintenant les paroles de M. Mazerat, directeur général du Crédit Lyonnais, refusant d'indiquer le chiffre des amortissements effectués en 1900 : Tous les arguments sont bons.

J'ai entendu dire que quelques actionnaires ont demandé le chiffre précis des amortissements effectués cette année. Si le Conseil d'administration avait estimé pouvoir faire sans inconvénient cette déclaration, il l'aurait insérée dans son rapport, mais il a pensé qu'il ne le pouvait, sans porter atteinte à la Société et aux actionnaires. Le Crédit Lyonnais a des adversaires qui le jalousent et le critiquent : divulguer ces chiffres, c'est leur fournir des armes; notre devoir est de ne renseigner ni documenter les concurrents. De plus, tous les établissements de crédit sont soumis à des taxes fiscales extrêmement lourdes, et il serait imprudent de livrer des chiffres à la publicité. Quoi qu'il en soit, il existe des motifs sérieux pour se tenir sur la réserve.

On le voit, pour échapper au contrôle, nos établissements de crédit font flèche de tout bois. N'ont-ils pas l'audace d'invoquer même comme argument leur intention de frauder le fisc et de se soustraire au payement des impôts?

Le prétexte de la concurrence.

Quant au second argument, celui de la concurrence, on connaît son peu de valeur. La concurrence existe bien entre les succursales, entre les agences locales des banques, mais elle n'existe pas pour ainsi dire entre les sièges sociaux, puisque nos grands établissements marchent ensemble et sont syndiqués. Ils n'ont, en réalité, rien à se cacher les uns aux autres. En ce qui concerne l'escompte du papier commercial, comme ils publient la valeur totale des effets escomptés, ils donnent par là même, à leurs prétendus compétiteurs, le moyen d'apprécier leurs bénéfices. Quant aux grandes émissions, ils les font presque toujours en commun. Chacun est au courant de ce que l'autre a reçu. Il n'a rien à apprendre. Ainsi toutes ces raisons mises en avant pour ne pas renseigner le public apparaissent comme de misérables prétextes.

VIII

La fonction des commissaires des comptes.

Mais, dira-t-on, pour contrôler la situation des établissements de crédit, il y a les commissaires des comptes. En vérité, qui prend ces contrôleurs au sérieux? Leur fonction consiste à reproduire les chiffres du bilan en les disposant à la queue leu leu au lieu de les mettre à la ligne.

MM. les commissaires commencent par déclarer quil sont tout vérifié et qu'ils ont trouvé tout en règle, parfaitement en règle, admirablement en règle : « Nous avons constaté la parfaite régularité des écritures du Comptoir National d'Escompte, la tenue irréprochable des livres sociaux, la clarté et la méthode qui président à l'organisation de votre comptabilité, et qui permettent de centraliser, en quelque sorte automatiquement, les résultats des agences disséminées sur tous les points du territoire, pour la France, et dans toutes les parties du monde, pour l'étranger. »(Rapport 1901.) — « Nous avons constaté, comme les années précédentes, la tenue irréprochable des livres sociaux, l'ordre parfait de la comptabilité et l'exacte concordance des soldes des divers comptes avec les données de l'inventaire, établi avec la méthode et le soin scrupuleux (*sic*) que nous avons eu déjà l'occasion de vous signaler. » (Rapport 1904.) Tout est parfait.

Il faut avouer que ces formules obséquieuses n'éveillent guère l'idée d'un contrôle indépendant. Voyons toutefois la suite. Continuant, les commissaires déclarent que l'actif total du Comptoir d'Escompte s'élève à 1 136 709 632 fr. 30, dépassant le milliard (*sic*). Ce renseignement n'est pas nouveau pour nous, il figure déjà dans le bilan.

Les commissaires font remarquer, en outre, que ce chiffre est supérieur de 172 746 572 fr. 20 à celui de l'exercice précédent (*sic*). « Cette augmentation notable, L'art de recopier les chiffres.

qui témoigne du progrès continu et du développement de vos opérations, disent-ils encore, se répartit sur tous les chapitres de l'actif, à l'exception des deux seuls comptes : « Participations financières » en diminution de 6 202 410 fr. 85, et « Agences hors d'Europe », dont le solde est inférieur de 7 052 557 fr. 49 à celui de 1903 en raison principalement de la fermeture, au cours de l'exercice, de l'agence de la Nouvelle-Orléans. » Ici encore on ne nous apprend rien, puisque les chiffres précédents sont reproduits purement et simplement du bilan, mais les commissaires ont écrit déjà 18 lignes. Si nous ne sommes pas plus avancés, eux ont fait du chemin. Ils ne peuvent cependant en rester là. C'est trop court.

Une idée leur vient : « En groupant les soldes de la caisse, des portefeuilles, effets et valeurs, des reports et des comptes courants débiteurs, font-ils observer, on obtient un ensemble de disponibilités immédiates ou réalisables de 871 594 235 fr. 52, alors que les exigibilités plus ou moins immédiates ne forment au passif qu'un total de 780 023 082 fr. 84. Votre situation fait donc ressortir un excédent de 91 571 152 fr. 68 des disponibilités sur les exigibilités. C'est une constatation des plus satisfaisantes pour un grand établissement de crédit comme le vôtre. » Tout cela n'est pas mal imaginé. Le malheur est que nous ne sortons pas de ces chiffres du bilan que nous connaissons par cœur. Il n'y a donc pas moyen d'avoir autre chose? Hélas! non, il n'y faut plus compter. MM. les commissaires sont épuisés. Faisant un nouvel effort, ils terminent :

« Le compte de profits et pertes fait ressortir, après tous amortissements et prélèvements pour réserve immobilière, un solde créditeur net de 8 843 819 fr. 49.

« Après avoir effectué les prélèvements statutaires, le Conseil vous propose de répartir, pour l'exercice 1904, 27 fr. 50 à l'action et 1 fr. 142 à la part de fondateur et de reporter à nouveau 198 283 fr. 95.

« Nous vous engageons à approuver ce règlement d'inventaire et, d'une manière générale, les comptes tels qu'ils vous sont présentés pour l'exercice 1904. »

Mais toutes ces données sont connues, archiconnues. Nous les avons déjà lues dans le rapport du Conseil. MM. les commissaires du Comptoir d'Escompte se sont bornés, on le voit, à recopier les chiffres du bilan officiel, à comparer ces chiffres avec les précédents, à les grouper tantôt par deux, tantôt par quatre pour voir combien faisait leur total. Ces opérations d'arithmétique élémentaire étaient dans nos cordes. Nous pouvions les effectuer comme eux-mêmes. Mais des renseignements nouveaux, des chiffres inédits, des constatations personnelles, nous n'en trouvons pas un seul dans leur rapport. Ce document, qui rend compte de plus d'un milliard, mesure quarante lignes en tout! En vérité, si MM. les commissaires ont vérifié tous les livres, ce dont nous ne doutons pas, ils n'en laissent rien voir!

Rien d'inédit.

C'est, d'ailleurs, le vice des sociétés par actions que les commissaires des comptes, nommés en théorie par les actionnaires, sont désignés en fait par les administrateurs, c'est-à-dire élus *par ceux-là mêmes*

Contrôle illusoire.

qu'ils doivent surveiller. Pour ces raisons, ils ont avec ces derniers des rapports de dépendance ou d'intimité qui excluent tout contrôle sévère. Ils sont avec eux « de mèche ».

Contentons-nous de citer le fait suivant : depuis 1902, le Conseil d'administration de la Société Générale a fait entrer dans son sein deux de ses commissaires des comptes, apparemment pour les récompenser de leurs loyaux services !

IX

L'omnipotence des grands établissements.

Nous avons vu que nos établissements de crédit remplissent leurs fonctions comme ils l'entendent et ne rendent aucun compte, que leurs bilans et rapports sont des déguisements. Quand on pense, d'autre part, à l'énormité des moyens d'action qui sont entre les mains de ces grands établissements, on ne peut s'empêcher de frémir. *La République française*, organe de M. Méline, qui n'est pas un journal subversif, écrivait dans son numéro du 15 mai 1904 :

> Le péril qui résulte de la prépondérance des grands établissements de crédit, et que tant d'esprits avisés ont signalé, n'est, certes, pas un péril imaginaire. L'homme le plus ignorant en matière de finances sentira instinctivement quelque appréhension en songeant que les 8 milliards d'encaisse métallique de la France se trouvent dans les caves de quelques grandes banques, c'est-à-dire entre les mains et à la disposition d'un nombre très res-

treint de financiers qui, toute question de probité ou d'improbité mise à part, disposent ainsi, sans contrôle, du plus formidable moyen d'action qui existe au point de vue économique, politique et social.

Toute la France à leur merci.

Certes, l'omnipotence de nos grandes banques est absolue. Elles entraînent dans leur sillage le gouvernement, la presse, la classe capitaliste et le pays tout entier. Nous tous, citoyens français, sommes à elle, nous sommes leur chose, leur actif, nous subirons leur sort, nous sombrerons si elles font faillite. Supposons, — on peut toujours supposer, c'est un procédé très scientifique que de supposer, — supposons que la situation intrinsèque de nos établissements de crédit soit compromise un jour par la baisse des fonds russes, que ces établissements de crédit aient en stock des quantités de titres russes achetés imprudemment pour empêcher un krach, cela est très possible; si cela est, nous n'en pouvons rien savoir.

Supposons, si l'on aime mieux, quelque chose de moins grave : nos établissements de crédit ont placé des milliards de fonds russes dans les portefeuilles français, le krach des fonds russes doit entraîner inévitablement leur décadence morale, ils ont donc, comme banques, comme institutions capitalistes privées, un intérêt vital à retarder la crise : que feront-ils? La réponse n'est pas douteuse : ils déguiseront leurs écritures et nous traîneront d'emprunt russe en emprunt russe jusqu'à la catastrophe finale. En d'autres termes, ils feront ce que font toutes les banques en pareil cas : ils auront recours à toutes les tromperies, à tous les expédients, même les plus criminels pour prolonger leur vie et pour gagner du temps. Le malheur est qu'il ne s'agit pas ici de banques ordinaires, mais d'établissements disposant de presque toute la fortune mobilière du pays. On n'a jamais vu pareille situation!

Pas de contrôle.

Le lendemain de la chute du Comptoir d'Escompte, les liquidateurs et administrateurs provisoires, MM. Edmond Moreau et Paul Monchicourt, écrivaient dans leur rapport aux actionnaires :

« Il convient de reconnaître, au surplus, que cette absence de contrôle sérieux qui a entraîné la chute du Comptoir *est le vice propre des grandes sociétés anonymes de banque et de crédit...* » (p. 31). « Les rapports qui sont lus aux assemblées n'ont *aucune signification réelle au point de vue de leurs intérêts.* Ils ne contiennent que ce qu'il est matériellement impossible de taire ou de ne pas chiffrer. Les choses qu'il serait le plus intéressant de connaître et qui doivent avoir une influence sur le sort de la Société et sur la tenue de ses actions restent le secret du Conseil d'administration et de la direction... » (p. 32).

A propos du même événement, M. Leroy-Beaulieu écrivait :

Il faut bien le dire, la méthode ordinairement suivie en France et peut-être ailleurs pour les rapports de la direction avec les actionnaires est une méthode tout illusoire. Elle ne donne aucune garantie de bonne gestion.

Une leçon terrible.

D'ailleurs, les circonstances dans lesquelles s'est déroulée la catastrophe du Comptoir d'Escompte sont typiques. Le 31 janvier 1889, une assemblée générale était tenue. Les rapports du Conseil d'administration et des commissaires des comptes y étaient donnés en lecture. Ils accusaient une situation prospère, un bénéfice acquis de 8 millions, une réserve intacte de 20 millions, ils proposaient un dividende de 50 francs, supérieur de 2 francs aux précédents. Quelques semaines après se produisait la catastrophe, et il était prouvé qu'au moment où avait lieu l'assemblée générale, au moment où un état de choses si favorable, si brillant était présenté aux actionnaires, la situation du Comptoir d'Escompte, engagé pour une somme de 700 millions dans des opérations spéculatives contraires aux statuts, était déjà irrémédiablement compromise. On avait donc menti, on avait sciemment, volontairement caché la vérité. (Rapport Moreau et Monchicourt, p. 37.)

Prenons garde.

Prenons garde, pendant qu'il en est temps encore, intervenons, agissons. Ne laissons pas plus longtemps quelques institutions irresponsables s'emparer de nos milliards, les administrer, les manipuler à leur gré. Ne tolérons pas un jour de plus que trois à quatre banques ne rendant de comptes à personne aient le droit d'engager ainsi en silence, dans l'ombre et dans la nuit, tout l'avenir du pays. Hélas! est-ce donc pour rien que tant de peuples ont souffert? Est-ce que nous-mêmes aurions oublié déjà notre passé, nos malheurs et notre douloureuse expérience du pouvoir personnel? En tout temps, en tout lieu, ne le savons-nous pas, l'absolutisme aboutit aux mêmes résultats qui sont le déshonneur et la ruine.

CHAPITRE III

COMMENT L'OLIGARCHIE FINANCIÈRE GÈRE NOTRE ÉPARGNE

Effrayante exportation des capitaux français.

Le fait le plus extraordinaire et le plus décisif en France, depuis vingt ans, est certainement celui dont il n'a été presque rien dit : nous voulons parler de cette effrayante exportation des capitaux français envoyés par centaines de millions et par milliards à l'étranger pour secourir les États besogneux, pour développer la richesse de pays concurrents, tandis que, par un absurde non-sens, notre propre commerce, notre propre industrie, privés de moyens d'actions, restaient stagnants.

Cette émigration des capitaux français à l'étranger, qui est la cause principale de notre décadence économique, s'est poursuivie sous la direction de trois ou quatre sociétés de crédit, pendant que le gouvernement, la Chambre, le Sénat, les journaux s'absorbaient exclusivement dans des questions de politique pure. Nous voudrions montrer en quelques mots le caractère gigantesque de cet exode d'argent national, faire voir comment il s'opère et quelles conséquences il a pour le pays.

I

81 milliar de titres étra gers cotés Bourse.

Le 31 décembre 1904, les valeurs admises à la cote officielle de la Bourse de Paris représentaient un capital nominal de 130 milliards de francs. Sur ce chiffre, 58 milliards et demi étaient des valeurs françaises ; 71 milliards et demi étaient des valeurs étrangères. Aux statistiques du marché officiel il faut ajouter celles du marché libre, où l'on négociait environ 8 milliards de valeurs françaises et 10 milliards de valeurs étrangères. Conclusion : en 1904, sur 148 milliards de titres cotés à Paris, *81 milliards étaient étrangers.* On voit si notre finance est cosmopolite !

L'énumération de ces papiers étrangers est singulièrement impressionnante. Voyez plutôt :

Valeurs étrangères cotées en Bourse le 31 décembre 1904

Marché officiel : 2 emprunts anglais, 15 milliards 649 millions. — 6 emprunts argentins, 710 millions. — 6 emprunts autrichiens, 4 milliards 282 millions. — 1 emprunt de Bahia, 15 millions. — 4 emprunts belges, 3 milliards 600 millions. — 4 emprunts de Berne, 132 millions.

4 emprunts du Brésil, 884 millions. — 3 emprunts bulgares, 214 millions. — 2 emprunts canadiens, 239 millions. — 1 emprunt Cap de Bonne-Espérance, 10 millions. — 3 emprunts chinois, 498 millions. — 2 emprunts Congo, 128 millions. — 5 emprunts danois, 335 millions. — 5 emprunts égyptiens, 2 milliards 500 millions. — 1 emprunt espagnol, 1 milliard. — 1 emprunt Espirito-Santo, 16 millions. — 1 emprunt États-Unis, 243 millions. — 5 emprunts finlandais, 142 millions. — 3 emprunts Fribourg, 68 millions. — 1 emprunt Grisons, 10 millions. — 2 emprunts Haïti, 62 millions. — 5 emprunts helléniques, 509 millions. — 2 emprunts hollandais, 1 milliard 170 millions. — 1 emprunt Honduras, 62 millions. — 2 emprunts hongrois, 1 milliard 751 millions. — 3 emprunts italiens, 8 milliards 270 millions. — 1 emprunt pontifical, 32 millions. — 1 emprunt Maroc, 62 millions. — 1 emprunt Minas-Géraes (Brésil), 57 millions. — 11 emprunts norvégiens, 396 millions. — 5 emprunts portugais, 994 millions. — 3 emprunts Québec, 54 millions. — 5 emprunts roumains, 1 milliard 11 millions. — 2 emprunts serbes, 404 millions. — 7 emprunts suédois, 398 millions. — 6 emprunts suisses, 739 millions. — 9 emprunts turcs, 2 milliards 155 millions. — 1 emprunt Uruguay, 497 millions. — Valeurs étrangères d'assurances et de banques, 1 milliard 8 millions. — Chemins de fer étrangers : espagnols, autrichiens, portugais, italiens, russes, etc., 7 milliards 253 millions. — Valeurs étrangères d'industrie et de mines, 898 millions. Total, *71 milliards.*

Marché libre : 1 emprunt argentin, 3 brésiliens, 1 cubain, 1 hongrois, 1 italien, 1 napolitain, 1 mexicain, 1 norvégien, 1 transvaalien, 1 haïtien, etc., des emprunts de villes étrangères : Anvers, Bruxelles, Copenhague, Christiana, Fribourg, Liége, Madrid, Milan, Neufchâtel, Saint-Pétersbourg, Venise, Vienne, Zurich, etc., 4 milliards 1/2. — Autres valeurs étrangères d'industrie et de mines, 6 milliards. Total : *10 milliards 1/2.*

Total des valeurs étrangères cotées en 1904 : 81 milliards. Bien entendu, ce chiffre ne signifie pas que nous détenions effectivement 81 milliards de valeurs étrangères. Sur cette énorme quantité de titres offerts, il reste à déterminer quel chiffre réel a été absorbé et demeure dans les portefeuilles. Pour cela, d'importantes réductions doivent être opérées. Par exemple, il est notoire que nous possédons seulement une infime partie de la dette anglaise, que l'Italie a racheté chez nous une grande partie de ses rentes, que les fonds égyptiens, ottomans, etc., ne sont pas seulement entre les mains des capitalistes français, mais sont détenus aussi par des porteurs britanniques.

En portefeuille en 1902 : 30 milliards de titres étrangers.

Toutefois, la matière est complexe. Comme il n'existe aucune organisation pour consigner méthodiquement les déplacements de la richesse mobilière, les statisticiens varient dans leur estimation à cet égard à plusieurs centaines de millions et même à plusieurs milliards près. Laissons-les travailler, éliminer, subtiliser. Pour nous, des chiffres généraux suffisent. D'après M. Alfred Neymarck, en 1902, nos capitalistes détenaient réellement dans leurs portefeuilles 60 milliards de valeurs françaises et 30 milliards de valeurs étrangères. Par conséquent, en 1902, le *tiers de leur fortune mobilière* était placé hors frontières.

En 1902, disons-nous; mais depuis, cette proportion s'est accentuée considérablement. Un tableau de M. Neymarck, publié ultérieurement, montre que

Sur 19 milliards, 10 milliards placés en valeurs étrangères.

de 1890 à 1904 l'ensemble des valeurs immobilières appartenant en propre aux capitalistes français a passé de 74 à 93 milliards et que, notez bien ceci, dans la même période, le total des valeurs étrangères s'est élevé de 20 à 30 milliards. Ainsi, de 1890 à 1904, il a été placé 19 milliards en tout par l'épargne, et *sur ces 19 milliards, 10 milliards ont été convertis en valeurs étrangères. C'est un peu plus de la moitié.*

Mais M. Neymarck s'arrêtait en 1904, et depuis cette date, l'avalanche de papier étranger n'a pas cessé de se déverser sur le marché parisien. Le phénomène s'est encore accentué, il a pris des proportions formidables. Il y a quelque chose d'effrayant, en vérité, dans cette invasion de titres anglais, russes, autrichiens, allemands, danois, italiens, espagnols, turcs, roumains, serbes, bulgares, chinois, japonais, américains, brésiliens, mexicains, argentins, etc., sur notre marché français. Tout excédent de capital, à mesure qu'il se forme, en France, est immédiatement changé en papier étranger. Nos bons louis d'or, à peine fondus, sont remplacés par des papiers à vignettes venus de tous les coins du monde. Voici les introductions de nouvelles valeurs étrangères en 1905 :

Valeurs étrangères nouvelles en 1905.

Marché officiel : Emprunt japonais 4 %, 300 millions. — Crédit foncier égyptien, 185 millions. — Central Mining (Transvaal), 150 millions. — Emprunt ottoman 4 %, 121 millions. — Emprunt Sao-Paulo (Brésil), 95 millions.

— Banque centrale mexicaine, 90 millions. — Emprunt suisse 3 1/2 %, 50 millions. — Société franco-américaine, 50 millions. — Chemin de fer Buenos-Ayres, 35 millions. — Banque du Mexique, 30 millions. — Banque de Londres et Mexico, 33 millions. — Emprunt siamois 4 1/2 %, 25 millions. — Emprunt chinois 5 %, 25 millions. — Emprunt bulgare 5 %, 20 millions. — Association minière (Transvaal), 25 millions. — Banque franco-argentine, 25 millions. — Emprunt ville de Bahia, 25 millions. — Chemins Thessalie, 23 millions. — Banque Pays-Autrichiens, 21 millions. — Sucreries d'Égypte, 30 millions. — Chemins de fer Santa-Fé, 30 millions. — Chemins de fer Sao-Paulo, 12 millions. — Port de Rosario, 21 millions. — Banque Crédit industriel de Grèce, 15 millions. — Land Bank of Egypt, 12 millions. — Emprunt norvégien, 12 millions. — Banque de Norvège, 10 millions. — Crédit franco-égyptien, 12 millions. — Banque hongroise de Pest, 10 millions. — Crédit foncier de Stockholm, 10 millions. — Crédit franco-canadien, 10 millions. — Exploitation Port-Salonique, 7 millions. — Emprunt mexicain 4 % or, 8 millions. — Compagnie Hellénique d'électricité, 6 millions. — Emprunt hellénique 4 %, 6 millions. — Crédit foncier de Hongrie, 5 millions. — Sels Gemmes (Russie), 5 millions. — Oural Volga, 3 millions. — Emprunt belge 3 1/2 %, 4 millions. — Compagnie immobilière Salonique, 4 millions. — Krivoï-Rog, 2 millions. Total : *1 milliard 562 millions.*

Marché de la coulisse : Emprunt Brésil 1903, 75 millions. — Emprunt Brésil 1905, 50 millions. — Sud-Espagne, 48 millions. — Emprunt Pernambuco, 25 millions. — Venezuela 3 %, 14 millions. — Chemins de fer Brésil Nord-Ouest, 30 millions. — Ville de Vienne, 126 millions. — Ville de Varsovie, 88 millions. — Banque de Suède, 22 millions. — Mashonaland Railways, 64 millions. — Pekin Syndicate, 37 millions. — Chemin de fer Brésil Nord, 12 millions. — Ekaterinowka, 4 millions. — Saint-Louis et

San-Francisco Railroad, 10 millions. — Porto-Rico, 2 millions. — Raisins de Corinthe, 3 millions. — Industrie houillère Donetz, 1 million. Total : *611 millions.*

En 1905, les trois quarts des valeurs introduites sont étrangères.

Il a donc été introduit à la Bourse de Paris, en 1905, pour 2 milliards 174 millions de valeurs étrangères. C'est une proportion des *trois quarts*. Voyons l'année 1906. Esquissons son bilan.

Valeurs étrangères nouvelles en 1906.

Marché officiel : Russe 5 % 1906, 1.200 millions. — Pennsylvania C°, 250 millions. — Dette ottomane unifiée 4 %, 217 millions. — Uruguay 5 %, 174 millions. — Norvège 3 1/2 % 1904 et 1905, 78 millions. — Banque de Londres et Mexico, 99 millions. — Rio-Tinto, 86 millions. — Belgique 3 1/2 %, 71 millions. — Banque russo-chinoise, 63 millions. — Suède 3 1/2 %, 60 millions. — Banque nationale du Mexique, 63 millions. — Suisse 3 1/2 %, 50 millions. — Banque d'Athènes, 45 millions. — Banque du Nord, 33 millions. — Chemins de fer Santa-Fé, 36 millions. — Chemins de fer Victoria-Minas, 30 millions. — Hollande 3 %, 30 millions. — Berne 3 1/2 %, 30 millions. — Banque franco-américaine, 25 millions. — Land Bank of Egypt, 22 millions. — Banque de Rome, 23 millions. — Crédit foncier de Stockholm, 20 millions. — Crédit foncier de Hongrie, 20 millions. — Chemins de fer Buenos-Ayres, 15 millions. — Banque Guanajato, 15 millions. — Sucreries et raffineries d'Égypte, 10 millions. — Banque de l'État de Mexico, 12 millions. — Électricité de Varsovie, 11 millions. — Crédit foncier canadien, 5 millions. — Krivoï-Rog, 5 millions. — Port de Rosario, 3 millions. — Gaz de Madrid, 2 millions. Total environ : *2 milliards 815 millions.*

Marché libre : État de l'Amazone, 84 millions. — Emprunt Chili, 92 millions. — Naphtes de Bakou, 69 millions. — Mashonaland Railways, 64 millions. — Banque nationale du Mexique, 45 millions. — Bahia 5 %, 25 millions. — État de Parana, 20 millions. — Banque de Rome, 30 millions. — Banque de Yucatan, 28 millions. — Mines métallurgiques de Saint-Pétersbourg, 18 millions. — Usines Maltzoff, 16 millions. — Ujo-Mières, 15 millions. — Alagoas, 12 millions. — New Egyptian, 12 millions. — Tramways électriques de Rosario, 12 millions. — Tramways Buenos-Ayres, 14 millions. — Makeevka, 10 millions. — Huelva copper, 10 millions. — Spies Petroleum, 10 millions. — Colombie, 8 millions. — Tramways Rosario, 7 millions. — Banque de Commerce d'Azoff-Don, 9 millions. — General Motor Cab, 6 millions. — Chanaral, 4 millions. — American Railway of Porto-Rico, 4 millions. — Hauts fourneaux du Chili, 4 millions. — Mines de cuivre San-Platon, 6 millions. — Prokhorow, 6 millions. — El Rey, 3 millions. — Gulf and Chicago, 4 millions. — Canadian General, 1 million. — Sucrerie Coloso, 2 millions. — Société industrielle Salonique, 1 million. — Étains Portugal, 1 million. — Sucreries Porto-Rico, 1 million. — Mansilla, 1 million. — Vallongo Antimony, 1 million. Total approximatif : *670 millions.*

L'ensemble de ces chiffres (marché officiel et marché libre) donne un total de 3 milliards 482 millions de valeurs étrangères nouvelles, introduites en 1906. Par rapport au chiffre total des introductions, environ 4 milliards 567 millions, la proportion des valeurs étrangères est supérieure aux trois quarts, *elle est de* 77 p. 100 [1].

En 1906, 77 °/ₒ des valeurs introduites sont étrangères.

1. Nous donnons plus loin la statistique des valeurs étrangères émises en 1907, 1908, 1909 et 1910.

II

Quelques personnes dirigent l'épargne.

Un premier fait est à noter : cette invasion de papier étranger n'est pas la résultante d'un million de volontés s'orientant dans le même sens, ou, si l'on veut, d'un million d'activités individuelles aboutissant à un fait global. Les choses se passent ainsi, quand il s'agit de marchandises. Mille commerçants, opérant librement, produisent une statistique d'importation ou d'exportation. De même, mille consommateurs achetant la même denrée la font finalement renchérir. Devant ces chiffres généraux où se résume la vie de tous, on a la même impression que devant la mer : on sent la complexité infinie des forces, on se soumet à la fatalité des lois...

Les capitalistes français ont des moutons.

Mais ici, rien de pareil. Les capitalistes français, acheteurs de titres, n'ont ni spontanéité, ni libre arbitre. Ils ne choisissent pas leurs valeurs eux-mêmes. Qu'elles soient françaises, chinoises ou turques, peu leur importe. Les capitalistes français achètent les valeurs que leurs banques leur disent d'acheter. Et ces banques ne sont pas nombreuses. Il y en a quelques-unes en tout. Dans ces conditions, le problème est très simplifié. On peut se désintéresser complètement des moutons, il suffit d'étudier les bergers.

Passons en revue les institutions qui dirigent l'exode des capitaux français à l'étranger. En tête sont les trois grands établissements de crédit que l'on connait : le Crédit Lyonnais, la Société Générale et le Comptoir d'Escompte; puis viennent trois grandes banques d'affaires : la Banque de Paris et des Pays-Bas, l'Union Parisienne, le Crédit Mobilier. Il faut ajouter trois établissements de crédit plus modestes : le Crédit Industriel et Commercial, la Banque française pour le Commerce et l'Industrie, la Société Marseillaise. Voilà tout ce qui compte chez nous comme banques d'émission. Pour compléter la description, on pourrait mentionner encore un certain nombre de moyennes et de petites maisons dont les émissions ont peu d'importance comme chiffre total. — Ceux qui dirigent l'exode des capitaux.

En fait, les huit ou neuf établissements de crédit et banques d'affaires désignés en tête constituent l'Olympe financier de la France. C'est dans cet Olympe que, de temps à autre, deux ou trois grands dieux décident des valeurs que devront acheter les pauvres mortels.

D'une statistique approximative, il résulte que les grandes banques mentionnées plus haut patronnent ou écoulent à leurs guichets environ les huit dixièmes des titres cotés en Bourse. Elles ont donc un véritable monopole d'émission.

III

Le rôle de chaque banque.

Nous venons de rappeler sommairement que nos grandes banques, groupées en consortium, plaçaient les huit dixièmes des valeurs nouvelles introduites en Bourse. Il nous semble qu'avant d'aller plus loin, il serait intéressant d'étudier comment ces banques s'entendent entre elles, et quel rôle chacune joue dans l'organisation totale.

Opérations d'intermédiaires.

Rappelons avant tout que les opérations d'émissions effectuées par nos grandes banques se divisent en deux catégories distinctes. Il y a d'abord les opérations dans lesquelles les banques interviennent comme simples intermédiaires. Elles n'ont alors aucune initiative, elles ne courent aucun risque et se contentent comme rémunération d'une commission fixe que leur allouent les émetteurs. C'est de cette manière que nos établissements de crédit ouvrent leurs guichets aux souscriptions des emprunts français, de la Ville de Paris, du Crédit foncier, de l'Indo-Chine, de Madagascar, etc.

Opérations d'émetteurs.

Les autres opérations sont celles où les banques sont elles-mêmes émettrices. C'est le cas notamment pour les emprunts étrangers. Les banques achètent alors une certaine quantité de titres ou garantissent l'émission totale. Moyennant ces avantages qu'elles font aux vendeurs, elles tentent d'obtenir d'eux les conditions les plus basses, elles débattent avec acharnement le prix de leur papier, elles le réduisent au minimum. Comme, d'autre part, elles fixent elles-mêmes le prix de vente au public, il est clair que dans ces opérations leur marge de bénéfice peut être très considérable.

Qu'on ne l'oublie pas du reste, il s'agit d'affaires se chiffrant par des centaines de millions et par des milliards. En l'espace de quelques semaines, le temps d'ouvrir sur l'ensemble du territoire français la multitude des guichets, des profits fantastiques sont ainsi raflés par les grandes banques ou du moins par leurs administrateurs, car ces derniers, constituant de prétendus syndicats d'apporteurs ou de garanties, savent se réserver habilement, aux dépens de leurs propres établissements, la majeure partie des bénéfices. La divulgation des gains formidables qu'ont fournis à certaines personnalités les émissions d'emprunts étrangers serait certainement le plus grand *scandale* de notre époque.

Chaque banque a sa chasse gardée.

Comme ces emprunts étrangers sont extrêmement convoités par les banques en raison de leur caractère rémunérateur, la concurrence, la rivalité menaceraient à chaque instant de briser le consortium de nos grands établissements, s'il ne s'établissait pas entre eux un *modus vivendi*. Chaque banque a donc sa clientèle d'États étrangers, elle a ses zones d'influence. On appelle cela sa « chasse gardée ». Cette chasse, elle la défend jalousement, elle ne tolère aucun empiètement sur ses droits, aucune incursion dans son domaine. On n'a pas le droit de conclure une affaire avec un État étranger sans avoir obtenu l'autorisation de son propriétaire. Il est de règle que, si l'emprunt est conclu, le nom de ce propriétaire figure le premier dans l'énumération des membres du consortium. Naturellement, les honneurs marchent de pair avec les profits. La Russie est la propriété du Crédit Lyonnais. C'est un beau fief.

Tous les financiers français sont d'accord.

Grâce à cet arrangement ingénieux, les États étrangers n'ont pas la ressource de mettre nos banques en concurrence les unes avec les autres pour obtenir d'elles des conditions plus réduites. Ils ont toujours devant eux un seul représentant de la finance française dont ils doivent accepter les conditions.

Ceux qui groupent les capitaux, ceux qui les dirigent.

Quel rôle chaque banque joue-t-elle individuellement dans le consortium? Dans un concert, il y a les violons, les basses, la clarinette; dans une armée, il y a l'infanterie, l'artillerie, la cavalerie; dans l'organisation de nos grandes banques se retrouve également la division du travail. Le Crédit Lyonnais, la Société Générale, le Comptoir d'Escompte ont pour tâche essentielle de grouper les capitaux et d'attirer à eux une immense clientèle, en exécutant pour elle à un prix réduit les opérations de banque proprement dites. Cette clientèle une fois recrutée, il s'agit d'en tirer parti.

Comment la haute banque se rend utile.

C'est ici qu'apparaît l'utilité des banques d'affaires appelées Banque de Paris et des Pays-Bas, Union Parisienne, Crédit mobilier. Ces institutions diffèrent totalement par leur fonctionnement de nos établissements de crédit : elles n'exécutent aucune opération de banque et de bourse pour la petite clientèle. Leur rôle est seulement de découvrir, de préparer et de conclure des affaires à l'étranger. Leur conseil d'administration est composé de représentants de la haute banque, tous hommes considérables, jouissant de grosses fortunes, capables de fournir à toute réquisition plusieurs dizaines de millions. Ce n'est pas seulement leur argent qui fait leur force, c'est aussi leur clientèle ancienne d'États et de sociétés, ce sont leurs relations à l'étranger, ce sont les correspondants et instruments qui travaillent pour eux et qui les renseignent sur toutes les places du monde. Ainsi la haute banque d'autrefois n'est pas morte, elle subsiste, elle garde sa vitalité, son sens des affaires, elle a toujours son organisation, ses moyens d'action. Une seule chose lui manque : comme les banquiers de province ont disparu et sont remplacés aujourd'hui par les succursales des grands établissements de crédit, la haute banque n'a plus de communication avec le public.

Créateurs, placeurs ...ier.

Dans ces conditions, la division du travail dans le consortium des grandes banques est toute naturelle. Les unes, Banques de Paris, Union Parisienne, ont pour rôle principal de rabattre les affaires et particulièrement les emprunts. Elles sont dans la combinaison l'élément inventeur et créateur. Ce sont elles qui trouvent les titres à placer. De leur côté, les établissements de crédit, constitués en formidable bureaucratie, ont pour fonction d'écouler ces titres par l'entremise de leurs innombrables succursales et agences. Ils sont les placeurs de papiers.

L'étiquette change.

Cette coopération des établissements de crédit et des banques d'affaires n'a pas lieu toujours d'une manière ostensible. Quand il s'agit d'emprunts de grands pays, toutes les banques sans exception mettent leur nom sur les affiches, mais si les titres prêtent à la critique, comme ces papiers sud-américains que l'on émet en France à jet continu, c'est alors l'une ou l'autre des banques d'affaires qui couvre la marchandise et qui se met seule en avant sur les prospectus et circulaires; enfin si le mérite intrinsèque des titres est plus bas encore, on choisit pour les présenter au public des sociétés financières d'une inférieure catégorie. Depuis que le mouvement de protestation dont elle est l'objet prend de l'extension, l'oligarchie financière tend à recourir fréquemment à ce subterfuge, afin d'abriter ses responsabilités et pour cette raison aussi que ses émissions étrangères baissent beaucoup comme qualité. Ceci n'empêche pas, bien entendu, les établissements de crédit de donner leur concours actif au placement de ces titres discutables et d'en opérer la vente à leurs guichets. La seule différence est qu'ils n'en prennent pas la responsabilité officielle.

Pour compléter cette description, mentionnons qu'en dehors des opérations faites en commun, chacune de nos grandes banques a ses émissions propres, avouées ou clandestines. Chacune a donc ses

« cadavres ». C'est un terme de métier pittoresque que tout le monde peut comprendre.

L'alliance des établissements de crédit et des banques d'affaires, longtemps dissimulée, a fini par s'étaler publiquement. Il y a quelque temps, quand la Société Générale a augmenté son capital de 50 millions, la Banque de Paris en a souscrit la moitié; elle a, d'autre part, fait entrer un administrateur dans le conseil de la Société Générale. Quand, de même, l'Union Parisienne s'est récemment réorganisée, le Comptoir d'Escompte a contribué, officiellement, à la formation de son capital nouveau. Enfin, il y a quelques années la Banque française pour le Commerce et l'Industrie, dirigée par M. Rouvier, sollicitant la faveur d'entrer dans le consortium des grandes banques, dut, pour être agréée, accepter des conditions de contrôle assez humiliantes; la Société Générale, le Comptoir d'Escompte, la Banque de Paris et des Pays-Bas envoyèrent chacun deux représentants siéger dans le conseil de la Banque française. M. Rouvier, désormais, ne s'échappera pas, il est bien gardé.

Le trust devient officiel.

Avant tout, on doit retenir ceci : nos grandes banques constituent ce qu'on appelle économiquement un trust; toutes participent aux mêmes opérations, toutes ont les mêmes intérêts, toutes sont dans le même rapport d'antagonisme vis-à-vis du public. Il est donc moins important de dégager leurs responsabilités particulières que de considérer leur œuvre en bloc. Trust ils sont, trust ils ont toujours été : c'est donc comme trust aussi qu'il faut les juger.

IV

Un milliard et demi placé chaque année en fonds d'États étrangers.

Le défunt président et fondateur du Crédit Lyonnais, Henri Germain, estimait à 2 milliards de francs la somme que l'épargne française place tous les ans à la Bourse. Sur ces 2 milliards annuels, il évaluait *qu'un milliard et demi en moyenne sont placés en fonds d'États étrangers*. La responsabilité de cette orientation des capitaux français incombe à nos grandes banques. Ce sont elles qui, de leur propre autorité, concluent les emprunts. Ce sont elles qui en écoulent les titres à leurs guichets. L'opinion a donc le droit de se retourner vers elles et de leur demander compte de leur gestion.

Perte de la France sur les emprunts étrangers.

Parmi les emprunts étrangers conclus par nos banques, un certain nombre l'ont été avec des pays bien administrés, solvables, tels les emprunts suisses, suédois, norvégiens, hollandais, finlandais, etc. Cependant ces emprunts se sont inscrits en général à des cours inférieurs à leur taux d'émission. La dépréciation est ancienne, elle est acquise. Exemples : le Berne 3 % 1895, émis à 98,25 est coté 85,75, *Perte* : *6 millions* sur 48 millions ou 13 p. 100. Le Berne 3 % 1887, émis à 98,50, est coté 84,75. *Perte* : *7 millions* sur 49 millions ou 14 p. 100. Le Fribourg 3 % 1903, émis à 99,50, est coté 81,50. *Perte* : *7 millions* sur 40 millions ou 17 p. 100.

Le Danois 3 % 1894, émis à 96, est coté 84,80. *Perte : 12 millions* sur 100 millions ou 11 p. 100. Le Danois 1897, émis à 98,87, est coté 86,25. *Perte : 13 millions 1/2* sur 100 millions ou 13 p. 100. Le Finlandais 3 1/2 % 1895, émis à 100 francs, est coté 85,50. *Perte : 2 millions 1/2* sur 18 millions, ou 14 1/2 p. 100. Le Finlandais 3 % 1898, émis à 97,75, est coté 80. *Perte : 10 millions* sur 54 millions ou 19 p. 100. Le Finlandais 3 1/2 % 1901, émis à 95,50, est coté 86,40. *Perte : 2 millions 1/2* sur 24 millions ou 10 p. 100. Le Norvégien 3 % 1896, émis à 99,50, est coté 83,70. *Perte : 5 millions 1/2* sur 34 millions ou 16 p. 100, etc., etc. Sans continuer l'énumération, voici quelques fonds d'États étrangers. Ils sont parmi les meilleurs. Leur valeur d'origine est de 467 millions, et le public perd déjà sur eux une soixantaine de millions.

Le procédé de nos grandes banques est toujours le même : il consiste à vendre le papier beaucoup trop cher, de sorte que les cours baissent à peu près inévitablement après l'émission. S'ils remontent, c'est artificiellement, pour un temps, soit qu'il y ait une spéculation en train, soit qu'on ait de nouveaux titres à placer. La majoration des cours, sans doute, c'est le vice financier par excellence, nos établissements de crédit ne l'ont pas inventé, mais, en vérité, la belle excuse ! Toutes les fois qu'on leur reproche leurs gains énormes, ces établissements rappellent qu'avant eux, qu'en dehors d'eux on a fortement rançonné l'épargne française. C'est vrai, mais les autres catégories de la finance ne jouissent du moins d'aucun privilège. A

Le public paie trop cher.

coup sûr, si l'État laisse à trois ou quatre sociétés de crédit l'énorme faveur de gérer à leur gré plusieurs milliards d'argent public, il a le droit d'exiger d'elles en retour la correction, l'intégrité la plus absolue. Nous avons les inconvénients de la centralisation, de la bureaucratie à outrance en matière de finance, nous devons en avoir aussi les avantages, notamment la garantie que nos grandes banques ne nous traiteront pas comme des maisons d'inférieure catégorie.

Une spécialité du marché français.

Si nous n'avions à reprocher à nos grandes banques que leur majoration sur les bonnes valeurs, on pourrait encore passer l'éponge ; mais le pire est leur majoration sur l'énorme amas de mauvais papier qu'elles ont introduit en France dans un but rigoureusement égoïste, pour réaliser des profits monstrueux. Il suffit de jeter les yeux sur nos placements à l'étrangers pour constater que les titres de catégorie inférieure y occupent une place prépondérante. Plus d'un « économiste » se récriera contre cette assertion. Cependant les faits sont là : ils établissent que notre marché a pour spécialité d'absorber les rossignols qu'il est impossible d'écouler sur les places de Londres, de New-York ou de Berlin. Ce qu'on nous offre, c'est presque toujours du papier douteux.

Conséquence du monopole.

N'en soyons pas étonnés, la chose est logique : étant donnée l'organisation financière en France, il n'en peut être autrement. Du moment que plusieurs grandes banques sont libres de placer le papier qui leur plaît et de le vendre au prix qu'elles ont décidé, — et ce pouvoir, elles l'ont indiscutablement par leurs agences et grâce à l'appui d'une presse à peu près totalement subventionnée, — les abus sont inévitables. Il serait extraordinaire que plusieurs individus détenant le monopole de gérer sans contrôle la fortune d'un pays tout entier, fissent un usage raisonnable et honnête de ce droit phénoménalement excessif. Un tel fait serait contraire à tout ce qu'on sait de la psychologie humaine et à toutes les leçons de l'histoire.

Deuxièmement: quand on s'établit prêteur d'argent, commanditaire, bailleur de fonds, on voit accourir à soi, sans qu'on puisse l'éviter, toute la série des solliciteurs douteux, on est submergé sous une foule de propositions émanant, pour la plupart, de personnes peu sérieuses, sans surface. La profession l'exige ainsi. Eh bien ! la France est dans ce cas. Elle s'est établie prêteuse d'argent; nos établissements financiers, du moins, veulent qu'elle joue ce rôle, ils disent que c'est là sa mission. Alors il arrive ceci: tous les États étrangers qui ont besoin d'argent s'adressent à la France. Ces États-là, naturellement, ne sont pas les plus riches et les plus solvables. M. La Palisse lui-même en aurait l'intuition. Un pays prospère n'emprunte pas à l'étranger, il ne se met pas dans la nécessité d'exporter tous les ans une importante quantité d'or pour payer les coupons de sa dette. Voyez la France, l'Angleterre; voyez les États-Unis, voyez l'Allemagne: ils empruntent chez eux. Voyez l'Italie: dès qu'elle l'a pu, elle a racheté, fait rentrer chez elle ses propres rentes. Ainsi, la force des choses veut que le papier étranger qui s'offre à nous soit d'ordre inférieur.

Affluence des mauvais clients.

V

16 milliards de titres russes. Nos grandes banques ont introduit en France pour 16 milliards de titres russes. Quel que soit le sort ultérieur de ces placements, nul ne peut nier qu'ils ont été effectués dans les conditions les plus aventureuses. Dans des articles parus dans la *Grande Revue* (25 janvier, 10 et 25 février, 10 mars, 10 avril 1910), nous avons décrit le triste passé des finances russes. Pendant vingt-deux années de suite la Russie a été en déficit (discours du rapporteur du budget à la séance de la Douma du 25 février 1910). En l'espace de quinze années, la Russie a emprunté à l'étranger 16 milliards. Sur cette somme énorme elle a employé seulement 3 milliards en œuvres productives (construction de chemins de fer), tandis qu'elle a dépensé le reste en charges militaires et navales, secours de famine, etc. Tandis que l'Empire concluait ces emprunts, ses dépenses s'accroissaient terriblement, passant de 3.533 à 6.526 millions et s'élevant avec le budget extraordinaire à 7 milliards; d'autre part, ses recettes ne grandissaient que lentement et difficilement, elles présentaient, en outre, un caractère éminemment instable, dépendant pour une proportion de 88 p. 100 de l'état des récoltes. Il est à noter aussi que pour payer ses coupons à l'étranger, la Russie doit exporter tous les ans une quantité d'or estimée à

700 millions, qu'elle ne peut se procurer ce métal précieux qu'en vendant son blé et que, par suite, si sa récolte est mauvaise plusieurs années de suite, elle ne peut plus payer sa dette. Il convient d'observer en outre que le gouvernement russe est aux prises avec la révolution et ne domine cette dernière qu'en maintenant dans le pays un régime de terreur, de basse police et de tribunaux d'exception, apparemment trop contraire aux idées modernes pour qu'on puisse escompter sa durée. Enfin, ce gouvernement a d'énormes dépenses en perspective : il veut réorganiser son armée, reconstituer sa flotte, construire des chemins de fer immenses, d'un intérêt surtout stratégique, créer des ports; son matériel de voies ferrées étant tout à fait délabré, il faut qu'il le reconstitue presque entièrement. Le gouvernement russe a besoin d'une dizaine de milliards. Où trouvera-t-il cet argent?

Un faux crédit à la Russie.

Nos grandes banques ont commis le crime de fabriquer à la Russie un faux crédit. Un faux crédit, qu'est-ce que cela? Un faux crédit, le mot l'indique, est un crédit qui n'est pas réel, qui ne correspond pas à l'état économique et financier d'un pays. Quand nous commençâmes à prêter de l'argent à la Russie, elle se trouvait pratiquement dans un état de banqueroute, elle vivait sous le régime du cours forcé, les marchés anglais et allemands lui étaient fermés, elle ne pouvait emprunter nulle part. Son crédit était par conséquent détestable. Telles étant les conditions, — elles existaient encore en 1896. — nos établissements eurent l'audace d'émettre un 3 % russe à 92 fr. 30, c'est-à-dire de décréter que le crédit de la Russie valait 3 1/4 p. 100 et qu'il était équivalent et même supérieur à celui de la riche Allemagne industrielle!

Il y eut plus fort encore : en 1898, ce 3 % russe fut poussé en Bourse à 98 fr. 25, presque au pair. Cette fois, la Russie insolvable, la Russie en déficit, la Russie sans industrie, sans liberté, sans Parlement, la Russie du tsar, des grands-ducs et de toute la bureaucratie mangeuse des fonds publics, cette Russie-là était devenue financièrement l'égale de la France républicaine laborieuse et prévoyante. On fit cette insulte à la raison. Toutes les succursales et agences des sociétés de crédit à Paris et en province, tous leurs directeurs, employés, courtiers, répétèrent le mot d'ordre, suivirent la consigne, tous s'extasièrent ostensiblement sur la sécurité, sur la prospérité prétendue de l'État russe. C'est de cette manière mensongère que le crédit de la Russie, au lieu de 6 p. 100, fut fixé arbitrairement à 3 1/4. Il serait bien étonnant que le public ne perdît pas un jour la différence.

Une baisse de 4 milliards.

A l'époque où la première édition de cet ouvrage était publiée, la faiblesse organique des fonds russes se manifestait sous la forme d'une débacle. Le 4 % 1889 émis à 86,45, était à 75 francs ; le 4 % 1893 (5me), émis à 97,25, était à 75 ; le 4 % consolidé (3me), émis à 97,15, était à 76 ; le 4 % 1901, émis à 98,50, était à 75 ; le 3 1/2 % 1894, émis à 94,75, était à 68,50 ; le 3 % 1896, émis à 92,30, était à 61,80, etc. Pour ces six rentes russes, la perte moyenne sur le prix d'émission était de 24 p. 100 ou d'un quart et par rapport aux cours élevés cotés antérieurement, cette perte était de 31 p. 100 ou d'un tiers. On estimait à cette époque que sur les seules rentes russes (valeurs industrielles non comprises) l'épargne française perdait de 3 à 4 milliards de francs.

La fabrication du faux crédit continue.

Dans nos articles de la *Grande Revue* précédemment mentionnés, nous avons décrit les manœuvres au moyen desquelles les banques françaises se sont attelées à l'œuvre du relèvement des fonds russes, et par quels procédés délictueux elles ont réussi à faire renaître en France une impression de confiance dans ces valeurs. A l'heure où nous revisons ces pages, on cote le 4% consolidé 96,40, le 1901 libéré 95,80, le 1891 3% 83,30, le 1896 3% 82,35, le 1894 3 1/2%, 89, etc. Ces rentes sont donc capitalisées à des taux d'intérêt de 4,12; 4,18; 3,54; 3,64 et 3,93 p. 100!

La Russie se trouvant en mesure d'accuser des chiffres budgétaires meilleurs, à la suite de deux récoltes exceptionnelles coïncidant avec un renchérissement du blé, on feint de croire que son crédit est de premier ordre, on fait semblant d'oublier qu'elle a été pendant vingt-deux années de suite en déficit, et l'on simule aussi d'être persuadé qu'elle pourra non seulement à l'avenir payer ses impôts avec ses moyens propres, mais encore trouver chez elle et sans emprunter à l'étranger les sommes énormes dont elle a besoin.

Laissons donc l'histoire marcher et se dérouler l'angoissante aventure par laquelle l'épargne française a engagé 16 milliards dans un pays que menace chroniquement l'insolvabilité et la révolution.

VI

Nous payons nos propres coupons.

Aussi longtemps que nous fournirons de l'argent au tsar, il payera nos coupons. Cette formule est générale, elle ne s'applique pas à la Russie seulement, elle résume la situation dans laquelle la France s'est placée en consentant des prêts excessifs à certains pays. Pour soutenir le crédit de ses créanciers, pour l'empêcher de tomber, la France est continuellement dans l'obligation de leur accorder de nouveaux prêts; finalement c'est elle qui les entretient, les nourrit, les fait vivre. Nous disons la France, mais il faut lire la finance. C'est le jeu ordinaire de la finance de prolonger les situations en prêtant indéfiniment l'argent... des autres, jusqu'au jour où vient la faillite.

Conversions à nos dépens.

S'il arrive, par contre, que la situation d'un pays s'améliore, que fait la finance? Elle se met à l'œuvre pour préparer la conversion des rentes, c'est-à-dire la réduction des intérêts payés aux prêteurs. Comme les prêteurs en l'espèce sont des Français, il est assez singulier que les banques françaises ne soient pas de leur côté, qu'elles ne cherchent pas à défendre leurs coupons, qu'elles travaillent au contraire à les diminuer. Oui, c'est assez singulier en apparence, mais c'est très naturel en fait, car les banques françaises ne sont nullement les mandataires des capitalistes français, elles se moquent absolument des capitalistes français. Une seule chose les intéresse : gagner de l'argent, trouver par conséquent des opérations qui rapportent. Le plus grave est ceci : pour arriver à ces conversions, contraires aux intérêts des porteurs, mais favorables aux leurs, elles se livrent à leurs manœuvres ordinaires, elles créent des syndicats pour élever artificiellement les cours, elles répandent sur la situation des pays les renseignements les plus favorables, bref elles pratiquent leur spécialité : la fabrication du faux crédit.

Quand la situation est réellement meilleure, quand il y a les indices d'un progrès durable qui a toute chance de s'accentuer, on peut pardonner aux banques de forcer la note. Ce qui est tout à fait inadmissible, c'est de profiter d'une amélioration, souvent temporaire, des recettes d'un pays pour préparer une conversion définitive de ses rentes : cette conversion a, en effet, l'absurdité d'escompter le maintien d'un équilibre budgétaire qui est généralement exceptionnel. Vingt années de déficit ne comptent pas pour nos banques, si l'année courante est en excédent!

Si ces emprunts ne sont pas avantageux pour le public, ils le sont pour les banques. Plusieurs des pays balkaniques furent trop longtemps de la chair à usure, des victimes des prêteurs d'argent. A ce sujet, on raconte une plaisante histoire : il paraît qu'en 1895, la Serbie empruntant 355 millions et ne pouvant toucher tout en espèces, consentit à recevoir partie de la somme en marchandises. On rapporte que le directeur de la

Usure balkans.

Länderbank eut une idée de génie : il fit prendre à la Serbie du matériel de guerre autrichien pour plusieurs millions, il y joignit un lot d'uniformes démodés, dont on n'avait plus l'emploi. L'histoire ou la légende rapporte ensuite que la Serbie utilisa comme elle put ces friperies. Longtemps on vit, paraît-il, les sergents de ville à Belgrade déambuler sous des capotes autrichiennes.

Usure moderne.

Mais nos grandes banques ont modernisé l'usure. Elles ne vendent pas de crocodiles empaillés. Leurs procédés sont plus élégants, plus discrets. En dehors de leurs profits d'émission qui sont élevés, dépassant généralement 10 p. 100, en dehors de la plus-value des cours à la Bourse qui s'ajoute en sus, nos banques ont encore de mystérieux « retours de bâtons ». Par exemple, elles laissent les États s'endetter auprès des banques locales ou des particuliers, puis, quand les États veulent emprunter à l'extérieur pour rembourser ces dettes criardes, non seulement elles imposent à ces États les plus basses conditions, mais encore elles exigent en secret des créanciers qui vont être désintéressés, grâce à l'emprunt, une commission. Le coup ne se pratique pas seulement en Orient, il a donné notamment les plus grands résultats dans le scandaleux emprunt du Maroc; mais passons.

Un deuxième truc est le suivant : quand l'emprunt sert à commander un matériel de guerre, on s'entend avec la société métallurgique, bénéficiaire de l'ordre lucratif, pour qu'elle « ristourne » à la banque une importante partie de son bénéfice industriel. Mais en aperçoit le vice du système. Banquiers, manufacturiers, qui concluent l'emprunt, ne sont intéressés que momentanément dans l'opération. Ils s'en retirent très vite. Ce n'est donc pas, comme on dit vulgairement, leur argent qui danse. Au contraire, le public souscripteur est intéressé, lui, d'une manière permanente dans le crédit de l'État, il a tous les risques.

Emprunts qui ruinent les peuples.

Au point de vue français, la principale objection contre ces emprunts est la suivante : ils ne sont pas productifs, ils ne servent pas à développer la richesse des peuples, mais à couvrir des dépenses de préparation militaire. Eh bien, ce n'est pas le rôle de la France de pousser à des armements insensés de petits pays, qui, si héroïques qu'ils soient, ne peuvent, en raison de leur infériorité numérique, se mesurer avantageusement avec leurs puissants voisins, l'Autriche, la Russie, la Turquie. Ces grosses dépenses militaires ruinent les peuples, elles les accablent d'impôts.

Nos placements dans les États balkaniques.

Mauvaise pour les emprunteurs, l'opération est pleine de risques pour les prêteurs. On cote à la Bourse de Paris pour 2 milliards de fonds roumains, bulgares et serbes dont nous détenons la plus grosse partie. Nous avons donc d'énormes capitaux engagés dans les États balkaniques, dans le coin le plus dangereux de l'Europe, exposé aux aléas de la guerre, des luttes intestines, des bouleversements politiques, des mauvaises récoltes...

VII

La folie des placements sud-américains.

Le vent de prospérité qui souffle depuis plusieurs années du côté des pays sud-américains, grâce à l'heureuse succession de plusieurs bonnes récoltes, a servi de prétexte à l'écoulement d'une énorme quantité de papier sur laquelle on a le droit d'avoir des inquiétudes. On cote et négocie à la Bourse de Paris 3 milliards de titres argentins, 3 milliards de titres brésiliens et 2 milliards et demi environ de titres mexicains. Quelle folie !

La République Argentine

Depuis quelques années seulement, la République argentine a vu clore la période des déficits dont elle n'était jamais sortie jusque-là, mais ses recettes, constituées pour moitié par des droits de douane, sont à la merci de la première crise économique. La dette publique est énorme, elle absorbe chaque année plus de la moitié des ressources du budget. Le gouvernement argentin ne s'est pas contenté d'émettre emprunt sur emprunt, il a pris à sa charge aussi les dettes des provinces, des municipalités, des banques !

Voici la liste des émissions argentines effectuées à la Bourse de Paris en 1907, 1908, 1909 et 1910 :

Emprunt d'État, 73 millions. — Crédit Foncier argentin, 54 millions. — Chemin de fer Prov. de Buenos-Ayres, 14 millions. — Chemin de fer Prov. de Santa-Fé,

13 millions. — Chemin de fer Rosario, 15 millions. — Emprunt Prov. de Buenos-Ayres, 17 millions. — Banque hyp. franco-argentine, 9 millions. — Emprunt Prov. de Buenos-Ayres, 168 millions. — Crédit foncier argentin, 32 millions. — Banque Rio de la Plata, 71 millions. — Banque hyp. franco-argentine, 20 millions. — Chemin de fer Buenos-Ayres, 15 millions. — Chemin de fer Rosario à Puerto, 28 millions. — Emprunt Buenos-Ayres, 17 millions. — Emprunt Santa-Fé, 15 millions. — Emprunt Buenos-Ayres, 38 millions. — Tramways Buenos-Ayres, 83 millions. — Chemins de fer Santa-Fé, 7 millions. — Chemin de fer Rosario, 48 millions. — Banque hyp. franco-argentine, 38 millions. — Chemin de fer Buenos-Ayres, 58 millions. — Crédit foncier argentin, 31 millions. — Emprunt Prov. de Buenos-Ayres, 35 millions. — Emprunt argentin, 89 millions. — Emprunt Santa-Fé, 48 millions, — Emprunt de Buenos-Ayres, 85 millions. — Banque Rio-Plata, 32 millions. — Banque hyp. franco-argentine, 132 millions 1/2. — Chemins de fer Rosario, 12 millions 1/2. — Crédit foncier argentin, 38 millions 1/2. — Emprunt de Tucuman, 24 millions. — Caisse hypoth. argentine, 12 millions 1/2. — Banque Rio-Plata, 32 millions. — Chemins de fer Buenos-Ayres, 10 millions. — Banque hyp. franco-argentine, 22 millions 1/2. — Chemin de fer Rosario, 24 millions. — Banque hyp. franco-argentine, 24 millions 1/2. — Chemin de fer Buenos-Ayres, 16 millions. — Emprunt argentin, 177 millions. — Emprunt province de Buenos-Ayres, 17 millions 1/2. — Province de Mendoza, 28 millions. — Province de San Juan, 11 millions 1/2. — Province de Santa-Fé, 5 millions. — Province Corrientès, 10 millions. — Chemin de fer Santa-Fé, 8 millions. — Total : 1 milliard 659 millions en quatre ans.

Si blasé que soit le lecteur, nous le défions bien de lire l'énumération précédente sans éprouver un sursaut.

Le Mexique est dans une situation meilleure, ses recettes augmentent, ses industries, manufacturière, agricole, minière, se développent, les intérêts de sa dette ne représentent qu'un quart environ du budget de l'État. Le pays a contre lui seulement l'instabilité politique, économique, financière, propre à la partie du monde où il est situé.

Cependant les émissions mexicaines effectuées à la Bourse de Paris pendant les années 1907, 1908, 1909 et 1910 atteignent des chiffres extravagants, comme il résulte des détails suivants :

Banque Nationale du Mexique, 138 millions. — Banque Centrale mexicaine, 38 millions. — Crédit foncier mexicain, 31 millions. — Emprunt mexicain, 274 millions. — Banque Nationale du Mexique, 2 millions. — Crédit foncier mexicain, 19 millions. — Mexico Tramways, 72 millions. — Société foncière du Mexique, 43 millions 1/2. — Chemin de fer National du Mexique, 194 millions. — Crédit foncier mexicain, 36 millions. — Société foncière du Mexique, 12 millions 1/2. — État de Durango, 9 millions. — État d'Aguascalientès, 3 millions 1/2. — Mines El Oro, 37 millions 1/2. — Ferrocaril Mexicano, 6 millions. Total : 816 millions en quatre ans.

Le Brésil est depuis plusieurs années dans une situation critique. Pour obvier à l'avilissement du prix du café, résultant de la surproduction, le gouvernement brésilien poursuit une finance d'opérette. Il a entrepris de racheter les stocks de marchandises existants, il a même projeté à un moment donné, paraît-il, de les détruire pour faire remonter les cours. Si la dernière récolte de café n'avait pas été accidentellement en déficit, cette politique insensée aurait déjà porté ses fruits. Les recettes du budget brésilien sont constituées dans la proportion de 64 p. 100 par des droits d'importation perçus presque intégralement sur le café et le caoutchouc (valeur des exportations sur ces deux produits en 1908: 269 et 254 millions respectivement). Or, de ces deux produits, l'un, le café, est maintenu à un cours factice par un artifice de spéculation dont il vient d'être parlé, et l'autre, le caoutchouc, est menacé d'ici trois ou quatre ans d'une mévente complète, par suite de la surproduction qui résultera des rendements des plantations de la Malaisie.

L'avalanche des petits emprunts brésiliens.

Un véritable scandale, c'est l'introduction, sur le marché parisien, d'une multitude de petits emprunts de provinces brésiliennes: Espirito Santo, Minas Geraes, Sao-Paulo, Rio Grande, ville de Bahia; Amazone, Alagoas, etc.

États en déficit.

Ces émissions constituent, disons-nous, des scandales. En effet, les budgets des États provinciaux au Brésil se soldent par des déficits considérables. Tandis que le budget fédéral du Brésil est alimenté pour moitié par les droits d'importation sur les marchandises étrangères, les budgets provinciaux n'ont à peu près qu'une seule recette, celle du droit d'exportation du café. Ces droits sont perçus *ad valorem*. Il en résulte qu'une mauvaise récolte ou simplement une baisse des prix suffit à creuser dans les budgets des trous énormes.

États irresponsables.

Naturellement, on s'est bien gardé de laisser soupçonner aux souscripteurs des emprunts les risques qu'ils couraient, mais, chose plus grave, on n'a pas attiré non plus leur attention sur un fait capital généralement ignoré d'eux, celui-ci : les emprunts contractés par les États provinciaux du Brésil ne jouissent pas de la garantie de l'État fédéral; d'après la Constitution du pays, le gouvernement du Brésil n'a pas de contrôle financier des États; ceux-ci peuvent donc emprunter sans autorisation, sans limitation du capital. Bref, les États provinciaux du Brésil sont irresponsables. Il peut donc se faire qu'une grande partie des sommes ainsi prêtées soit compromise.

Nous publions ci-dessous l'énumération des émissions brésiliennes effectuées à la Bourse de Paris pendant les années 1907, 1908, 1909 et 1910 :

Chemin de fer Sao-Paulo et Rio Grande, 41 millions. — Emprunt de Sao-Paulo, 47 millions. — Chemin de fer de Goyaz, 22 millions. — Port de Para, 14 millions. — Bons du Trésor Sao-Paulo, 110 millions. — Port Rio Grande del Sul, 85 millions. — Emprunt Ville de Bahia, 22 millions. — Emprunt Minas Geraes, 24 millions. — Emprunt du Brésil, 47 millions. — Chemin de fer de Goyaz, 9 millions. — Emprunt Sao-Paulo, 123 millions. — Emprunt brésilien, 38 millions. — Emprunt brésilien, 49 millions. — Port Rio Grande, 59 millions. — Chemin de fer Sao-Paulo, 31 millions 1/2. — Chemins de fer de Goyaz, 9 millions, — Banque Crédit hyp. Sao-Paulo, 24 millions. — Sucreries brésiliennes, 8 millions. — Emprunt de Pernambuco. 35 millions. — Port Para, 9 millions 1/2. — Chemin de fer Sud-Ouest de Bahia, 5 millions 1/2. — Cie de Pernambuco, 5 millions. — Emprunt État de Bahia, 44 millions.

— Emprunt du Brésil 4 %, 84 millions. — Crédit foncier du Brésil, 14 millions. — Chemin de fer du Brésil, 26 millions. — Brazil Railway, 15 millions 1/2. — Chemin de fer Victoria à Minas, 13 millions. — Crédit foncier du Brésil, 36 millions. — Chemin de fer Sao-Paulo, 27 millions. — Chemins de fer fédéraux brésiliens, 47 millions. — État Rio Grande, 8 millions 1/2. — Minas Geraes 4 1/2 %, 114 millions. — Municipalité Para, 4 millions 1/2. — South Brazil Railway, 7 millions. Total : 1 milliard 57 millions en quatre ans.

Croirait-on qu'on a introduit de même à la Bourse de Paris, depuis 1906, pour 207 millions d'emprunt de l'Uruguay, pour 67 millions d'emprunt du Vénézuela, pour 92 millions d'emprunt chilien, etc.? En vérité, n'est-il pas temps d'intervenir?

VIII

La faillite des États, un fait banal.

En ce qui concerne les fonds d'États étrangers placés en France, une observation s'impose : presque tous les pays auxquels nous prêtons de l'argent ont déjà fait faillite ou manqué à leurs engagements : la République Argentine, le Mexique, le Brésil, l'Espagne, le Portugal, la Grèce, la Serbie, la Turquie, l'Égypte, pour ne pas parler des petits pays comme la Colombie, le Guatémala, le Honduras, le Paraguay, l'Uruguay, le Vénézuela, etc. La faillite des États n'est donc pas un fait exceptionnel, c'est un fait courant.

La faillite des États sans sanction.

Deuxième remarque : la faillite des États ne comporte aucune sanction. Quand les États ne payent pas leurs coupons, ils n'en sont pas moins assurés qu'un peu plus tard ils recommenceront à emprunter, grâce à la complicité des banques. Celles-ci leur refont de toute pièce un faux crédit au moyen de chiffres et de renseignements tendancieux publiés de concert avec les gouvernements. Une fois le faux crédit rétabli, on recommence les emprunts. Il suffit de tenir les cours de la Bourse, car le capitaliste n'a pas d'autre critérium. A cet effet, des syndicats sont constitués. Il y a comme cela des syndicats en permanence sur les emprunts balkaniques, sur les emprunts turcs, sur les emprunts sud-américains.

Souvent, pour regagner la confiance du public, on lui fait croire que le nouvel emprunt est spécialement gagé. Quand une commission internationale s'établit dans le pays, quand elle perçoit réellement les recettes, alors, oui, le gage est sérieux : c'est le cas de la Turquie ; mais en général le gage se réduit à ce qu'on appelle une affectation de recettes, on fait savoir que le produit de tel impôt ou de tel monopole servira de garantie à l'emprunt. C'est une garantie illusoire. En effet, l'État percevant la recette lui-même en fait ce qu'il lui plaît, on ne peut l'en empêcher, il est libre. On n'a jamais vu d'ailleurs la France faire la guerre à propos d'un emprunt. Les difficultés de la politique extérieure, la nécessité de maintenir l'équilibre entre les grandes puissances jalouses et rivales, enfin l'horreur des aventures et l'esprit pacifique qui caractérisent notre pays rendent ce genre d'intervention presque impossible. Il en résulte que, dans la pratique, la France est sans moyen d'action vis-à-vis des peuples qui, lui ayant emprunté de l'argent, ne veulent pas reconnaître leur dette.

La situation financière de la Chine inconnue.

On cote à la Bourse de Paris pour environ 600 millions d'emprunts chinois divers soi-disant garantis par le produit des douanes, par les recettes de chemins de fer, etc. Ces garanties sont purement verbales. La Chine ne publie sur sa situation financière et économique aucun document officiel. Cette situation, on l'ignore. La France ne ferait du reste pas la guerre à la Chine, si celle-ci ne tenait pas ses engagements.

Budgets de la Hongrie en déficit.

Nous possédons également de 3 à 4 milliards de rentes autrichiennes et hongroises. Or, les budgets de la Hongrie se soldent régulièrement en déficit. Le service de la dette y absorbe près de 42 p. 100 des recettes totales, proportion de faillite. Eh bien, que demain la révolution éclate en Autriche-Hongrie, que le vieux souverain François-Joseph meure, qu'il en résulte un bouleversement politique ou territorial, est-ce que la France interviendra pour protéger ses milliards? Assurément non. On voit quelle est l'instabilité des placements en fonds d'États étrangers.

IX

Les émissions clandestines du Crédit Lyonnais.

Il y a tant de choses à dire sur ces placements étrangers que le lecteur excusera le développement que nous donnons à ce côté de la question. Une chose nous surpasse, c'est la manière clandestine, secrète, dont le Crédit Lyonnais écoule certains titres. Il y a là un danger public. Nous attirons sur ce point l'attention de M. le Ministre des finances.

800 millions de Lettres de noblesse russe placés sans publicité.

Dans notre dernier chapitre, nous rappelions que le Crédit Lyonnais a placé pour environ 800 millions de Lettres de Gage de la noblesse russe, sur lesquels le public éprouve une perte considérable. Cette vente de titres s'est opérée sans émission, sans publicité, sans contrôle de l'opinion, par conséquent. Nous le demandons, en vérité, est-ce admissible? Il nous revient, d'ailleurs, que ces titres sont pratiquement invendables. On coterait à la Bourse certaines coupures qui ne sont pas très répandues pour donner au porteur l'illusion de la négociabilité, mais en fait les malheureux détenteurs de ces titres seraient dans l'impossibilité matérielle de les transformer en argent. D'autre part, les procédés employés pour placer ces papiers sont très répréhensibles. Des courtiers du Crédit Lyonnais ont été relancer à domicile les capitalistes naïfs, ils ont circonvenu de préférence des veuves ou des personnes inexpérimentées, ils leur ont fait vendre des titres de tout repos et acheter à la place ces valeurs russes sur lesquelles l'établissement gagnait gros. Des choses honteuses se sont produites dans cet ordre d'idées. Des fortunes entières ont été converties par de crédules clients en papier déprécié.

Le Crédit Lyonnais a écoulé de la même manière, en silence, par le travail de ses démarcheurs et par sa vente au guichet, des emprunts de villes russes. La presse n'en a rien su, elle n'a été renseignée qu'après. Les emprunts des villes russes, comme les valeurs dont nous parlions à l'instant, ont l'inconvénient de ne pouvoir être vendus facilement; ils ont aussi ce grave point faible qu'ils sont libellés en rouble papier, que leurs coupons sont payables en roubles, que par suite ils sont exposés éventuellement aux dépréciations du change. On s'est bien gardé de prévenir les souscripteurs de ces emprunts que si le rouble baissait de 50 p. 100, ils perdraient inévitablement la moitié de leurs coupons. On ne leur a pas dit que le rouble avait sa valeur intégrale en Russie depuis seulement une quinzaine d'années, qu'il se maintenait au cours de 2 fr. 65, grâce à la France, que nos emprunts répétés avait seuls permis de conserver l'encaisse métallique, que si nos emprunts cessaient jamais, l'encaisse baissant, le rouble s'avilirait fatalement. On n'a rien dit de cela aux souscripteurs des emprunts des villes russes. Ils n'ont pas été prévenus. Ce sont là des faits dont la gravité n'échappe à personne.

Les emprunts des villes russes.

Mode de placement inadmissible.

Si M. le Ministre des finances le permettait, nous lui dirions ceci : « Avant de placer en France des actions de sociétés, une loi nouvelle prescrit depublier dans le *Journal officiel* certains détails jugés essentiels, ceci pour que le public soit renseigné, pour qu'il achète en connaissance de cause, et pour que les émetteurs de titres assument aussi la responsabilité de leurs déclarations et de leurs chiffres. C'est très bien, mais que pensez-vous, Monsieur le Ministre, des faits incroyables que nous vous signalons? Est-ce normal, est-ce régulier, est-ce conforme à vos idées qu'un établissement de l'importance du Crédit Lyonnais puisse écouler des centaines de millions de titres étrangers sans faire aucune publicité, sans imprimer aucun prospectus, aucune affiche, sans que le contrôle de l'opinion des journaux puisse utilement s'exercer, au moyen de simples déclarations d'employés qui ne laissent aucune trace? Où est donc ici la responsabilité du Crédit Lyonnais? »

Manœuvre et pacte criminels.

Nous ajouterions : « Monsieur le Ministre, est-il à votre connaissance qu'une grande partie des rentes russes souscrites à l'étranger et des bons russes souscrits en Allemagne sont en France aujourd'hui? Savez-vous comment cette transmigration s'est opérée? Votre attention n'a-t-elle pas été attirée sur le fait énorme qu'on a coté continuellement les fonds russes à Paris plus cher que sur les places étrangères, que, d'autre part, des institutions et journaux zélés signalaient aux capitalistes crédules cette différence de cours, qui permettait d'effectuer d'après eux un placement des plus avantageux? Si vous vouliez pousser plus loin vos investigations, Monsieur le Ministre, — ah! quelle indépendance il faudrait pour cela! — peut-être arriveriez-vous à cette stupéfiante conclusion que la soi-disant souscription des nations étrangères à l'avant dernier emprunt russe fut une révoltante comédie organisée pour capter la confiance des capitalistes français en leur faisant croire que la Russie jouissait d'un universel crédit, mais qu'en réalité il y avait entre les banques françaises et étrangères un pacte secret stipulant que les fonds russes fictivement souscrits seraient replacés en France après payement d'une commission? Eh! eh! qu'en pensez-vous, Monsieur le Ministre, quelle occasion vous auriez là de vous illustrer en dévoilant un des plus grands scandales des temps modernes[1]! »

1. Ces faits sont connus. Nos ministres seuls les ignorent. On lit dans la *Cote de la Bourse et de la Banque* du 5 octobre 1906, à propos de la fraction d'emprunt soi-disant souscrite en Autriche : « Il nous semble que la part prise par Vienne a été singulièrement allégée. Dès le mois de mai 1906, des banques autrichiennes ont fait des offres séduisantes à des financiers français, voire même à des capitalistes non professionnels, français naturellement, leur signalant que, dans deux ou trois ans, les titres de Vienne seraient livrables au marché de Paris et qu'on pouvait s'en procurer *à près de 5 points au-dessous du cours de Paris.* Bon nombre de ces offres ont été agréées. Vienne s'est donc, en partie, déchargée sur Paris. »

X

Pauvreté d'idées.

Ah! ce régime financier, quelle honte! Et non seulement notre argent français est entre ces mains peu scrupuleuses, mais il est à la merci de quelques cerveaux étriqués incapables de rien inventer, imposant leur impuissance à toute la nation...

250 millions dans le chemin de fer Pennsylvania.

Il a plu notamment au Crédit Lyonnais de décréter que 250 millions de capitaux français seraient placés en obligations du chemin de fer américain Pennsylvania. Jupiter n'est pas plus puissant. Et quel intérêt y avait-il, grands dieux, à mettre 250 millions dans la Pennsylvania? C'était un placement à 3 $^{3}/_{4}$ p. 100. Nos actions de chemins de fer français rapportent autant, elles rapportent même davantage. Faisons observer en passant qu'on nous a fait payer ces obligations américaines plus cher qu'à Londres. Là-bas, des obligations Pennsylvania, d'un autre type, et mieux gagées, se capitalisaient à plus de 4 p. 100. Aussi, les obligations émises par le Crédit Lyonnais à 495, sont-elles en baisse aujourd'hui à 470. Nous avons donc subi, à l'émission, la majoration classique...

Mais, laissant la question de cours entièrement de côté, on peut se demander quel avantage il y avait à placer 250 millions d'argent français à un taux aussi médiocre, dans une entreprise américaine qui, pour être honorablement connue, n'est pas exempte d'aléas. La Pennsylvania, qui a une dette de 750 millions de francs, ne constitue, en effet, aucune réserve pour l'amortissement de cette formidable charge. C'est le principe américain de consacrer tous les bénéfices qui ne sont pas distribués aux actionnaires, à l'entreprise de travaux d'agrandissement et de réfection devant élargir le champ d'activité et les moyens d'action des sociétés. Cette politique financière est évidemment très spéculative, étant donné que le développement des chemins de fer, pas plus en Amérique qu'ailleurs, ne saurait être illimité. Pratiquée d'une manière systématique par toutes les sociétés en même temps, elle doit aboutir fatalement à l'excès et à la crise, d'après le principe connu de la surproduction.

La spéculation aux États-Unis.

Les porteurs français de la Pennsylvania n'auraient certainement pas acheté leurs titres s'ils avaient connu le régime d'agiotage et de folle entreprise sur lequel est basée l'exploitation des chemins de fer aux États-Unis. On ne leur a pas dit que ces sociétés américaines étaient dirigées d'après des principes différant complètement de ceux des sociétés similaires françaises, qu'elles étaient sous le contrôle de groupes financiers organisant fréquemment la hausse et la baisse sur leurs titres, que la concurrence existant en Amérique entre les sociétés de chemins de fer, les tarifs n'étaient pas fixes, qu'ils pouvaient être abaissés à des chiffres réduisant considérablement les profits.

Le journal *Le Pour et le Contre* disait justement dans son numéro du 3 juin 1906 :

Ce qu'on ne dit pas aux capitalistes.

« On attire maintenant nos capitalistes en Suisse, en Belgique, en Amérique surtout; on ne leur montre que le beau côté des choses; on leur présente comme des titres de tout repos des obligations de chemins de fer américains qui, sauf rarissimes exceptions, ne jouissent d'aucun amortissement annuel et dont la sécurité, par conséquent, suppose une immuable valeur commerciale, non seulement à un mode de transport qui peut être suranné dans cinquante ans, mais à des réseaux qui peuvent être concurrencés d'ici là! »

En vérité, quel vent de démence souffle en France. Comment! il dépend de quelques établissements de crédit d'orienter des milliards de capitaux français vers des entreprises étrangères incertaines et aléatoires pour la seule raison qu'ayant assumé le gouvernement de l'argent national, ils sont trop impuissants intellectuellement, trop pauvres d'initiative et d'idées, trop incapables de volonté et d'effort pour rien créer, rien fonder eux-mêmes dans notre pays. Et le Gouvernement, et la Chambre toléreraient indéfiniment ce scandale[1]!

1. Mêmes observations à faire au sujet des émissions de titres américains, New-York, Newhaven; Chicago, Milwankee; Cleveland, Cincinnati, Saint-Louis et San-Francisco, effectuées en 1910, qui ont absorbé 473 millions de notre épargne.

XI

Une limite à l'émigration des capitaux

Que l'on ne s'y trompe pas, ce n'est pas dans un esprit de nationalisme étroit que nous parlons ici. Loin de nous l'idée surannée que la France ne puisse rayonner sur le monde avec ses capitaux comme avec ses idées, qu'elle doive se renfermer économiquement dans une tour d'ivoire. Non, mais à cette émigration de capitaux français, il faut une limite. En toute chose, il vient un moment où la mesure est comble. La France ne peut agir comme ces philanthropes qui laissent leur famille mourir de faim à la maison, pendant qu'ils prodiguent leur argent au dehors. En outre, il va de soi que ces placements à l'étranger doivent être une source de gains, non pas une cause d'appauvrissement pour le pays. Il serait intolérable qu'ils fussent seulement un prétexte à la réalisation de bénéfices pris sur le public...

2570 millions de valeurs de banques étrangères en 1906.

Nous avons parlé déjà des fonds d'États étrangers. Disons quelques mots des valeurs étrangères diverses, entreprises de banque, d'industrie, de mines que l'on ne cesse de déverser sur le marché parisien. L'énumération des valeurs de banques étrangères introduites à la cote de 1906 à 1910 atteint un chiffre qui fait frémir : Banque nationale du Mexique, 202 millions. — Banque État de Mexico, 11 millions. — Banque de Londres et Mexico, 99 millions. — Banque du Nord, 37 millions. — Banque d'Athènes, 57 millions. — Banque russo-chinoise, 63 millions. — Banque franco-américaine, 30 millions. — Banque de Guanajato, 11 millions. — Land Bank of Egypt, 78 millions. — Banque de Rome, 23 millions. — Banque hypothécaire franco-argentine, 147 millions. — Crédit foncier de Stockholm, 40 millions. — Crédit foncier égyptien, 306 millions. — Crédit foncier de Hongrie, 33 millions. — Banque de Commerce d'Azof-Don, 93 millions. — Crédit franco-canadien, 46 millions. — Banque de Yucatan, 29 millions. — Crédit foncier argentin, 126 millions. — Banque du Pérou, 53 millions. — Banque Espagnole Rio de la Plata, 167 millions. — Banque Française Rio de la Plata, 135 millions. — Banque Centrale Mexicaine, 38 millions. — Banque Hongroise, 28 millions. — Crédit foncier Mexicain, 86 millions. — Banque Industrielle du Japon, 77 millions. — Banque de Norvège, 59 millions. — Banque Crédit hypothécaire Sao-Paulo, 24 millions. — Caisse hypothécaire d'Égypte, 16 millions. — Banque Commerciale Italienne, 45 millions. — Société foncière du Mexique, 56 millions. — Crédit foncier du Brésil, 50 millions. — Banque Commerciale de Saint-Pétersbourg, 35 millions. — Banque Union de Moscou, 58 millions. — Banque Espagnole de Cuba, 40 millions. — Banque de Salonique, 20 millions. — Caisse hypothétique argentine, 18 millions et demi. — Caisse hypothécaire canadienne, 29 millions et demi. — Banque d'Orient, 29 millions et demi. — Crédit foncier de l'Uruguay, 6 millions et demi. Soit en tout 2 milliards 470 millions de francs de valeurs de banques étrangères introduites à la Bourse de Paris en l'espace de quatre années. Le chiffre n'est-il pas épouvantable?

L'impossibilité d'apprécier leur situation.

Il convient d'ailleurs de le rappeler : les entreprises de banque échappent par leur nature à tout contrôle sérieux. Pour apprécier leur solidité, leur situation réelle, les éléments font généralement défaut. Quand il s'agit de banques d'affaires détenant des titres d'autres sociétés, faisant des opérations de placement et de spéculation, le bilan ne donnant aucun détail défie toute critique. Quand il s'agit de banques effectuant des prêts fonciers, seule une investigation sérieuse faite sur place pourrait démontrer l'équivalence des gages et des prêts consentis. Aussi bien la comptabilité des banques, on le sait, est volontairement confuse. Ajoutez à cela que le public est, en la matière, totalement inexpérimenté. Il achète donc au petit bonheur.

Marché de dupe.

Quand on voit la parcimonie, le souci du doit et de l'avoir que manifeste dans sa vie ordinaire le bourgeois français, on est stupéfait de l'inconscience avec laquelle il échange des pièces d'or et d'argent véritables contre des morceaux de papier d'une valeur inconnue, sur la foi d'un article de journal ou d'un prospectus financier. Interrogez n'importe quel acheteur des valeurs précédentes, vous constaterez qu'il ne sait rien de l'entreprise à laquelle il s'est intéressé. On lui propose à chaque instant des marchés de dupe. Il y souscrit.

Les valeurs industrielles étrangères.

Mêmes observations sur les valeurs étrangères industrielles. On nous inonde de titres étrangers de chemins de fer, de métallurgie, de charbonnages, de mines d'or, de cuivre, d'argent, de zinc et de plomb, de plantations de caoutchouc, d'engrais chimiques, de sociétés de gaz, d'électricité, de tramways, de navigation, de sucreries, d'hôtels, etc., etc. L'énumération de ces valeurs étrangères de tout acabit qu'on introduit sur notre marché apparaîtrait comme invraisemblable. Ici aussi, sur cent capitalistes ayant acheté des titres, pas un certainement qui les connaisse.

XII

Les Anglais et les Français en matière de placements.

Quand on compare notre manière de faire des placements à l'étranger à celle des Anglais, on est frappé d'une différence : les Anglais créent des sociétés eux-mêmes, ils les dirigent eux-mêmes, ils y mettent un personnel anglais, des directeurs anglais. Dans ces conditions, les entreprises sont étrangères de nationalité, mais en fait elles sont anglaises. Exemple : en Espagne, le Rio-Tinto. En un mot, les Anglais ne se contentent pas de payer, ils exploitent aussi, fournissent avec leurs capitaux leur activité. Il ne leur viendrait pas à l'idée de donner leur argent sans être représentés, sans exercer une influence, un contrôle sur la gestion des sociétés. Les

Français se cantonnent au contraire dans un rôle de bailleurs de fonds, de commanditaires. Que disons-nous? Commanditaires, ils ne le sont même pas : en effet, ils ne surveillent pas leurs intérêts, ils ne demandent aucun compte; ils s'intéressent seulement au cours de la Bourse ou au dividende. Peu leur importe comment il est fait. Commanditaires? non, non, les capitalistes français ne sont même pas des commanditaires, ce sont des acheteurs de papier, ce sont des « gogos » tout simplement.

On vend le crédit de la France.

Et nos banques, elles non plus, ne sont pas des institutions financières dans le vrai sens du mot; elles ne travaillent pas, elles n'étudient pas, elles ne créent pas, elles n'inventent pas, elles ne se consacrent à aucune entreprise de longue haleine, elles ne dirigent pas et ne contrôlent la marche d'aucune entreprise ni en France, ni à l'étranger. Oh! leur rôle est simple, il est facile. Nos banques savent que tous les ans la France a 3 milliards d'argent à placer. Il s'agit pour elles de changer ces 3 milliards en valeurs, c'est-à-dire en titres bons ou mauvais, il n'importe, pourvu qu'elles y gagnent une commission. C'est ainsi que nos banques comprennent leur métier. Elles ont le crédit de la France à vendre, elles le cèdent au plus offrant. Professionnellement parlant, ce sont des marchands de papier. Moralement, ce sont, trop souvent, disons le mot, des exploiteurs, des faiseurs...

CHAPITRE IV

COMMENT L'OLIGARCHIE FINANCIÈRE RUINE LE COMMERCE ET L'INDUSTRIE DU PAYS

On boycotte l'industrie française.

Nos grands établissements de crédit ne se contentent pas d'exporter les capitaux français à l'étranger. Pour rendre plus parfaite encore leur œuvre antinationale, ils tiennent à l'écart, ils boycottent littéralement l'industrie française. Eux-mêmes ne créent rien, ne fondent aucune entreprise. En même temps, ils refusent d'assister ou de commanditer dans notre pays toute initiative.

Nous n'apprécions pas ici, nous constatons : nous signalons un mal ancien, profond, connu de tous nos écrivains économistes. Ceux-ci ne le combattent pas en face, assurément. Quand ils en parlent, c'est à voix basse, sous la forme d'allusions discrètes ou de timides regrets. Ces aveux n'en sont toutefois que plus significatifs, étant donné le pouvoir dont dispose l'oligarchie financière. Maîtresse des capitaux, elle a de son côté les journaux et l'opinion, elle peut compter aussi sur ce respect servile qui protège, en France, toute institution ayant un caractère officiel.

I

Dans sa chronique financière du 22 mai 1904, notre confrère *le Temps* reconnaissait que « certaines sociétés, occupant une place prépondérante », exerçaient une influence démoralisante sur les rentiers français. Leur politique aboutissait, disait-il, à faire de nos capitalistes « les commanditaires du monde entier ou plutôt de tous les gouvernements en quête de ressources ». Il concluait : L'opinion du *Temps*.

Nous nous demandons si l'application généralisée de ce programme n'inflige pas au pays qui en fait les frais *une déchéance économique progressive.*

Le 29 avril 1905, à l'assemblée de la Compagnie des chemins de fer du Nord, le président du conseil d'administration, M. le baron Alphonse de Rothschild, prononçait ces paroles saisissantes : Paroles du baron de Rothschild.

A quoi tient cet état de langueur, d'inertie du commerce et de l'industrie, que nous constatons depuis assez longtemps déjà dans notre département du Nord? *Ce n'est pas assurément l'argent qui fait défaut. Jamais l'argent n'a été plus abondant. Jamais les recettes du pays n'ont été plus considérables. Pourquoi cet argent ne va-t-il pas au commerce et à l'industrie, pourquoi ne sert-il pas à leur développement?*

Pourquoi, au contraire, *émigre-t-il à la recherche de*

valeurs étrangères qui offrent apparemment plus de sécurité, plus de garantie que des placements industriels et commerciaux?

C'est là une question de la plus haute gravité et qui mériterait, beaucoup plus que d'autres, d'attirer l'attention des personnes qui ont véritablement à cœur la prospérité du pays.

Discours de M. André Lebon.

En mai 1905, s'adressant aux membres de la *Fédération des Commerçants et des Industriels de France*, M. André Lebon disait :

Dans tous les pays où s'exerce à l'heure actuelle avec le plus d'intensité la concurrence commerciale, que voyons-nous? C'est que les opérations commerciales qui se règlent chez nous à 90 jours d'échéance, se règlent en Russie, en Turquie déjà, à 6 ou 9 mois; ailleurs à 10 mois, à 12 mois, parfois à 18 mois. Et sur le terrain de la concurrence ainsi préparé par nos adversaires, que voyons-nous? *L'Anglais et l'Allemand trouver le crédit nécessaire pour faire ces opérations à longue échéance sans être obligés de posséder les fonds de roulement indispensables, pendant que le Français est dépourvu de ces avantages.* Et si vous allez dans un grand établissement de crédit, on vous répondra :

« Non, je suis encombré de dépôts qui sont retirables à vue; les seuls effets que je puisse accepter sont ceux que je pourrais porter demain à la Banque de France, c'est-à-dire des avances à 90 jours minimum » et vous, commerçants (j'en ai vu de nombreux exemples) qui voudriez faire une opération de 6 ou 9 mois, mais qui n'avez pas ce fonds de roulement nécessaire, parce que c'est une lourde charge que d'avoir une disponibilité ne rentrant qu'à 6 ou 9 mois, — *vous ne trouvez plus, à l'heure actuelle chez les financiers français, les conditions dont l'Allemand bénéficie si facilement.*

En 1896, dans un article publié dans *le Matin*, M. Paul Doumer constatait la même situation. Il citait une lettre écrite par les chefs d'un grande maison parisienne faisant des opérations commerciales avec Bombay. Cette maison avait proposé à l'un de nos premiers établissements de crédit d'acheter des traites documentaires à ses correspondants de Bombay pour une valeur de 20.000 francs. L'établissement de crédit essaya de rebuter la maison qui lui faisait cette demande « insolite » par des formalités sans nombre; ensuite, il l'obligea à déposer la totalité des 20.000 francs dans ses caisses, à produire son acte de société, à déposer sa signature, celle de son fondé de pouvoir. Finalement, l'établissement de crédit fit dire « qu'en raison de ce que la maison tentait des affaires qui lui étaient inconnues, il préférait ne pas renouveler l'opération » (*sic*). En présence de ce refus, la maison française s'adressa à une banque anglaise. Celle-ci accepta de faire ses opérations avec l'Orient moyennant un dépôt de 5 p. 100 seulement et à des conditions réduites! Un article de M. Paul Doumer.

En 1897, M. de Lamarzelle racontait ceci au Sénat :

L'autre jour, je causais avec un grand industriel. Il me disait : « J'ai voulu faire des affaires avec Madagascar; je n'ai trouvé qu'une seule maison m'offrant des débouchés dans notre nouvelle colonie : *cette maison, c'est une grande banque de Francfort.* » Remarque d'un sénateur.

Dans une communication faite à l'*Association de l'Industrie et de l'Agriculture française* et dans son Constatation de M. Edmond Théry.

journal, *l'Économiste Européen*, M. Edmond Théry a constaté, de son côté, la paradoxale situation de l'industrie française privée de capitaux. Il disait :

> Dans toutes les localités où les grandes Sociétés parisiennes de dépôts ont établi des succursales, les petites banques locales ont dû disparaître; or, les industriels de la région trouvaient dans ces banques locales des capitaux, à un taux parfois élevé, mais enfin ils en trouvaient, tandis qu'*aujourd'hui les succursales refusent à peu près tout crédit.*

La Réforme économique. Dans son numéro du 23 novembre 1906, *la Réforme Économique*, sous la signature de son directeur, M. Jules Domergue, examinait les mêmes faits :

> Quant aux entreprises industrielles françaises, le grand établissement de crédit ne veut pas les connaître. Il pourra, à l'occasion, se faire qu'il prête un concours momentané à une grande affaire existant depuis longtemps et qui a fait ses preuves. Il le prête, parce que les risques sont nuls et les profits assurés. Mais dès qu'apparaît le moindre aléa, dès qu'il s'agit, en un mot, de faire œuvre féconde de financier, on ne trouve plus personne. Même sans risque sérieux, l'entreprise qui peut s'accommoder d'un petit capital n'a rien à attendre.

La Vie Financière. On lisait aussi dans *la Vie Financière* (numéro du 14 avril 1903) :

> Il est un fait certain, c'est qu'à l'heure actuelle, toute entreprise industrielle ou commerciale française, même la plus sérieuse, est dans l'impossibilité absolue de trouver auprès des grandes banques le crédit dont elle peut avoir besoin, le cas échéant, pour se développer.

L'Information déclarait (numéro du 22 mars 1905) : *L'Information.*

Quoi qu'il en soit, les commentaires suscités par les dernières constatations sur l'abondance des capitaux disponibles prouvent *qu'il y a maintenant chez nous une question des banques.* Espérons qu'on ne s'en tiendra pas là, car il vaudrait mieux pour un pays qu'il fût pauvre, s'il ne sait pas se servir de ses richesses et si, pour trouver à ses capitaux un emploi intelligent, *il en est réduit à les confier à des industries étrangères.*

A l'un des dîners-causeries de l'Union des anciens élèves des Écoles supérieures de Commerce de France, M. Jacques Siegfried disait (Bulletin du 20 juin 1904) : *Discours de M. Siegfried.*

Je considère que leur devoir et leur rôle (aux établissements de crédit), comme l'a très bien indiqué M. Manchez, serait, après avoir drainé des capitaux considérables, non pas d'utiliser ces capitaux en prêts à l'étranger et en émissions de fonds d'États étrangers à des taux tout à fait insuffisants, mais de voir s'ils ne pourraient pas *remettre une partie de ces capitaux à la disposition du commerce et de l'industrie française...* (page 368).

II

On étonnerait plus d'un Français en disant que, sous notre régime de suffrage universel et d'apparentes institutions démocratiques, un seul homme a géré la *Un roi financier.*

fortune de la France et la gère encore, car son œuvre continue, elle lui survit. Cet homme fut M. Germain, le fondateur et le président du Crédit Lyonnais. M. Germain a exercé sur la France, pendant vingt ans, une véritable dictature économique. M. Germain considérait que le meilleur emploi pour les capitaux français était d'acheter des fonds d'États étrangers; la France a donc acheté des fonds d'États étrangers. M. Germain était contre l'industrie, la France n'a donc pas fait d'industrie...

La *Nouvelle Presse libre* de Vienne disait (numéro du 7 janvier 1905) :

Par suite de sa clientèle énorme en France, le Crédit Lyonnais est le réservoir de l'épargne du pays et il administre l'excédent qu'offre la richesse nationale en France (*sic*). Pour être à la hauteur de cette tâche, cet établissement doit suivre tous les mouvements du monde entier.

Ainsi le Crédit Lyonnais était gérant de la fortune française; mais le Crédit Lyonnais, c'était M. Germain. *L'Information* déclarait justement (numéro du 9 mai 1904) :

La personnalité de M. Germain domine toute l'histoire du Crédit Lyonnais depuis sa fondation. Le Crédit Lyonnais et son président s'identifient, ils sont inséparables. La prospérité du Crédit Lyonnais est le triomphe des idées de M. Germain.

Cette manière de voir était exacte. Ceux qui connurent la maison rapportent que, dans son Conseil d'administration, M. Germain n'eut autour de lui que des parents soumis et des employés. Ceux-ci restent fidèles à leur maître, ils lui obéissent encore après sa mort. Ils écrivaient dans leur rapport (assemblée du 23 mars 1905) :

Pénétrés des idées de M. Germain, dépositaires de ses principes et de ses règles de gestion, nous nous efforcerons de les appliquer dans la direction de votre Société.

Ainsi les idées, les principes de M. Germain continuent à nous gouverner. Quels sont ces idées, ces principes? Il importe de les mettre en lumière.

Les idées de M. Germain.

La genèse des idées de M. Germain se retrouve assez facilement. On rapporte qu'il fut profondément impressionné par la crise financière de 1882, lors de la catastrophe de l'Union Générale. On sait qu'en un seul jour, cette crise déprécia l'ensemble de nos valeurs mobilières de 4 milliards de francs. Le Crédit Lyonnais, comme les autres banques, subit la répercussion de cette énorme baisse ; son portefeuille-titres diminua beaucoup de valeur. Pendant cette période critique, M. Germain éprouva, naturellement, les plus vives émotions. Il en garda comme une sorte de phobie. A partir de ce moment il confondit sans cesse spéculation et industrie. Tout aléa l'effrayait. Comme ces jockeys qui sont tombés une fois, il n'osait plus aborder l'obstacle. Après cette fièvre de spéculation qui, depuis plusieurs années, se déchaînait en France, il était naturel, d'ailleurs, qu'une réaction se produisît.

Le besoin du calme et de la tranquillité se faisait partout sentir. C'est dans cette atmosphère nouvelle que M. Germain, modifiant l'orientation du Crédit Lyonnais, transforma celui-ci en banque d'escompte et de dépôts.

Les résultats étant favorables, les dépôts augmentant, les succursales devenant de plus en plus nombreuses, la formule de M. Germain se précisa. Elle consistait à attirer les capitaux flottants et relativement inutilisés qui dormaient dans des bas de laine ou dans les coffres-forts. On acceptait la garde de ces capitaux moyennant un faible intérêt, on avait ainsi de l'argent à bon compte, qui ne coûtait presque rien, et, avec cet argent, on escomptait du papier commercial à échéance de un, deux ou trois mois, moyennant un intérêt de 3 à 4 p. 100 l'an. Toute la combinaison résidait dans le fait que les capitaux employés étaient à peu près gratuits.

Il crée les démarcheurs.

Le grand mérite de M. Germain fut qu'il appliqua sa formule avec un remarquable esprit de suite. Il était doué au plus haut degré du sens pratique, il avait un talent merveilleux d'organisateur, il possédait une volonté de fer. M. Germain créa les services de sa banque lui-même, il en régla les détails lui-même, il choisit son personnel lui-même. On lui doit l'institution des « démarcheurs », on appelle ainsi les courtiers qui vont relancer les clients à domicile. Grâce à ces courtiers, il se flattait de pouvoir se passer de la presse pour laquelle il avait un grand dédain. Les autres établissements de crédit ont copié M. Germain, ils se sont approprié ses procédés. Lui a créé, eux ont imité.

Il devient directeur de la fortune publique.

Il y a plusieurs manières de ne pas réussir, dont l'une consiste à réussir trop bien : ce fut précisément le cas de M. Germain. Sa formule eut trop de succès. Ses clients furent trop nombreux, les capitaux lui vinrent en trop d'abondance. Il eut bientôt trop d'argent. L'escompte du papier commercial était insuffisant pour l'employer. En deuxième lieu, comme on avait tué les petits banquiers et la finance moyenne, il ne se créait plus d'entreprises en France. De grandes masses de capitaux inutiles s'accumulaient. Leurs détenteurs voulaient les placer, ils demandaient conseil. Subissant ainsi, dans une certaine mesure, la force des choses, M. Germain et ses collègues élargirent leur formule. Ils avaient été jusque-là de simples escompteurs de papier, ils devinrent les directeurs de la fortune publique, ils assumèrent la responsabilité d'indiquer les valeurs mobilières que devait acheter l'épargne française, ils se lancèrent dans les émissions de titres étrangers. Ces opérations leur rapportant beaucoup d'argent, ils y prirent goût, ils s'y consacrèrent. Ainsi la formule dévia : les banques de dépôts devinrent des banques d'affaires pour lesquelles le placement de valeurs était la préoccupation dominante.

Une opinion typique.

Dans le choix de ces valeurs, l'influence de M. Germain fut décisive. Il est notoire qu'il joua le rôle principal dans la conclusion des emprunts russes et que, par sa seule volonté, la clientèle du Crédit Lyonnais fut saturée de valeurs russes. Sur ses opinions intimes, nous pouvons donner ce détail typique : M. Germain estimait, il disait volontiers à son entourage que le crédit de la Russie devait être placé immédiatement après celui de l'Angleterre, des États-Unis et de la Prusse, mais qu'il était *supérieur à celui de la France*. Cet homme d'action autoritaire, énergique, était imbu d'idées arriérées. Il avait pour son propre pays du dédain, il ne croyait pas à son développement, à son avenir, il refusait d'assister l'industrie française, il lui était hostile, il s'exprimait sur elle en termes méprisants et injurieux.

Nous allons voir bientôt sa mentalité, et nous pourrons nous étonner qu'un homme ayant de telles idées ait pu régner sur les capitaux de la France pendant vingt ans, et gouverner ses destinées économiques!

III

Un actionnaire courageux.

A l'assemblée générale du Crédit Lyonnais du 2 avril 1903, un actionnaire indépendant et courageux interpellait M. Germain en ces termes :

Au lieu de porter notre argent à des établissements financiers, à des Compagnies étrangères qui emploient à leur tour cet argent pour commanditer le commerce étranger qui vient ensuite créer une concurrence au commerce français, ne serait-il pas plus pratique de favoriser le placement des actions et obligations de sociétés industrielles ou de maisons de commerce françaises? Ce qui manque au commerce français, c'est précisément l'aide pécuniaire. Il n'existe pas, en France, d'établissement qui prête à la moyenne industrie et au moyen commerce les capitaux dont ils ont besoin pour lutter contre le commerce étranger.

A cette interrogation directe, M. Germain ripostait par des déclarations où, pris de court, il révélait son état d'âme de la manière la plus brutale et la plus maladroite. Il commençait par une sortie déplacée contre le gouvernement à propos de la Banque française pour le Commerce et l'Industrie, récemment fondée par M. Rouvier. Sortie déplacée.

Vous vous faites, répondit-il dédaigneusement, des illusions, mais vous êtes excusable, car *le gouvernement français lui-même a eu les mêmes illusions. Il était convaincu, comme vous, que nous ne remplissions pas notre tâche* et il a voulu créer, il y a dix-huit mois ou deux ans, un établissement au capital de 60 millions, qui avait à sa tête un des hommes les plus considérables, les plus intelligents et qui avait fait ses preuves depuis longtemps dans les affaires de l'État. Savez-vous ce que cet établissement a commandité de Sociétés? Zéro... *et je lui en fais mes compliments*[1].

Et M. Germain ajoutait :

Nous n'entrons pas dans cette voie pour plusieurs raisons. D'abord, parce que pour qu'une affaire marche bien, il faut qu'elle soit dirigée par des hommes capables et Nous n'en trouvons pas dans les meilleures affaires.

1. La Banque Française pour le Commerce et l'Industrie n'était pas encore entrée dans le consortium des grandes banques. Elle y est entrée depuis.

nous n'avons pas la prétention d'avoir autour de nous des milliers de gens capables de diriger une affaire. Nous éprouvons nous-mêmes beaucoup de difficultés pour en diriger une, et ce n'est pas toujours facile. N'ayant pas ces quelques centaines de milliers de personnes capables à notre disposition, *nous nous garderons de nous mettre dans les meilleures affaires,* car il y a des gens qui entrent dans une affaire, la croyant bonne alors qu'elle est mauvaise.

Pas d'hommes capables en France.

Il faut, pour qu'une affaire soit bonne, que la direction soit parfaite, et *les directeurs capables sont très rares : un dixième, c'est déjà énorme.* La prétention de trouver autant de gens capables est une pure utopie qui a ruiné tous ceux qui ont voulu entrer dans cette voie (*sic*). Si nous voulions placer sous vos yeux la quantité de banquiers et de financiers qui ont déposé leur bilan dans ces conditions, vous en seriez effrayés.

Quant à nous, nous ne voulons pas en arriver à déposer notre bilan, nous vous le disons franchement (*sic*).

L'industrie moderne un fléau.

Si l'on prenait ces déclarations à la lettre, il en résulterait que l'industrie moderne est un grand fléau. Sur dix personnes qui s'y livrent, neuf au moins seraient vouées à la ruine. Étrange affirmation ! On pourrait difficilement la concilier avec ce lieu commun, l'accroissement continu, d'année en année, dans le monde entier, de la richesse publique... à moins que cette richesse ne tombe du ciel et ne provienne pas du travail humain.

Ce que voulait dire M. Germain.

Si M. Germain voulait dire seulement que le Crédit Lyonnais n'était pas outillé pour faire de l'industrie, alors il émettait contre son propre établissement un terrible jugement. Le Crédit Lyonnais monopolisant les capitaux, si lui, ne pouvait faire l'industrie, le pays était frappé de la même impuissance, il était arrêté dans son développement. Le Crédit Lyonnais devenait alors une institution néfaste.

Telle n'était pas cependant la pensée de M. Germain, il n'aurait pas fait un tel aveu. Il voulait dire seulement : en France, on ne peut pas faire d'industrie, en France, il n'y a pas de gens capables, il y a des gens capables à l'étranger, mais il n'y en a pas chez nous; en d'autres termes : nous sommes une nation en décadence, nous nous décomposons, nous n'avons plus d'initiative, plus d'énergie, il nous reste par l'effet du travail passé des richesses acquises, nous pouvons encore en tirer parti en les louant à d'autres peuples, nous pouvons jouer un rôle de rentiers, de prêteurs d'argent, d'usuriers, c'est le métier des vieillards, nous devons nous en contenter.

La France, disait M. Germain, ne crée plus de grandes industries, *elle développe à peine ses industries existantes* (*sic*), elle doit donc placer ses économies principalement à l'étranger (Interview, *Nouvelle Presse libre de Vienne*, 17 janvier 1905).

Opinions antidémocratiques.

Il n'est pas défendu de pousser l'investigation psychologique un peu plus loin, et, nous basant sur des analogies nombreuses et sur des corrélations qui s'imposent, nous ne craindrons pas d'affirmer que les idées économiques de M. Germain étaient, en réalité, le reflet de sa mentalité réactionnaire, hostile au mouvement démocratique. Il disait, comme député : « Mon concours est assuré à tout gouvernement assez fort pour ne pas être le prisonnier de la majorité républicaine, assez modéré pour ne pas se faire l'adversaire de la minorité. » A cette époque, il y avait une droite monarchique et anticonstitutionnelle. On savait ce que de telles déclarations voulaient dire.

Quant aux rapports de l'Église avec l'État, M. Germain préconisait « l'extrême tolérance », il protestait contre « les taquineries mesquines », était hostile à la suppression du budget des cultes, soutenait la nécessité de la religion pour le peuple qui avait besoin, disait-il, d'espérance et de consolation. Il s'élevait contre l'impôt sur le revenu, le déclarait arbitraire, injuste, inquisitorial. Il décriait la comptabilité de nos finances publiques, trouvait qu'elle était obscure et trompeuse. Par un curieux contraste, lui qui publiait justement au Crédit Lyonnais des bilans énigmatiques, incompréhensibles, il avait l'audace de reprocher aux écritures républicaines leur manque d'honnêteté et de clarté.

Bref, la mentalité de M. Germain était celle qui a prévalu et qui prévaut encore dans certains milieux de notre bourgeoisie, aspirant toujours au retour de l'ancien régime, acceptant nos institutions modernes seulement du bout des lèvres, et ne voulant pas prendre leur parti des progrès grandissants de la démocratie. Ce qui attirait M. Germain vers les valeurs russes, c'était précisément le système autoritaire du gouvernement du tsar : il avait pour cette manière « forte » de diriger les hommes une vive sympathie, il attribuait à l'autocratie russe une solidité, une stabilité particulière. On sait qu'il s'est trompé.

IV

Comme il existe de véritables épidémies d'idées, l'état d'esprit de M. Germain s'est communiqué aux principaux directeurs de nos finances françaises et l'on voit des écrivains préconiser ouvertement, dans des journaux les plus autorisés, l'exportation des capitaux à l'étranger et l'abandon de notre industrie française en s'appuyant sur des raisons d'ordre politique.

Propagande contre les valeurs françaises.

Dans sa chronique financière du *Temps* du 29 avril 1906, M. Manchez, écrivant à la veille du 1er mai, fait remarquer que, tandis que les Parisiens effrayés fuient la capitale, leur argent se concentre dans les caisses des sociétés de crédit, à l'effet de s'employer dans le nouveau fonds russe. Il n'y a pas là, dit-il, contradiction.

Sans doute, les capitaux ont été séduits par les conditions avantageuses de l'emprunt russe, mais il est incontestable que son origine étrangère a été pour eux une séduction de plus. Placer son argent en valeurs étrangères équivaut à lui faire franchir la frontière, et la progression de ce genre de placements est remarquable depuis quelques années dans notre pays. Le mouvement d'apparence contraire de personnes et de capitaux que nous signalions tout à l'heure a donc le même but, répond aux mêmes dispositions, concourt à la défense des mêmes intérêts, qui sont l'*assurance contre les risques intérieurs grandissants.*

Conseil l'emprunt français pour l'emprunt russe.

Dans sa chronique financière du 31 mars, le même écrivain exprimait des vues encore plus symptomatiques. A ce moment, il se précisait qu'un nouvel emprunt russe allait être conclu, c'était l'objet de toutes les conversations et l'on commençait à parler de l'éventualité d'un emprunt français. Un emprunt français? s'écriait M. Manchez, nous avons peine à y croire.

> Certes, disait-il, on trouverait encore de l'argent (*sic*) pour souscrire à un nouvel emprunt français, surtout s'il était prouvé que les ressources devant en provenir sont destinés à la défense nationale. Mais que les discours prononcés récemment à la Chambre par M. Jules Roche et par le ministre des finances seraient une mauvaise préparation à un appel au crédit public!

Et quelques lignes plus loin, M. Manchez parlait de l'emprunt russe, il en parlait avec lyrisme, il disait :

> Il faut que l'emprunt russe soit non seulement souscrit, mais qu'il soit un grand succès, qu'il ait un retentissement dans le monde financier international, car l'opération projetée ne sera pas la dernière.

La conclusion pour le lecteur était nettement contre l'emprunt français, pour l'emprunt russe.

Conseil d'envoyer 6 milliards en Amérique.

Dans *l'Économiste français*, M. Paul Leroy-Beaulieu se demandait, il y a quelque temps, d'où provenait l'importante baisse qui frappait les valeurs françaises, et il répondait : « Cette baisse vient de l'esprit d'hostilité systématique que le Parlement, le gouvernement et toute la presse gouvernementale montrent à l'endroit des capitaux et des capitalistes (*sic*). Elle vient des faits suivants : le gouvernement a fait une part dans son sein aux représentants du socialisme, la majorité parlementaire comprend comme élément particulièrement actif les socialistes... », etc. M. Leroy-Beaulieu rendait responsable aussi de la baisse des valeurs françaises M. Poincaré, auteur du projet d'augmentation des droits successoraux. Cette politique donne, disait-il, au capitaliste français, le sentiment de l'insécurité. Il en résulte que le capitaliste français s'est mis à redouter les valeurs nationales.

M. Leroy-Beaulieu finissait par cette conclusion si énorme qu'elle a l'air d'une boutade : « Le capitaliste français est prêt à souscrire à une demi-douzaine de milliards de francs de valeurs étrangères, par exemple de valeurs nord-américaines. » En vérité, si le capitaliste français en est là, il faut qu'on le surveille!

Le malheur d'être rentier.

Dans une réunion de la Société d'Économie politique tenue le 5 avril 1905, M. Alfred Neymark disait : « On peut se demander enfin pourquoi, suivant une expression qu'employait récemment M. Paul Leroy-Beaulieu, il y a « pénurie de placements » en France, pourquoi il ne se crée que peu ou pas d'affaires nouvelles en France, pourquoi, à part de trop rares exceptions, l'esprit d'initiative semble s'éteindre, pourquoi les capitaux français sont enclins à se porter au dehors? »

Et M. Neymarck répondait, d'après le procès verbal de la réunion : C'est la conséquence de ce que l'orateur a appelé « l'obsession fiscale » et du socialisme d'État, venant gêner toutes les initiatives privées. Les grandes industries, les affaires commerciales ou industrielles qui se développent ou prospèrent, sont à chaque instant menacées d'impôts, de surcroîts de charge : être rentier, être capitaliste, c'est exercer, de nos jours, un véritable métier plein de dangers et de soucis... » etc.

arti pris vident.

Le parti pris éclate dans ces descriptions pessimistes et l'on ne peut s'empêcher, en les lisant, de faire cette réflexion : comment des écrivains compétents peuvent-ils attribuer la baisse des valeurs françaises aux ventes spontanées des capitalistes et ne faire aucune allusion à cette formidable organisation financière qui règne en France et dont nul ne conteste le pouvoir? Est-il vrai que nos établissements de crédit, groupés ensemble, agissant par leur réseau serré de succursales, fabriquent à leur gré dans ce pays la hausse, la baisse et toute l'opinion? Est-il vrai que Messieurs les agents de change, syndiqués également, marchent de concert avec eux dans toutes leurs opérations? Ce n'est pas M. Neymarck qui nous démentira. Dans *le Rentier* du 17 novembre 1906, il constatait lui-même que « nos grands établissements français de crédit, disposant de capitaux considérables, ayant une énorme clientèle dans toutes les classes de la société, possédant en dépôts ou en comptes courants dans leurs caisses des milliards de fonds et de titres... *sont les régulateurs du marché et exercent une influence très grande, sinon absolue sur ses mouvements* ». Si ces établissements sont si puissants, où donc est la spontanéité des capitalistes?

Le libre arbitre du capitaliste.

Est-ce librement, est-ce de plein gré que ces capitalistes achètent des fonds russes? M. Neymarck sait bien qu'il n'en est pas ainsi, il n'ignore pas que ces capitalistes sont travaillés par une incessante propagande. Ils n'ont même pas besoin de se déranger : on va solliciter leurs ordres à domicile. Nous ne parlons pas ici de l'influence exercée sur eux par les journaux subventionnés, qui décrivent les finances russes avec une si remarquable sincérité. Et cette organisation omnipotente, qui a pu faire acheter au public français les rentes d'un pays étranger en révolution, n'aurait soi-disant aucune responsabilité dans la baisse des valeurs françaises; elle saurait, quand il s'agit de ces valeurs françaises, respecter le libre arbitre du capitaliste et garder une attitude de neutralité!

Même si cela était vrai, le contraste entre cette neutralité et la pression qu'on fait en faveur des fonds russes serait déjà piquant. Cette neutralité, toutefois, n'existe pas. Disons plus : il est impossible qu'elle existe. Quand on suit une politique financière consistant à écouler par milliards des titres étrangers, on est amené nécessairement à dénigrer les titres français. L'un ne saurait aller sans l'autre. Tout l'art de la finance consiste à dire : « Prenez mon ours, ne prenez pas celui du voisin. » Orienter le public vers un groupe de valeurs mobilières, c'est le détourner d'un autre groupe. On ne peut pas sortir de là.

La propagande politique des grandes banques.

En vérité, nos écrivains financiers sont bien imprudents de mettre en avant, comme ils le font, la spontanéité des capitalistes et de voir dans leurs achats et dans leurs ventes une manifestation d'opinion. Ils attirent ainsi l'attention sur une question d'une grande gravité, dont le pays devra s'occuper bientôt : nous voulons parler de cette propagande antidémocratique à laquelle nos établissements de crédit se livrent d'une manière continue par l'entremise de leurs innombrables employés. On ne se doute pas du mal que fait à la République le travail occulte de ces courtiers qui, pour placer leurs titres étrangers, déblatèrent contre nos institutions, travestissent les actes de nos gouvernements, les accusent de vouloir confisquer les fortunes au moyen d'impôts spoliateurs et discréditent leurs projets de réforme, en les représentant comme inspirés par l'idée de socialisme et de révolution. Ils ameutent ainsi les capitalistes et les rentiers contre le régime moderne.

Il y a des années que, dans tous les coins de la France, cette propagande se poursuit. Des milliers de témoins peuvent l'attester[1]. Chaque succursale d'éta-

1. Tout le personnel des établissements de crédit a la consigne de décrier les valeurs françaises. Hier, un de nos amis, avocat, accompagné du secrétaire d'un député très connu, se rendait à une succursale du Crédit Lyonnais dont il est client. Pour rendre un service pécuniaire à quelqu'un, il demandait une avance de fonds sur des titres français de tout repos. Comme on lui offrait une somme dérisoire par rapport au cours de la Bourse, et comme il insistait, réclamant une avance plus

blissement de crédit est un centre de propagande réactionnaire. Son directeur, ses employés « guichetiers » et « démarcheurs » sont de véritables agents politiques. Dans le but d'écouler leurs valeurs étrangères, ils passent leur temps à calomnier l'œuvre républicaine. Étant donné le grand nombre de ces succursales dans notre pays, — il y en a dans toutes les villes et dans beaucoup de bourgs de province, — l'importance de ce sourd et incessant travail de dénigrement n'a pas besoin d'être mis en relief. On est en présence de congrégations d'un nouveau genre. Celles-ci ne sont pas religieuses, il est vrai, elles sont financières; mais elles ont, comme les autres, cette particularité qu'elles dépendent toutes d'une même direction et qu'elles sortent entièrement de leurs attributions et de leurs droits, quand elles font de la politique.

L'existence de ces congrégations, telles qu'elles fonctionnent aujourd'hui, constitue un danger dont on n'a peut-être pas encore apprécié la portée, mais qu'il est temps de signaler à l'attention des Chambres et du gouvernement.

forte, sait-on ce que l'employé répondit : « Monsieur, dit-il nous ne pouvons prêter davantage sur de telles valeurs. Ce n'est pas nous, du reste, qui vous avons recommandé de les acheter. Nous ne vous aurions jamais donné ce conseil. » Il s'agissait d'obligations de la Ville de Paris. Nos amis protestèrent avec indignation contre ce langage.

V

Pourquoi on crée pas affaires nou- en Fran-

Nous avons dénoncé la manœuvre qui consiste à représenter la baisse des valeurs françaises comme étant le résultat des ventes opérées spontanément par les capitalistes et à faire semblant d'ignorer que ces capitalistes sont embrigadés, en réalité, dans une organisation qui leur fait acheter ou vendre leurs valeurs au doigt et à l'œil. Nous devons signaler une deuxième manœuvre, aussi caractéristique, plus audacieuse même que la première. Il paraît que si l'on ne crée pas d'affaires nouvelles en France, c'est exclusivement la faute de la politique. Les capitaux sont inquiets, l'initiative privée fait grève, ainsi s'explique la stagnation de l'industrie française depuis de nombreuses années.

'argumen- a changé

Observons d'abord que le thème a changé. En 1905, M. Germain faisait clairement entendre que les neuf dixièmes des Français étaient des incapables et que l'autre dixième ne valait rien; il concluait qu'on ne pouvait pas faire d'industrie dans notre pays. Prononcées par l'homme qui gérait souverainement la fortune de la France, de telles paroles présentaient une gravité particulière, elles étaient abusives au plus haut degré, on peut même s'étonner qu'elles n'aient pas été relevées officiellement; mais étaient-elles sincères?

M. Germain croyait-il vraiment que les neuf dixièmes des sociétés industrielles françaises étaient des entreprises aléatoires? On peut en douter. Si ces entreprises étaient aléatoires, la valeur du papier commercial portée dans le bilan du Crédit Lyonnais pour une somme de 800 millions était elle-même discutable et M. Germain n'aurait pas admis qu'elle le fût.

Ainsi, derrière ces contradictions et ces invraisemblances, il était clair qu'il y avait un prétexte. M. Germain n'ignorait pas que la plupart des désastres, soi-disant industriels, proviennent, en réalité, d'abus financiers et d'opérations d'agiotage engagées sous le couvert d'industrie. Une banque correcte, cela va sans dire, n'est nullement tenue de se livrer à ce genre de manipulations. M. Germain le savait, il était homme du métier. C'était donc volontairement qu'il embrouillait ainsi les choses, pour excuser la non-participation de sa banque au développement industriel.

C'est la faute de la République.

C'est maintenant un autre prétexte. Les écrivains qui défendent par esprit de conservation les monopoles financiers, ont trouvé l'ingénieuse idée de rendre nos gouvernements républicains responsables de l'état d'inertie dans lequel végète l'industrie française. C'est, paraît-il, la faute de ces gouvernements, si l'on ne crée pas, chez nous, d'affaires nouvelles. L'argument ne manque pas d'audace. Depuis vingt ans, nos banques se refusent à commanditer toute entreprise industrielle grande, moyenne ou petite; elles plongent notre pays dans un état de mort économique; elles découragent toute initiative, tout effort, toute bonne volonté; elles laissent mourir toutes les capacités et tous les talents; elles déterminent ainsi, dans notre malheureux pays, un état général d'impuissance et d'atrophie, et maintenant elles osent soutenir que les gouvernements républicains sont responsables de notre déchéance industrielle! En vérité, comment l'industrie pourrait-elle se développer, comment des entreprises nouvelles pourraient-elles être fondées en France, puisque tous les capitaux disponibles sont systématiquement exportés à l'étranger[1]?

Les banques Allemagne.

On sait ce qui se passe en Allemagne, des écrivains connus l'ont décrit. C'est un lieu commun de rappeler aujourd'hui que l'essor magnifique de l'industrie allemande est le résultat de l'initiative des banques qui créent, commanditent et soutiennent par leur crédit toutes les entreprises intéressantes. « Les plus grandes maisons de banque, dit M. Sayous, s'intéressent au haut négoce et à la grande industrie; les maisons importantes, au moyen commerce et aux petites fabriques; les maisons de troisième et quatrième plan ont comme clientèle les moyens patrons. »

Crédit à découvert.

Le système qui prévaut en Allemagne est celui des *Blankocredite* ou crédit à découvert. Il a fait la fortune

1. Il y a bien une responsabilité républicaine, si l'on considère le problème sous toutes ses faces, mais elle n'est pas celle que met en avant la finance. Le régime républicain est coupable de n'avoir pris aucune mesure pour favoriser la production du pays, il est coupable de n'avoir pas doté la France d'un outillage moderne de ports de mer et de canaux, il l'est aussi d'avoir laissé les grandes banques organiser l'exportation de nos milliards, pour ainsi dire sous sa protection.

des centres industriels et commerciaux de Hambourg, d'Elberfeld, de Brême, de Mannheim. Quand un industriel demande un *Blankocredit*, la banque allemande fait procéder à l'examen minutieux de ses registres de comptabilité, examine ses écritures des dernières années, procède à l'étude technique des conditions de l'industrie, approfondit la question des débouchés et des prix de revient, s'enquiert avec le plus grand soin de la moralité et de la capacité de l'emprunteur. Quand le crédit a été consenti, la banque suit la marche de l'entreprise pas à pas. Si les résultats sont favorables, elle accorde alors un crédit plus grand, prête de nouveaux fonds. Ainsi aidé, l'industriel allemand peut développer ses affaires, étendre ses opérations jusqu'à l'extrême limite dont elles sont susceptibles.

Méditez ces lignes significatives de M. Jules Huret, poursuivant son enquête sur la civilisation et la richesse allemandes (voir feuilleton du *Figaro* du 16 octobre 1906). Après avoir décrit la prospérité des centres industriels d'Elberfeld, de Brême, de Crefeld, etc., M. Jules Huret dit :

Comment se développe l'industrie.

L'essor industriel et commercial de cette région est dû surtout au crédit énorme sans couverture, et l'on pourrait dire sans limites, offert par les banques à l'activité des fabricants.

M. Schwartzchild, directeur d'une des deux grosses banques de Barmen, la « Bergisch Maerkische Bank », qui se trouve être en même temps — aubaine trop rare — un vieux Parisien, rempli d'esprit et de gaieté, me disait :

« — C'est le crédit qui a enrichi ce pays. Le travail, l'ordre et la discipline, qui sont les qualités maîtresses des Allemands, n'auraient pas suffi à créer l'essor inouï de la contrée. En France, les banques ne donnent pas, en général, de crédit en blanc au commerce et à l'industrie. Ici l'usage est courant. Dès que nous avons confiance dans les capacités et l'honnêteté d'un industriel ou d'un marchand, il trouve chez nous tout l'argent qu'il lui faut. Je mets en fait que, dans cette seule vallée de la Wupper, il n'y a pas, à l'heure qu'il est, moins de 12 millions prêtés par nos banques!

« — Vous ne le prêtez pas pour rien, votre argent!

« — Naturellement, mais nous ne faisons pas d'usure non plus. »

Et M. Schwartzchild explique que, moyennant 1/4 p. 100 en sus du taux officiel de l'argent, un usinier sérieux, en Allemagne, peut obtenir des banques locales tous les capitaux nécessaires à ses affaires. Comparez ces rémunérations modestes des banques allemandes avec celles des grandes banques françaises prélevant sur les émissions de fonds d'État étrangers des 8 et 10 p. 100 de commission!

— Croyez-moi, continue-t-il, c'est le secret de notre prospérité! Krupp aurait sombré vingt fois si les banques ne l'avaient pas soutenu envers et contre tous. Thyssen de même. Et cette admirable fabrique de produits chimiques, Frédéric Bayer, d'Elberfeld, fondée par un tout petit négociant, et qui est aujourd'hui la première du monde, aurait-elle pu arriver à ce développement colossal sans l'appui des banques? Aujourd'hui, c'est elle qui enrichit les banquiers. Ses actions valent 550 p. 100 et rapportent 33 p. 100 de dividende.

Le contraste entre l'activité féconde des banques allemandes et l'impuissance des banques françaises est saisissant. Quant aux résultats des deux politiques on les connait : en 1872, le commerce général de l'Allemagne était de 7 milliards et demi, le nôtre le dépassait légèrement ; aujourd'hui, le commerce général allemand est de 20 milliards, le nôtre de 12 milliards et demisimplement. Résultat de deux politiques.

La situation de l'industrie française se résume en ceci : elle ne trouve pas d'argent pour le renouvellement de son outillage et pour la création d'affaires nouvelles. Sans doute, elle bénéficie, pour l'escompte de son papier commercial, d'un taux d'intérêt très bas ; toutefois, cet avantage est insignifiant par rapport au surplus de productivité qu'elle obtiendrait avec un matériel parfaitement moderne. Nous connaissons des compagnies de constructions mécaniques françaises qui emploient des machines datant de vingt ans, tout à fait démodées industriellement. La transformation incessante du matériel est, on le sait, une condition *sine quâ non* du développement des industries modernes. Eh bien, cette transformation ne s'opère pas chez nous.

Chose paradoxale, chose incroyable à première vue, dans notre pays où les capitaux abondent, où des centaines de millions sont orientés annuellement vers des entreprises exotiques de toute nature, l'industrie nationale n'obtient aucun appui, aucune commandite, elle végète relativement à ses concurrentes dans un état de médiocrité mesquine. Les statistiques révèlent qu'un nombre considérable de nos mines sont inexploitées : parmi elles, beaucoup pourraient être travaillées avec profit. Nos colonies sont délaissées d'une manière à peu près absolue. Aucune tentative n'est faite pour mettre en valeur nos richesses minières au Tonkin ou à Madagascar. Aucuns travaux publics importants ne sont exécutés en France, aucune grande œuvre n'y est mise sur pied par nos banques, commerciale, agricole ou industrielle. Ce sont là des faits lamentables.

Les écrivains qui rejettent la responsabilité de cette situation sur le gouvernement républicain et s'abstiennent, en même temps, de mentionner que trois à quatre sociétés de crédit, drainant les ressources de l'épargne française, les font systématiquement dériver sur l'étranger, sont-ils sincères?

VI

Sophismes grossiers.

Est-ce donc la faute du gouvernement de la République si nos Sociétés de crédit refusent de commanditer toute entreprise industrielle en France? On n'oserait le prétendre. Comment, c'est une chose notoire, nos grandes banques non seulement ne secondent pas l'initiative, mais elles la contrecarrent au moyen de leur puissante organisation et de leur influence que Neymarck déclare lui-même être presque absolue, elles détournent leurs clients de toutes les affaires nouves, font propagande contre elles, les représentent comme dangereuses, spéculatives, aléatoires, et quand, après vingt ans de cette néfaste politique, elles en sont venues à plonger notre malheureux pays dans un état de veulerie capitaliste et d'infériorité économique, on leur permettrait d'insinuer que cet état de choses est imputable à l'impôt sur le revenu, aux retraites ouvrières et, d'une manière générale, aux projets de réforme des partis avancés! Cette manière de donner le change est trop grossière, en vérité, elle ne peut être tolérée.

Ce n'est pas la politique républicaine de nos gouvernements qui maintient l'industrie de ce pays dans un état arriéré, c'est la politique antidémocratique de nos banques. Rien n'est plus antidémocratique que de transformer les capitalistes français en rentiers vivant de l'étranger, tirant leurs revenus des coupons et des intérêts qu'on leur envoie d'Angleterre, d'Amérique, d'Espagne, de Suisse ou de Russie, et s'abstenant de mettre en valeur les ressources de leur propre nation. La grande masse de la population française est lésée profondément par cette politique. Comme elle n'a pas elle, de capitaux à placer, pas de coupons à recevoir; comme elle vit seulement de son travail, elle est intéressée vitalement au développement des industries locales qui peut, seul, améliorer son bien-être. Cette grève de l'initiative et des capitaux en France est donc des plus funestes à la classe laborieuse.

Politique antidémocratique.

La politique de nos grandes banques n'est pas seulement antidémocratique, elle est antinationale au pre-

Politique antinationale.

mier chef. La manière dont ces sociétés remplissent leurs fonctions montre qu'elles n'ont aucun souci des intérêts du pays.

La Banque de Paris et des Pays-Bas conclut un emprunt avec l'État de Sao-Paulo (Brésil). Cet emprunt est destiné au rachat des voies ferrées. Les Français souscrivent. Or, tandis que les Français donnent l'argent, c'est aux Allemands qu'on commande les wagons et le matériel des lignes.

On introduit sur le marché de Paris les actions de la Banca Commerciale Italiana. Sait-on ce qu'est cette banque soi-disant italienne ? Fondée par la Deutsche Bank, la Dresdner Bank et la Disconto Gesellschaft, c'est une banque allemande, elle a pour but de monnayer commercialement la Triplice et de conquérir le marché italien pour les produits allemands. A cette entreprise étrangère dirigée contre leur pays, les capitalistes français mal conseillés donnent leurs fonds !

Au commencement de 1907, la Banque de l'Union Parisienne prend part à la création d'une Société de charbonnages dans la Lorraine allemande. Le capital est de 18 millions de marks. Les Français en donnent 8. Allez donc demander 8 millions à l'une ou l'autre de nos banques pour transformer l'outillage, en France, d'une Société industrielle, allez-y, vous verrez comme vous serez reçus !

Le Crédit Industriel et Commercial, autre membre du puissant consortium, constitue le 1er octobre 1905, à Cologne, la Société anonyme allemande du charbonnage Frédéric Henri (*Steinkohlenbergwerk Friedrich*

Heinrich), au capital de 14 millions de marks. Comment ne pas être scandalisé! Dans leur propre pays, les banques françaises n'ont pas d'initiative, elles en ont en Allemagne. Étrange phénomène!

L'argent des dépôts en Allemagne.

Mais sur ce terrain de l'antinationalisme financier des grandes banques françaises, nous avons à mentionner des faits d'une énorme gravité. Aucun de nos lecteurs, certainement, ne les apprendra sans frémir. En deux mots, les voici : *une partie considérable des dépôts dont les établissements de crédit français ont la garde est prêtée d'une manière permanente aux banques allemandes et sert de fonds de roulement au commerce et à l'industrie germaniques.* On va se récrier, on va dire que la chose est invraisemblable, impossible. Précisons : d'après des renseignements que nous tenons d'une source autorisée, entre les grandes banques d'Allemagne et celles de France, il existe, nous ne disons pas seulement un arrangement, mais une convention écrite, une alliance véritable.

Aux termes de cet accord, les banques françaises fournissent aux banques allemandes des capitaux liquides; comme contre-partie, les banques allemandes donnent aux banques françaises leur signature à trois mois. Cet engagement, toutefois, est fictif, car les banques allemandes ne payent pas les traites à l'échéance; elles en demandent le renouvellement qui leur est consenti moyennant le payement d'un intérêt supplémentaire à chaque trimestre. Ceci revient à dire que les banques françaises accordent aux banques allemandes un crédit à long terme, ce crédit qu'elles refusent, nous l'avons vu, à l'industrie de leur propre pays!

Le patriotisme des banques anglaises.

Il y a des années que l'argent français roule de cette manière en Allemagne. Antérieurement, c'étaient les banques anglaises qui pourvoyaient de leurs capitaux les banques de Berlin, mais les banques anglaises s'avisèrent un jour qu'en fournissant au concurrent le plus dangereux de leur pays les moyens de se développer, elles jouaient un rôle antipatriotique au premier chef. L'opinion publique en Angleterre s'était émue, la Société Royale de Statistique avait sonné la cloche d'alarme, de grands journaux britanniques constatant l'exportation croissante des produits allemands avaient mené campagne contre l'emploi des capitaux anglais à Berlin. Subissant l'influence de ce courant d'idées, les banques anglaises décidèrent de ne plus prêter d'argent aux banques allemandes.

Que firent alors celles-ci? Elles s'adressèrent aux banques françaises, lesquelles accueillirent d'autant plus facilement leurs propositions qu'elles avaient de grands capitaux disponibles et qu'avec leur manque d'initiative elles étaient embarrassées d'en trouver l'emploi. Les banques françaises reprirent pour leur compte la combinaison anglaise qui consistait à prêter de l'argent contre des traites renouvelées indéfiniment. Ce n'est pas un secret que pendant la crise industrielle de 1900 l'argent français a permis aux manufactures allemandes de traverser une période critique. Au moment des difficultés du Maroc, si les gouvernements d'Allemagne et de France étaient en dangereux désaccord, les banques des deux pays restaient, elles, étroitement unies : les administrateurs de deux à trois banques berlinoises qui étaient venus spécialement à Paris pour cet objet, conspiraient avec les banques françaises contre M. Delcassé...

Non seulement les banques allemandes ne remboursent pas les capitaux prêtés, mais leurs demandes vont grandissant. En 1900, les capitaux français à la disposition des banques allemandes étaient d'un milliard et demi. En octobre 1906, les banques de Berlin ont envoyé des délégués à Paris pour se faire consentir de nouveaux crédits qui leur ont été accordés. Les banques françaises sont engagées ici dans le même engrenage que pour les fonds russes, elles obéissent à la même nécessité de soutenir indéfiniment leurs débiteurs. Le Crédit Lyonnais a prêté à la seule Deutsche Bank plus de 300 millions de francs. La Société Générale, le Crédit Industriel et Commercial, la Banque de Paris et des Pays-Bas, l'Union Parisienne ont tous des placements considérables à Berlin. On estime que la totalité des prêts français aux banques allemandes atteint un chiffre inavouable. Nouveaux crédits.

Considérées au point de vue exclusivement financier, ces opérations appelleraient àdjélepsl su sérieuses réserves. Il est vrai que pour garantir leurs prêteurs, les banques allemandes leur ont laissé, dans certains cas, en gage, des valeurs industrielles, mais ces valeurs sont de réalisation douteuse : en temps de crise elles se déprécieraient d'au moins 50 p. 100, et Aléas et risques.

probablement de 60 à 80 p. 100. Chacun sait qu'en Allemagne il y a surproduction, excès de spéculation et insuffisance absolue du capital disponible. La crise de crédit et la catastrophe de Bourse sont chez nos voisins depuis longtemps des éventualités menaçantes. En dehors de ces risques économiques, les capitaux français engagés en Allemagne sont exposés à l'arbitraire d'une législation étrangère. Il serait puéril de supposer que si l'empereur Guillaume déclarait la guerre à la France, il aurait le chevaleresque scrupule de lui rembourser d'abord son argent.

. quoi ser-t les capi-x français.

Si, d'autre part, on examine l'usage que font les Allemands des capitaux français, l'indignation grandit. Les capitaux français servent à commanditer les entreprises industrielles allemandes; les capitaux français servent à fabriquer les cuirassés, les canons, les fusils allemands; les capitaux français jouent depuis dix ans un rôle absolument prépondérant dans le développement du commerce et de l'industrie allemands. Avec les capitaux français, la Compagnie transatlantique Hambourg-Amérique a étendu son service transocéanique; avec les capitaux français le Nord-Deutscher Lloyd à Brême a créé récemment deux lignes nouvelles desservant l'Italie, la France, l'Espagne et l'Algérie. Grâce aux capitaux français, la Méditerranée est sur le point de devenir une mer allemande. Les capitaux français ont permis la croissance rapide du chemin de fer d'Anatolie, ils s'emploient activement à l'établissement de la ligne de Bagdad qui doit ouvrir aux Allemands la porte de l'Asie. Telles sont les œuvres antipatriotiques auxquelles se consacrent les capitaux français.

Dans le silence et dans l'ombre.

Comment ne pas être frappé de cette chose étrange : ces grands actes économiques se décident et s'accomplissent dans l'ombre. Le gouvernement, les Chambres, la nation les ignorent; les intéressés eux-mêmes, les propriétaires des capitaux aussi criminellement employés ne les connaissent pas. Ceux qui déposent bénévolement leur argent liquide dans les établissements de crédit pour en recevoir de 1 1/2 à 1 p. 100 d'intérêt, sont loin de se douter que cet argent est envoyé en Allemagne où il rapporte aux grandes banques françaises de 6 à 7 p. 100 par an; ils sont à mille lieues de soupçonner que leurs économies sont employées à développer les moyens d'action de leurs plus redoutables adversaires, à fortifier leur industrie, à leur éviter les crises, à leur permettre de grandir et d'affirmer finalement leur absolue suprématie sur la nôtre. Et quelle serait leur stupéfaction, quel serait leur réveil de rage et de colère s'ils apprenaient que depuis quinze ans leur argent a contribué puissamment à faire de l'Allemagne la grande nation politique, militaire et navale qu'elle est aujourd'hui!

Incroyable omnipotence.

Mais ils ne savent pas ces choses! Comment les sauraient-ils? Qui les leur apprendrait? Dans l'état actuel de nos lois, trois ou quatre grandes banques, dépositaires de plusieurs milliards d'argent public, peuvent diriger tous ces capitaux sans contrôle, en faire ce qu'il leur plaît, elles ont le droit d'exporter et de louer la fortune nationale aux adversaires de leur propre pays, si ceux-ci leur payent un gros intérêt.

De quelque parti qu'on soit, chacun reconnaîtra que la politique financière des grandes banques françaises, telle que nous l'avons décrite, est inadmissible au point de vue des intérêts du pays.

CHAPITRE V

LA DOMINATION GÉNÉRALE DE L'OLIGARCHIE FINANCIÈRE, SA MAINMISE SUR LA PRESSE ET LE GOUVERNEMENT. — CONCLUSIONS.

Dictature impossible.

Nous avons décrit ce fait étonnamment anormal : dans notre pays démocratique et républicain, quatre ou cinq banques concentrent entre leurs mains plusieurs milliards de dépôts et gèrent cette fortune publique sans rendre de comptes à personne, quatre ou cinq banques sont si prépondérantes, elles ont une organisation si vaste et si savante qu'elles dirigent l'épargne nationale à leur gré.

Ensuite, nous avons montré ceci : l'oligarchie financière qui détient ce pouvoir phénoménal, au lieu de développer l'industrie, le commerce et le travail en France, les abandonne et, chaque année, fait dériver d'énormes masses de capitaux vers les placements étrangers. De cette incessant exode d'argent résultent la stagnation des affaires, l'amoindrissement industriel et commercial de notre pays : on sait qu'économiquement, la France est le peuple qui progresse le moins. Honte aux gouvernements, honte à nous tous qui tolérons depuis vingt ans, sans protester, cette politique de lèse-patrie!

Mais la dictature de l'oligarchie financière est inadmissible encore à d'autres points de vue. Nous allons le montrer ici.

I

La falsification des émissions.

Constatons d'abord ce fait connu : le monopole des grandes banques de dépôts a pour effet la falsification des émissions. On annonce souvent que les émissions sont couvertes dix fois, vingt fois, trente fois, cinquante fois même. Eh bien, tous les gens réfléchis le comprendront, ces succès écrasants sont du battage. En fait, il se produit ceci : les grands établissements de crédit souscrivent pour leur compte aux émissions, ils souscrivent avec l'argent des dépôts, ils souscrivent avec les 3 milliards de comptes de chèques et de comptes courants *qui ne leur appartiennent pas*. Sans doute, ces 3 milliards ne sont pas disponibles, ils n'existent pas sous la forme d'espèces, mais ils sont représentés en partie par un portefeuille commercial qu'on peut réescompter à tout moment. Comme on ne verse qu'une fraction minime de la somme totale en souscrivant, comme pour souscrire à 100 millions, par exemple, on ne verse que 20 millions, il est facile aux établissements de crédit de couvrir un grand nombre de fois pour leur propre compte n'importe quelle émission.

En 1891, avait lieu l'emprunt français de 860 millions. Le premier versement à effectuer était de 15 francs. Pour souscrire à tout l'emprunt, il suffisait de débourser 134 millions. Eh bien, le Crédit Lyonnais, pour sa part, versa 297 millions. Le Crédit Lyonnais couvrit à lui seul plus de deux fois l'emprunt. Il est une chose qu'on ne sut pas : pour effectuer ce versement considérable, le Crédit Lyonnais avait réescompté à la Banque de France tout son papier commercial à échéance de moins de 45 jours; en d'autres termes, le Crédit Lyonnais avait souscrit à l'emprunt pour son compte personnel, en se servant de l'argent des dépôts[1].

Le Crédit Lyonnais et l'emprunt français de 1891.

Ceci se passait il y a vingt ans. A cette époque, les sociétés de crédit n'avaient pas les mêmes bilans qu'aujourd'hui. Actuellement, le Crédit Lyonnais, seul, souscrirait cinq ou six fois un emprunt d'un milliard. Et quant à nos grandes banques mises ensemble, elles peuvent souscrire, pour une durée de quelques jours, tout ce qu'elles veulent, avec les incroyables capitaux dont elles disposent.

Poudre aux yeux.

Comment les établissements de crédit sont-ils amenés à souscrire eux-mêmes aux émissions? On va le saisir de suite. Ou l'émisssion ne réussit pas, ou elle est un succès. Si l'émission ne réussit pas, il y a un

1. Le portefeuille commercial des établissements de crédit n'est, en effet, que l'argent du public transformé momentanément en traites.

intérêt véritable à dissimuler l'échec, à tromper l'opinion. En grossissant fictivement les souscriptions, on jette de la poudre aux yeux du public, on fait croire au gogo qu'on demande plus de titres qu'on n'en offre, on s'efforce, grâce à cette comédie, de provoquer de nouveaux achats et d'écouler les jours suivants les titres non placés.

D'autre part, si l'émission est un succès, les établissements de crédit ont la tentation de jouer sur le dos du public. Ils servent alors le moins possible à l'émission, souscrivent eux-mêmes (avec l'argent du public), puis ils s'efforcent de revendre les titres en Bourse, à des cours plus élevés. C'est ce qu'ils ont fait ou voulu faire, lors de l'avant-dernier emprunt russe, on se le rappelle, nous l'avons expliqué dans un chapitre précédent. Ils ont souscrit à 88 et tenté de revendre le lendemain à 95. Seulement, l'écart des cours étant trop accentué, les circonstances étant contraires, la manœuvre échoua partiellement.

Les dépôts servent à dépouiller les déposants.

Le fait considérable à retenir est le suivant : avec l'argent des dépôts, avec l'argent du public, en un mot, les établissements de crédit évincent le public des émissions avantageuses ; ils lui repassent ensuite, les jours suivants, avec 4 ou 5 p. 100 de majoration, les titres dont ils l'ont privé arbitrairement. Les dépôts servent à dépouiller les déposants.

II

L'existence d'une oligarchie financière, maîtresse de l'épargne, soulève des questions d'une gravité suprême, des questions vitales, au point de vue de l'intérêt du pays et de la moralité publique. L'une de ces questions est celle des rapports que les gouvernements, les ministres de la République, entretiennent avec l'oligarchie financière (établissements de crédit et haute banque). C'est un sujet des plus délicats. Il suffira de l'exposer dans ses grandes lignes pour qu'apparaisse une fois de plus la nécessité de modifier notre régime des banques.

Rapports des gouvernements avec l'oligarchie.

Disons-le de suite à leur décharge, nos ministres sont à la merci de l'oligarchie financière. N'ont-ils pas affaire à la puissance moderne la plus formidable, à l'immense force occulte de l'argent? Et l'État a toujours besoin d'argent. Il a besoin d'argent, parce que ses recettes ne rentrent pas au moment voulu pour solder ses dépenses. Tandis que le recouvrement des impôts s'opère irrégulièrement, les frais d'administration, fonctionnaires, armée, marine, doivent être acquittés à date fixe. En outre, l'État est comme un particulier : soucieux de sa tranquillité, il veut avoir toujours devant lui quelque avance. L'État doit donc chroniquement emprunter. Il emprunte de deux ma-

L'oligarchie maîtresse.

nières : ou il émet des Bons du Trésor à court terme, ou il fait des appels au compte courant à la Banque de France, mais cette dernière ressource est limitée. On sait, d'autre part, qu'il n'existe plus de banques moyennes en concurrence les unes avec les autres et que nous vivons, en France, sous le régime des grandes banques coalisées. Quand donc l'État veut émettre des Bons du Trésor, en échange d'avance de fonds, il doit composer avec l'oligarchie financière. Cette dernière est maîtresse de la situation.

Il arrive alors ceci : l'oligarchie, sollicitée, se fait tirer l'oreille, elle se plaint hypocritement de la dureté des temps, elle gémit que la politique du gouvernement porte atteinte au crédit de l'État, etc. Ceci n'est pourtant que le régime normal. Il y a des cas plus graves. Par exemple, quand le budget est en déficit, quand le gouvernement prépare un emprunt ; c'est alors que l'État est tout petit devant l'oligarchie financière. Comment se passer de celle-ci ? Elle a les capitaux, elle a l'oreille de l'épargne. En dehors d'elle, tout emprunt est voué à l'échec certain. Au contraire, avec son organisation, ses truquages de souscription, sa cuisine professionnelle, l'oligarchie financière est experte en l'art de donner une apparence d'énorme succès à toute émission.

.a baisse de rente un yen de pres-o.

Un autre moyen de pression des grandes banques sur le gouvernement consiste à laisser baisser la rente, car les ministres sont généralement très sensibles à toute dépréciation des fonds nationaux. La baisse de la rente inquiète, irrite profondément la catégorie nombreuse des petits et moyens capitalistes, elle provoque un mécontentement général, entretenu et aggravé par les campagnes des journaux conservateurs, hostiles à la politique de gauche. Pour défendre les cours de la rente, l'État a la ressource de faire acheter des titres par la Caisse des dépôts et consignations, les Caisses d'épargne, la Caisse nationale des retraites pour la vieillesse, toutes institutions qui sont directement ou indirectement sous sa dépendance; mais si ces moyens sont insuffisants, et ils le sont quand on poursuit une propagande systématique en vue d'effrayer le rentier, le gouvernement est obligé d'implorer le concours de la haute banque, et de supplier celle-ci d'acheter de la rente pour en relever les cours. L'oligarchie pose alors ses conditions.

L'accord s'établit plus ou moins facilement, suivant les circonstances, selon les ministres. Sous le gouvernement de M. Combes, la rente baissa dangereusement; elle se releva, comme par enchantement, dès l'avènement de M. Rouvier. Pourtant, ce dernier se déclarait, lui aussi, partisan de l'impôt sur le revenu, mais le fait n'avait plus la moindre importance.

Comment la haute banque se fait payer ses services.

Il va sans dire que la haute banque se fait payer ses services. Ne croyez pas qu'il s'agisse ici de décorations. Tout financier qui se respecte est chevalier de la Légion d'honneur, il n'a plus rien à demander de ce côté, il apprécie d'ailleurs beaucoup plus la monnaie d'or que la monnaie de singe. Non, la base des négociations entre la haute banque et le ministre des finances est toujours la même : elle a trait, invariablement à l'introduction de valeurs étrangères à Paris. Ce que la haute banque exige du ministre des finances, c'est qu'il ne fasse aucune opposition à l'émission en France de tel ou tel fonds d'État étranger.

Entendez bien ceci : les emprunts russes, les emprunts bulgares, les émissions brésiliennes, etc., rapportent d'énormes profits à l'oligarchie financière ; le ministre le sait, il pourrait gêner ces opérations en refusant la cote officielle aux nouveaux titres, il défendrait ainsi l'épargne, mais il préfère se mettre du côté de la haute banque. De ce marché, nous allions dire de ce maquignonnage, l'épargne fait les frais. Et c'est humain. L'épargne ne peut pas se venger, au lieu que l'oligarchie a la dent longue. On a besoin d'elle aujourd'hui, demain, toujours.

En tête à tête avec le ministre.

Jusqu'ici, nous avons considéré les rapports de l'oligarchie financière avec l'État, et nous avons montré qu'en raison de l'omnipotence des grandes banques, maîtresses de l'épargne, l'État était dans une situation d'infériorité et ne traitait pas, avec les établissements de crédit, d'égal à égal. Il faut maintenant examiner les rapports de l'oligarchie financière, non plus avec l'État, mais avec le ministre, avec l'homme faible que Dieu, paraît-il, tira du limon, et qui doit rester exposé aux tentations, tant que durera sa vie terrestre.

Eh bien, si le lecteur réfléchit une seconde à une question à laquelle il n'a peut-être jamais pensé, il conclura, comme nous, que c'est une aberration, une folie de laisser un homme seul négocier, avec toutes les banques coalisées du pays, des affaires qui mettent en jeu des centaines de millions et des milliards. Oui, c'est une folie. Nous n'avons pas besoin, pour l'établir, de nous réfugier derrière l'Évangile affirmant que la chair est faible et corruptible : le bon sens suffit. La probité humaine est chose relative, elle résiste à certaines épreuves, elle succombe à certaines pressions. Dans les conditions où le ministre des finances, en France, prend ses décisions, sans contrôle, sans autre sanction que celle de sa conscience propre, il faut qu'il soit un homme d'un désintéressement extraordinaire pour remplir impeccablement ses fonctions. Chacun pensera que c'est un régime hasardeux que celui qui suppose l'accession ininterrompue au pouvoir de caractères exceptionnels.

En vérité, cette hypothèse, une coïncidence prolongée d'hommes vertueux se remplaçant, sans solution de continuité, au ministère des finances, est de nature à faire sourire, quand on songe à la réalité...

Triste état de choses.

A propos d'un passage de notre premier article, où nous effleurions déjà ces dures vérités, quelqu'un nous a reproché nos « insinuations ». Oh ! nous n'insinuons rien, nous parlons clairement. Les faits le montrent, il n'y a eu que peu d'hommes d'État républicains qui aient défendu les droits de la nation contre l'oligarchie financière. Cela ne veut pas dire que tous nos ministres des finances aient été corrompus. Certains ont été sans doute intègres et ne se sont courbés que par faiblesse, mais d'autres ont pactisé délibérément avec la haute banque, lui ont vendu leur concours, ont reçu d'elle des sommes d'argent, des avantages pécuniaires, des participations dans ces emprunts étrangers qu'ils autorisaient. Tel est l'état de choses qui a régné en France à de certaines périodes.

ne com-sion d'un lion.

Dans une grande opération sur des rentes étrangères, un ancien ministre des finances reçut une commission de plus d'un million. On ne l'a pas photographié, sans doute, encaissant cette somme, mais une grande banque eut la maladresse de lui écrire qu'elle tenait l'argent à sa disposition. Fait des plus significatifs et des plus graves : le ministre des affaires étrangères n'approuvait pas l'opération ; en échange du gros concours pécuniaire qu'on demandait à la France, il voulait stipuler pour elle des avantages, en un mot, il faisait des difficultés. Pendant ce temps, notre ambassadeur, intéressé dans l'affaire (il reçut pour sa part 250.000 francs), négociait avec le gouvernement étranger pour le compte des banques françaises, à l'insu de son chef hiérarchique, il écrivait en secret à l'ancien ministre des finances et aux banquiers à Paris, il leur indiquait la conduite à suivre, les précautions à prendre pour paralyser le ministre hostile. Mentionnons aussi ce détail curieux : une fois l'affaire engagée irrémédiablement et presque conclue, le diplomate avisé adressait au ministère des lettres où, pour se couvrir, il affectait de critiquer l'opération dont il était, en réalité, l'artisan. En cette occasion, comme en d'autres, le ministre récalcitrant dut céder. L'oligarchie financière dressa ses puissantes batteries, elle avait ses créatures au Parlement, dans la presse. Une campagne d'intrigues et d'insinuations malveillantes rendit bientôt la vie impossible au ministre. On le bouscula, on le violenta, on lui ferma la bouche. Finalement, la force de l'argent resta maîtresse...

Autre exemple : un groupe financier demande l'inscription à la cote officielle d'obligations d'un chemin de fer sud-américain. Notez ceci : le ministre de la France est contre, il établit, dans un rapport, qu'il s'agit d'une affaire douteuse; le ministre des affaires étrangères est contre, il endosse les conclusions du diplomate. Que fait, cependant, le ministre des finances? Il passe outre, il use de son droit de souverain, il autorise la cotation à Paris de ces titres peu sûrs... Autre cas.

Nous connaissons de même un emprunt sud-américain patronné par le Crédit Lyonnais, dont l'introduction a été particulièrement choquante. On savait, c'était une chose notoire, que les banques allemandes avaient un stock énorme de ce papier à écouler, qu'elles l'avaient payé très bon marché, et qu'elles voulaient le repasser au public français avec un gros bénéfice. D'autre part, il s'agissait d'un pays où nous ne jouons économiquement aucun rôle, dont, par contre, tout le commerce et l'industrie sont entre les mains de l'Allemagne, de l'Angleterre et de l'Amérique. Évidemment, ce n'était pas à la France de fournir un fonds de roulement à un État avec lequel elle ne fait pas d'affaires, où d'autre part ses concurrents directs s'enrichissent. Telle était, du reste, en premier lieu, l'opinion du Une étrange introduction.

ministre des finances et celle du comité des agents de change. Aussi tous deux s'opposaient à l'admission, mais, subitement, ils changèrent d'avis et l'autorisation de coter les titres au Parquet fut accordée par le ministre. A quelles nécessités « supérieures », ici encore, a-t-on sacrifié l'épargne?

Rien ne serait plus contraire à l'intérêt de notre thèse que de transformer ces articles en chroniques scandaleuses aboutissant à discréditer telle personnalité morte ou vivante. Ce n'est pas nous qui ferons jamais cette besogne. Il nous suffit d'avoir montré que sous le régime actuel, dans l'autorisation des grandes émissions étrangères, les considérations nationales et patriotiques comptent peu. A l'origine de ces grandes opérations absorbant des dizaines et des centaines de millions d'argent français, on n'aperçoit, quand on regarde les choses froidement, que l'intérêt personnel de quelques individualités financières et politiques.

III

Corruption générale de la presse.

Nous venons de voir l'oligarchie financière dominant le gouvernement, soudoyant les ministres; nous devons maintenant mettre le doigt sur un état de choses encore plus pénible, la corruption presque universelle de notre presse, payée, vendue, inféodée aux puissances de l'argent. Les grandes banques, en effet, payent la plupart des journaux. Ceci se passe au xxe siècle, en France, sous le régime du suffrage universel et de l'égalité des citoyens. Jamais le tsar, avec ses terribles moyens de répression, avec ses cosaques, avec son knout, n'a obtenu, en Russie, le silence dégradant dont jouit d'ordinaire l'oligarchie financière en France.

Comment on double les mensualités.

Nous citerons le fait suivant : quand éclata la guerre russo-japonaise, les grandes banques doublèrent les mensualités de leurs journaux, elles distribuèrent des sommes énormes à une importante partie de la presse politique et financière du pays. Pourtant, il n'y avait, à cette époque, aucune émission en cours, aucun emprunt conclu. Alors, pourquoi payait-on ? C'est bien simple : on payait les journaux pour insérer des communiqués tendancieux sur la guerre en Mandchourie, on payait les journaux pour publier de fausses nouvelles sur la situation intérieure en Russie, on payait les journaux français pour tromper l'opinion française, pour lui déguiser la vraie situation.

Oh ! certes, le mal que nous signalons n'est pas nouveau. Il y a de nombreuses années, quand se posa la question du renouvellement de la Banque de France, notre grand établissement national, lui aussi, doubla les « rations », il réussit, par ce moyen, à désarmer toute hostilité. Notre presse peut donc arguer que si elle est libre et indépendante, politiquement parlant, ce qui est vrai, il est de tradition qu'en matière financière elle se vende au plus offrant. Cette vénalité même est tellement entrée dans les mœurs, qu'elle est acceptée et considérée comme toute naturelle par les gens du milieu; mais le public ne soupçonne que vaguement ces pratiques, il ne sait pas à quel point il est joué...

La corruption de la presse une industrie organisée.

Voyons comment les choses se passent. Quand les établissements de crédit font une émission, ils dressent « un budget de publicité ». Entendez par cet euphémisme qu'ils arrêtent une liste de journaux et de personnes auxquelles il sera distribué de l'argent. Il s'agit, bien entendu, de désarmer toutes les oppositions et de s'assurer, autant qu'on le peut, tous les concours.

Cependant, les banques ne répartissent pas elles-mêmes leurs fonds secrets. La corruption de la presse est une industrie organisée et même centralisée. Au point de vue financier, deux ou trois personnes la monopolisent. On les appelle techniquement des distributeurs de publicité; en langue vulgaire, ce sont les corrupteurs de la presse. Les banques traitent avec eux à forfait, elles leur payent en bloc une certaine somme; en échange, elles obtiennent le concours ou la neutralité de la plupart des journaux de France et de Navarre. Une critique se produit-elle dans un organe de quelque importance, aussitôt messieurs les distributeurs de publicité s'occupent d'arranger l'affaire : ce sont des acheteurs de silence.

Qu'un tel métier puisse s'exercer à l'abri des lois, qu'il soit permis d'acheter les consciences directrices d'un pays, ouvertement, publiquement, qu'un gouvernement étranger soit laissé libre de subventionner notre presse à nous, de la diriger, de l'inspirer, c'est une situation si extraordinaire, à première vue, qu'on se refuse à y croire, mais l'état de choses qui règne en France est plus réaliste encore. Pour le décrire, il faudrait la plume de Balzac. Les corrupteurs de la presse ne sont pas de pauvres honteux qui travaillent dans l'ombre, ce sont des personnages officiels, on les traite avec égard, on les comble d'honneurs, ils sont les représentants d'une fonction sociale. Les corrupteurs de la presse ont des relations intimes avec les ministres, ils sont reçus par eux à toute heure. Le gouvernement les décore. Au mois de février 1907, le distributeur des fonds russes a été nommé officier de la Légion d'honneur. Il y a quelque temps, un corrupteur de la presse offrait un déjeuner de chasse à ses amis dans un château. Ses hôtes étaient des plus illustres. Il y avait à sa table M. le ministre des finances, M. le gouverneur de la Banque de France, M. le Gouverneur du Crédit foncier, des administrateurs de nos établissements de crédit, etc. ; bref, les plus hautes personnalités du monde financier s'étaient rendues à son invitation.

Assurément, nous n'avons pas la prétention de moraliser notre époque. Elle comporte, en même temps qu'un merveilleux développement du savoir et du travail humains, tout un côté de décomposition et de pourriture. Cependant, le législateur, s'il veut faire œuvre utile, doit connaître ces dessous. La pudeur n'est pas de mise, quand on fait des lois. Une chose est claire : dans notre société, quand on a l'argent, on a la presse et, par conséquent, l'opinion.

IV

Au point de vue de la défense nationale.

Continuant l'énumération des graves problèmes que soulève l'omnipotence de nos établissements de crédit, nous devons examiner la question sous un autre aspect : celui de la défense nationale.

Trois ou quatre sociétés financières groupent entre leurs mains les ressources liquides de la France : elles ont cet argent en dépôt. Supposons une guerre. Dans quelle mesure et dans quel délai ces dépôts pourraient-ils être restitués? Nous ne savons, personne ne sait, le gouvernement lui-même ne le sait pas, car il n'a aucun moyen de contrôler les déclarations des sociétés de crédit!

A lui seul, le Crédit Lyonnais possède les quatre septièmes du fonds de roulement de la France. Or, le Crédit Lyonnais soutient les fonds russes, il rachète des fonds russes en Bourse pour les empêcher de baisser. Il a en outre un portefeuille d'effets d'étrangers ; de quelle importance, de quelle composition, on l'ignore. D'autre part, il prête à l'Allemagne, à longue échéance, des centaines de millions. Des questions analogues, plus graves même se posent pour les autres sociétés de crédit.

Maintenant, voyez la situation. Qu'une guerre éclate, il faut non seulement mobiliser les troupes, il faut aussi mobiliser les capitaux, les rendre disponibles pour l'émission d'un grand emprunt français. Si ces capitaux sont convertis en des rentes russes invendables ou bien en papier allemand que notre adversaire se garderait bien à ce moment de rembourser, quel désastre pour notre malheureux pays!

Pouvons-nous mobiliser nos capitaux?

Il n'y a pas de phrases à faire sur un tel sujet. Les faits sont si clairs! Un enfant comprendrait. Ou bien le mot de défense nationale, auquel nous consacrons tous les ans un milliard du budget, n'est qu'une expression vide de sens, il est faux que nous tenions à la conservation de notre race, à l'intégrité de notre territoire, ou s'il en est autrement, comment pourrions-nous être indifférents à l'idée que la presque totalité de l'argent disponible de la France est manipulée sans contrôle par quelques personnes, que cette somme colossale, ce trésor de guerre peut nous faire défaut au moment suprême?

M. le ministre de la guerre mobilise de temps à autre ses troupes à titre d'expérience. M. le ministre des finances a-t-il, lui, la certitude qu'il pourrait mobiliser aussi bien ses capitaux? Ce doute terrible suffirait à poser devant le pays la question des banques.

V

Maîtres du marché.

Pour d'autres raisons, la dictature de plusieurs grandes banques n'est pas tolérable : détenant tout l'argent disponible, ce sont elles presque exclusivement qui font les avances de fonds aux spéculateurs de la Bourse (plusieurs centaines de millions tous les mois sont prêtés en «reports »). Ceci rend nos grands établissements maîtres du marché à terme. Selon qu'ils ouvrent ou qu'ils ferment la soupape du crédit, ils produisent à volonté la hausse ou la baisse. Remarquons qu'ils opèrent à coup sûr. Comme ils fournissent l'argent des reports, ils connaissent les « positions » des acheteurs, ils apprécient très exactement leur faiblesse ou leur force. Dans ces conditions, c'est un jeu pour eux d'accentuer la tendance en refusant ou en accordant des capitaux au marché.

Hausse et baisse à volonté.

Rappelons cette confession de M. Neymarck. Nous l'avons déjà citée (numéro du *Rentier* du 17 novembre 1906). Il disait : « Nos grands établissements de crédit sont les régulateurs du marché, ils exercent une influence très grande, sinon absolue, sur ses mouvements. » Le même auteur écrit de temps à autre, dans son journal, des phrases comme celles-ci : « Ce qui aide surtout à la bonne tenue du marché et à la hausse des valeurs, c'est *la perspective de grosses émis-*

sions financières pour le compte des gouvernements étrangers et de sociétés diverses. (Souligné dans le texte.) Par expérience, on sait que les émissions n'ont chance de succès que quand elles s'accomplissent sur un marché bien disposé et en hausse. » — « Il faut tenir compte aussi, parmi les causes qui motivent la ferme tenue du marché, de l'abondance croissante des capitaux en quête d'emploi, la *préparation* et la mise en exécution de plusieurs opérations financières tant en France que sur les places étrangères. » (Extraits divers du *Rentier*.)

Autrement dit, quand les établissements de crédit ont une émission en vue, pour la faire réussir, ils organisent un mouvement général de hausse; mais s'ils ont une telle puissance, c'est qu'il n'y a plus sur notre marché de concurrence et de libre jeu. Personne, d'autre part, n'a la naïveté de supposer que des sociétés financières ayant le pouvoir de déterminer à volonté des fluctuations de Bourse ne tirent pas parti de cette situation pour leur compte personnel aux dépens du public. Encore une source de bénéfices occultes qui n'apparaît pas dans les comptes, et pour cause.

Il est inutile de noircir du papier pour montrer que cette mise en monopole du marché financier au profit de quelques sociétés privées est un fait contraire à l'intérêt public.

VI

Deux abus corrélatifs.

Une autre vérité capitale à mettre en relief est la suivante : l'existence d'une oligarchie financière fonctionnant d'une manière bureaucratique et s'abstenant de toute création d'entreprises a pour contre-partie inévitable les excès de la petite finance écoulant des titres d'une valeur nulle ou douteuse. Il est facile de montrer que ces deux phénomènes se tiennent et que l'un ne va pas sans l'autre. On sait que la politique des grands établissements de crédit consiste à orienter les capitaux français vers les placements en fonds d'États étrangers, ces émissions ne nécessitant aucun travail, ne créant aucune responsabilité aux banques et rapportant d'autre part à celles-ci d'importants bénéfices; mais cette politique a l'inconvénient de laisser sans emploi les facultés d'initiative des capitalistes. Or, ces facultés existent, elles veulent s'exercer.

Le dérivatif du jeu à terme.

Les établissements de crédit s'efforcent de trouver un dérivatif à l'esprit de spéculation en l'orientant vers les opérations de Bourse à terme, ils amusent leurs clients en les faisant jouer à la hausse et à la baisse sur les valeurs. Beaucoup de leurs succursales deviennent ainsi des tripots. Disons incidemment que le joueur est « carotté », triché là comme ailleurs : on exécute ses opérations au « cours moyen » qui n'existe pas. Ce n'est là pourtant qu'un petit côté de la question. L'important est le gaspillage d'une force perdue qui se consume sans rendre service au pays.

En effet, rien n'est plus inutile ni plus stérile, socialement parlant, que le « jeu en soi ». Il aboutit à des déplacements de richesse, mais en lui-même il ne crée rien. Pour cette raison, les spéculations à terme ne peuvent attirer que les esprits aventureux, casse-cous et déséquilibrés, ou bien les débutants que l'expérience n'a pas encore assagis. La grande masse des capitalistes est plus pondérée, elle répugne au jeu du hasard, elle rêve seulement de s'intéresser à des entreprises viables industrielles ou minières susceptibles de payer un gros intérêt aux fonds engagés. Ce qui la tente, ce qui l'aiguillonne, c'est l'idée du placement fructueux.

L'oligarchie financière avec ses insipides émissions de fonds d'État, immoralement assaisonnées de jeu à terme, est impuissante à réaliser ces aspirations. Celles-ci se compriment donc, elles s'accumulent jusqu'au jour où elles se satisfont comme elles peuvent, au petit bonheur. Le proverbe dit que, faute de grives, on prend des merles.

Qu'a-t-on créé pendant la dernière période d'affaires?

On a remarqué que dans les grands pays capitalistes de plus en plus solidaires, il y a des périodes de stagnation relative et des périodes d'activité, d'échauffement, d'effervescence pendant lesquelles l'esprit d'initiative des porteurs de capitaux est surexcitée au plus haut degré. Nous avons traversé précisément en 1906 une de ces périodes vibrantes. Quel parti en avons-nous tiré? L'industrie, le commerce du pays ont-ils bénéficié d'un apport de capitaux leur permettant de prendre une plus grande extension? A-t-on créé des entreprises nouvelles en France? A-t-on amorcé de grands travaux publics, a-t-on fondé, en résumé, quelque chose?

La réponse à toutes ces questions est tristement négative. Nos établissements de crédit n'ont pris aucune part à ce mouvement spéculatif, ils n'ont pas essayé de le canaliser et de l'orienter dans un sens plus fécond, en faisant dériver par exemple l'argent du public vers nos grandes industries françaises qui souffrent toutes d'un outillage défectueux et d'un fonds de roulement insuffisant. Non, pendant cette période d'affaires, ils se sont bornés à servir à l'épargne leur éternel menu de grandes émissions étrangères, leur monotone « ordinaire », l'emprunt serbe, les obligations de chemins de fer américains, Pennsylvania, New-York-Newhaven, etc.

Ce n'est pas leur rôle de créer des entreprises industrielles, diront-ils; mais si ce n'est pas leur rôle, ce n'est alors le rôle de personne, puisque les établissements de crédit ont tué toutes les banques provinciales et restent seuls à représenter dans notre pays l'activité directrice. Nous n'inventons rien, c'est bien un fait, n'est-ce pas? que, depuis quinze ans, ils orientent toute l'épargne française. Alors, ils veulent bien orienter celle-ci quand il s'agit de valeurs étrangères, ils ne le veulent plus quand il s'agit de valeurs nationales, ils se rappellent alors subitement qu'ils sont des banques de dépôts!

Les valeurs éruptives.

Le résultat de cette impuissance ou de cette abstention systématique est le suivant : les capitalistes auxquels l'inaction pèse et qui veulent employer leur argent à toute force, tombent entre les mains des petites banques d'émission, la plupart peu sérieuses, mal outillées, nullement en état, toute question de moralité mise à part, d'étudier et de mettre sur pied des entreprises de bon aloi.

En fait, il arrive ceci : comme les grandes banques ne remplissent pas la fonction, comme les banques moyennes ne sont plus là pour la remplir, pendant les périodes d'activité spéculative, c'est aux petites banques d'émission que revient momentanément la tâche de diriger l'épargne française. C'est alors une végétation, une floraison de petites valeurs parasites presque toutes étrangères, à fondement souvent discutable. M. Neymarck donne à celles-ci le nom de « valeurs éruptives ». Le mot est pittoresque. Seulement, M. Neymarck n'aperçoit pas que l'éruption est précisément un phénomène morbide. Il devrait remonter aux causes de la maladie. Il constaterait alors que, comme le jeu à terme, l'émission de petites valeurs aléatoires est, somme toute, le seul dérivatif qui reste actuellement à l'esprit de spéculation dans notre pays, étant donné que les grandes banques ne lui donnent aucun aliment.

CONCLUSIONS

Nous avons décrit le mal. Il est grand, il est profond. En nous bornant à certains points indiscutables, nous allons formuler maintenant nos conclusions.

Nécessité d'une réglementation des grandes banques de dépôts.

Tout d'abord l'État peut-il réglementer les établissements de crédit, imposer à leur activité des limites, exercer sur eux un contrôle? Une telle intervention de l'État ne créerait pas un principe juridique nouveau. L'État est le gardien de la richesse nationale. L'État prescrit les conditions dans lesquelles la Banque de France et le Crédit Foncier peuvent utiliser leurs capitaux, l'État vérifie la gestion des grandes compagnies de chemins de fer, il surveille l'emploi des fonds des sociétés d'assurances.

En fait, la règle est la suivante : toute puissance financière ayant atteint un certain développement, qui détient une importante partie du patrimoine national, cesse *ipso facto* d'être une institution privée. Il n'en peut être autrement. Dans le cas contraire, cette puissance serait un État dans l'État, et, considération plus grave encore, quelques citoyens géreraient sans contrôle le bien de tous, hypothèse qui jure avec nos institutions. De ceci, il résulte que nos établissements de crédit, manipulant plusieurs milliards d'argent sans aucune sanction, vivent en réalité sous un régime d'exception. Leur cas est une anomalie criante, une monstruosité juridique.

Quelle absurdité, en effet! Ces grandes sociétés qui possèdent la fortune liquide du pays dans leurs coffres sont soumises à la même législation que le banquier ordinaire opérant avec ses propres capitaux, à ses propres risques. Comme ce capitaliste individuel, elles se réclament du dicton : « Charbonnier est maître chez soi. » Est-ce possible, en vérité? Ces grandes sociétés peuvent engager des centaines de millions qui ne leur appartiennent pas, qu'elle ont en dépôt, dans des opérations financières plus ou moins spéculatives, sans que personne en soit avisé, sans que personne puisse les contrôler, même après coup, puisque ces opérations restent ignorées, puisqu'elles sont déguisées, dissimulées, noyées dans une comptabilité rendue obscure à dessein!

Un tel état de choses n'est-il pas inadmissible, ne constitue-t-il pas un danger public? Sur la nécessité d'une réglementation, d'un contrôle quelconque des grandes sociétés de crédit par l'État, tout le monde donc est d'accord. La concentration des banques est un fait récent, elle s'est opérée dans les quinze dernières années. Il est impossible de soutenir que le système des banques étant devenu tout autre, le monopole ayant remplacé la concurrence, la législation doit cependant rester la même.

Avant tout la sécurité des dépôts.

Dans quel sens le régime des grands établissements de crédit est-il à modifier? Ici, pas d'hésitation non plus. Le premier devoir de l'État est de veiller sur la sécurité des dépôts. Par suite, l'État doit exiger que ces dépôts soient employés dans des opérations d'une nature déterminée, ne présentant presque pas d'aléas, tels que l'escompte commercial, le change, les affaires de banque ordinaires. L'État doit, par contre, interdire que les dépôts soient employés dans des souscriptions d'émission, dans des spéculations de Bourse, dans des avances à des gouvernements étrangers, etc., toutes opérations qui, les conjonctures aidant, peuvent mal tourner et provoquer un désastre national.

En rendant légale cette prescription, l'État ne fera d'ailleurs qu'assurer l'exécution du contrat tacite qui lie actuellement l'établissement de crédit au déposant Si ce déposant perçoit un intérêt des plus faibles (1/2 à 3/4 p. 100 par an), c'est qu'il exige que son argent soit remboursable à vue, ou, selon le cas, à très brève échéance; cela revient à dire que cet argent ne peut être immobilisé ni compromis. L'esprit du contrat est qu'on doit l'employer exclusivement dans l'escompte des effets de commerce. L'établissement de crédit verse au déposant 1/2 ou 3/4 p. 100 d'intérêt. L'escompte commercial lui rapporte 3 p. 100. La différence doit constituer son bénéfice.

Si l'argent des dépôts est employé différemment, c'est à l'insu du public et contre son gré.

Séparation des banques de dépôts et des banques d'affaires.

La grande réforme à introduire, c'est donc de consacrer par la législation *la séparation absolue des banques de dépôts et des banques d'affaires*. Les banques de dépôts devront se confiner dans les opérations classiques et régulières, les banques d'affaires seules s'occuperont de reports, d'émissions, de créations d'entreprises, de spéculations de Bourse. L'évolution capitaliste conduit d'ailleurs à cette différenciation tout naturellement par le fait des crises inévitables, dans lesquelles les banques de dépôts finissent toujours par sombrer, quand elles sont en même temps des banques d'affaires.

En Angleterre, la séparation des deux sortes de banques est un fait accompli : elle a été l'aboutissant d'une longue série de désastres. Parmi les plus sensationnels, on peut citer ceux de la Borough Bank, de la Western Bank of Scotland qui avait 101 succursales, de la Northumberland and Durham District Bank, de la City of Glasgow Bank, etc. Un détail caractéristique a été le suivant : toutes ces banques mixtes de dépôts et d'affaires ont distribué des dividendes satisfaisants et produit des bilans favorables jusqu'au dernier moment, mais la fausseté de leurs écritures a été établie par la suite !

En Allemagne, la question est dans l'air.

En Allemagne, la séparation des deux sortes de banques n'a pas encore été effectuée. Cependant, depuis les faillites retentissantes de la Leipziger Disconto-Gesellschaft et de la Leipziger Bank qui, elles aussi, publièrent jusqu'à leur dernier souffle les bilans les plus beaux du monde, il existe un mouvement d'idées en faveur de cette séparation. Il a été créé par feu le banquier César Strauss. Il est représenté actuellement par le député comte d'Arnim, le professeur Warschauer, etc. Comme on le voit, cette réforme, la séparation des banques de dépôts et des banques d'affaires, est dans l'air, elle tend à s'imposer dans les grands pays capitalistes, elle est la solution de l'expérience.

En France nombreuses catastrophes.

En France, les catastrophes des banques diverses n'ont pas manqué. Depuis 1874 on a vu sombrer le Crédit général français, la Banque générale de Crédit, la Société française financière, la Société générale française de Crédit, la Banque nationale, le Crédit de France, le Crédit de Paris, le Crédit communal, la Société nouvelle, la Banque romaine, la Société financière de Paris, la Société de dépôts et de comptes courants, la Banque d'escompte de Paris, l'Union générale, la Banque de Lyon et de la Loire, etc. On a présent encore à l'esprit l'effondrement de l'ancien Comptoir d'Escompte de Paris.

C'est une règle pour ainsi dire absolue que les banques d'affaires, même les bonnes, après avoir rempli leur rôle, finissent par se ruiner dans des opérations malheureuses. Aucune institution financière ne réussit éternellement. La plus élémentaire prudence fait donc comprendre qu'une banque d'affaires ne doit pas recevoir de dépôts. En France, les établissements de crédit étant détenteurs de sommes énormes, leur faillite serait un cataclysme pour le pays tout entier. Attendrons-nous cette terrible éventualité pour prendre les mesures que la situation comporte?

Mesures de contrôle.

La séparation des banques de dépôts et des banques d'affaires étant une fois prononcée, il sera nécessaire, pour qu'elle soit respectée, d'édicter des mesures de contrôle. A titre d'exemple, nous en indiquerons ici quelques-unes :

1° L'État prescrira quel doit être le mode de comptabilité des banques de dépôts, ce que doit contenir exactement leur bilan;

2° Les banques de dépôts seront dans l'obligation de fournir au ministre des finances, à des intervalles rapprochés, l'état détaillé de leurs comptes et des renseignements complets sur le mouvement de leurs opérations;

3° Les écritures n'ayant de valeur qu'autant qu'on peut constater matériellement leur sincérité, des délégués du ministre des finances auront tous pouvoirs pour opérer les vérifications nécessaires et contrôler l'estimation des divers postes qui constituent la valeur de l'actif. Ils se feront représenter, s'ils le jugent utile, les valeurs de caisse et de portefeuille. Ils pourront prendre connaissance aussi des procès-verbaux du conseil d'administration.

De telles mesures ne peuvent nullement gêner dans l'exercice de ses fonctions une banque de dépôts dont les opérations sont purement routinières; elles ne la gêneront que si elle sort du droit chemin.

***

Du droit de l'État d'intervenir dans l'orientation des capitaux.

Que l'État veille à la conservation de l'épargne, qu'il empêche sa dilapidation, c'est son rôle, son devoir absolu. Mais une autre question se pose, celle-ci ne s'appuie pas sur la tradition, elle est essentiellement moderne, elle est née du développement récent de la richesse mobilière : l'État ne doit-il pas intervenir dans l'orientation des capitaux?

Non, vont répondre aussitôt les partisans du laisser-faire. La direction des capitaux est le domaine de la liberté, de l'initiative privée. L'État n'a rien à y voir. Initiative privée? Le mot est bientôt dit, mais pratiquement, l'initiative privée des capitalistes en matière financière est une jolie fiction. Nous ne connaissons pour le moment d'autre initiative et d'autre liberté que celles de trois à quatre sociétés qui font dans notre pays toutes les émissions. Cette liberté-là s'appelle, en français, monopole.

Quand on parle d'ailleurs d'une influence de l'État sur l'orientation des capitaux, on ne saurait entendre l'État s'improvisant directeur de l'épargne ou faisant preuve lui-même d'initiative financière. Assurément l'État actuel et peut-être aucun autre État ne serait apte à ces fonctions. Mais il se pose la question de savoir si l'État qui exerce un rôle de régulateur, de modérateur et d'arbitre dans tous les domaines où l'intérêt général des citoyens est engagé, n'a pas une mission du même genre à remplir en ce qui concerne l'emploi des capitaux en valeurs mobilières. Comme précisément, dans l'état actuel des choses, la direction de ces capitaux est le privilège exclusif de quelques personnes orientant la fortune de tous selon leur intérêt propre, on peut se demander sans verser dans l'utopie si l'État, en présence de cette situation de fait, n'a pas pour devoir d'intervenir.

Nous ne discutons pas ici les formes de cette intervention. Nous nous bornons à constater que sa nécessité paraît s'imposer de plus en plus à la conscience moderne. Les finances et les opérations financières occupent une place grandissante dans la vie de la nation. En les abandonnant à la discrétion de quelques particuliers, l'État aliénerait indiscutablement une partie de sa souveraineté. On le sait, du reste, la doctrine de l'ancien laisser-faire a vécu!

Influence des emprunts étrangers sur les destinées nationales.

N'oublions pas ces faits essentiels : en premier lieu, les emprunts étrangers font sortir de France des capitaux considérables qui peuvent être compromis, et qui, de toute manière, sont retirés de la circulation intérieure au détriment de notre commerce et de notre industrie. En deuxième lieu, les emprunts étrangers influent profondément sur nos rapports avec les puissances, ils pèsent sur notre politique extérieure, ils peuvent directement ou indirectement provoquer des guerres. Il est clair, il est évident que l'État devrait jouer dans la conclusion de ces emprunts un rôle prépondérant.

Nous venons de dire que les emprunts étrangers influent sur nos rapports avec les puissances. A la vérité, ils influent en bien ou en mal. Notons bien ceci : ils n'influent en bien qu'*avant* leur conclusion. A ce moment, on est intéressé à ménager la France, à lui faire des avantages et des concessions. Au point de vue diplomatique, l'emprunt qui n'est pas encore fait est une force. L'emprunt passé, par contre, est une charge, une faiblesse. Nous sommes les prisonniers de notre dette, les esclaves de notre argent. Avec l'emprunt futur, si nous savons nous y prendre, nous pouvons faire marcher les autres. Au contraire, avec l'emprunt passé, c'est nous qu'on fait marcher. Il n'y a pas longtemps, une grande puissance, notre débitrice, nous menaçait crument, si nous ne lui donnions pas d'argent, de ne plus payer nos coupons! C'est donc seulement au moment psychologique de la négociation des emprunts nouveaux que l'État peut obtenir des pays intéressés des avantages économiques ou politiques. Toutefois, il n'obtiendra ces avantages que s'il apparaît à leurs yeux comme le personnage principal, le souverain véritable qui dispense les capitaux français.

Mentalité politique et parlementaire.

D'autre part, cette autre observation s'impose : il importerait de modifier profondément la mentalité politique et parlementaire à l'égard de ces grandes émissions de valeurs étrangères. Dans sa séance du 12 février 1906, la Chambre discutait la nouvelle convention commerciale passée entre la France et la Russie, convention des plus onéreuses pour nous, puisque les produits russes, pour entrer en France, ne payent en moyenne que 8 p. 100 *ad valorem*, tandis que les produits français pour entrer en Russie doivent acquitter de 30 à 40 p.100 de droits. Cette convention soulevait les protestations presque unanimes du commerce, de l'agriculture française. Le croirait-on ? Quand un orateur voulait rappeler quels immenses services la France a rendus à la Russie en lui consentant des emprunts considérables et combien elle avait le droit de réclamer des avantages économiques en échange, M. le ministre du commerce protestait de son banc contre ce langage. Pour lui, l'argument était étranger à la controverse, il n'avait aucun poids, on ne pouvait l'invoquer. Ceci n'est-il pas suggestif ?

Il est à souhaiter, en vérité, qu'une évolution se produise à ce point de vue dans les idées des représentants du pays. Le droit du ministre des finances à autoriser la cotation de tel ou tel emprunt étranger devrait être discuté librement à la Chambre et au Sénat. Nos députés et nos sénateurs ont pour devoir d'interpeller le gouvernement aussi bien sur cet acte particulier de leur administration que sur les autres. On ne peut comprendre sur ce point leur fausse pudeur et leur timidité. Il est inconcevable que, dans des questions mettant en jeu des milliards d'argent français, ils restent neutres, silencieux, et s'abstiennent de toute intervention.

*
* *

La question des *emprunts* étrangers se rattache à une autre question encore plus générale et plus importante : celle de savoir quelle doit être l'attitude de

Le protectionnisme financier

l'État en présence de l'énorme importation de *valeurs étrangères* qui se poursuit en France. Des milliards de capitaux français, au lieu d'être consacrés au développement de notre commerce et de notre industrie, à la mise en valeur de nos colonies, sont exportés à l'étranger, prêtés à d'autres pays ou engagés dans des valeurs exotiques souvent des plus incertaines. Ce fait doit-il laisser l'État indifférent?

L'intervention de l'État dans l'orientation des capitaux pourra s'opérer sous la forme du *protectionnisme financier*. Par des taxes sur les valeurs étrangères, en certains cas par des prohibitions complètes, l'État s'efforcera d'endiguer l'excessive invasion des titres étrangers sur le sol français, exactement comme il modère ou interdit actuellement l'entrée des marchandises au moyen d'un tarif douanier. Si l'on admet que l'État ne sort pas de sa compétence, quand il réglemente l'importation en France des produits fabriqués en d'autres pays, en vertu de quelle logique oserait-on soutenir que l'État ne peut pas réglementer de même l'importation en France des valeurs étrangères? Est-ce que, théoriquement, le droit n'est pas le même?

M. Caillaux a posé le premier jalon du protectionnisme financier, en élevant de 1 à 2 p. 100 le droit de timbre sur les fonds d'États étrangers. Nous croyons qu'il est le précurseur d'une grande politique par laquelle l'État affirmera sa volonté de ne pas laisser les banques exporter des masses de capitaux français hors de nos frontières et, au contraire, les obligera, par une législation appropriée, à concentrer leur activité sur la mise en valeur et le développement de notre propre pays.

On ne manquera pas de mettre en doute l'efficacité de tout moyen de coercition s'exerçant en un tel domaine. Cependant, on aura bien tort. Les grands emprunts étrangers ne pourront jamais se placer en France par contrebande, et seuls ils représentent des sommes énormes. L'élévation des taxes et l'interdiction de coter auront donc raison de ceux-ci. Quant aux valeurs étrangères industrielles ou minières, on ne les atteindrait pas par une surélévation d'impôts, c'est évident, elles payeraient tout, mais on aura la ressource de prohiber totalement leur mise en vente ou leur émission, quand elles émaneront de sociétés n'ayant jamais publié de bilan ou donné de résultat.

A vrai dire, pour que cette mesure soit efficace, il faudra que l'on en vienne aussi à la réorganisation du marché financier. Le monopole exploiteur des agents de change, tempéré par les licences effrénées de la coulisse, n'est pas assurément un régime viable, il devra de toute nécessité faire place à un autre marché officiel composé de membres plus nombreux, répondant à certaines qualifications sévères, état de choses où la concurrence pourra supprimer les inconvénients du privilège, en permettant le contrôle supérieur de l'État.

Opposition à prévoir.

Cette application des idées protectionnistes à la finance heurtera, bien entendu, très profondément les intérêts des grandes banques. Il faut donc s'attendre à ce qu'elle soit vivement combattue, tournée en ridicule ou présentée comme rétrograde. Gare à certains articles de journaux, gare à certaines campagnes de presse!

En fait, le nationalisme économique ne s'inspirera d'aucun dogme excessif, il ne proclamera pas, comme son confrère le nationalisme politique, que les nations étrangères sont des ennemies ; il reconnaîtra, au contraire, la nécessité moderne pour un pays de participer au développement de la richesse et de la civilisation dans le monde entier; seulement, il affirmera cette vérité de bon sens qu'à l'exode d'argent national il faut une limite, il protestera contre la situation inique, absurde, de ces quinze dernières années : notre industrie, notre commerce abandonnés, privés de capitaux, tandis que des milliards d'argent français passent les frontières...

Nécessité de créer des banques provinciales.

Avant la réalisation de ces réformes, il y a sans doute à poursuivre une œuvre de propagande et d'éducation. Il faut organiser un mouvement de protestation contre la direction actuelle, antinationale des capitaux, il faut créer sans tarder une atmosphère favorable à la constitution de banques provinciales françaises analogues à celles qui existent en Allemagne et donnent chez nos voisins de si grands résultats. S'il est une vérité élémentaire, en effet, c'est celle-ci : des banques ayant leur siège social à Paris ne peuvent pas connaître les hommes et les besoins de la France entière. Seules, des banques régionales sont bien placées pour développer ces régions.

Espérons que nos ministres, députés, sénateurs, espérons que nos journaux indépendants de tous les partis comprendront la nécessité d'agiter devant l'opinion ces grandes questions économiques auxquelles l'avenir de la France est lié. On ne se doute pas de l'énorme mécontentement latent qui existe dans notre pays à l'égard de l'oligarchie financière. La politique de cette oligarchie lèse les intérêts de toute notre population : elle a contre elle les industriels, les commerçants qui ne peuvent transformer leur outillage, développer leurs affaires, faute de crédit; elle a contre elle les porteurs de valeurs dépréciées, tous les capitalistes ayant effectué de mauvais placements; elle a contre elle les hommes jeunes, actifs, ingénieurs, inventeurs, etc., qui ne peuvent rien entreprendre, rien créer, n'obtenant pécuniairement aucun appui; elle a contre elle enfin la grande masse populaire, la classe des salariés, pour qui toute chance d'amélioration, toute espérance de réforme sociale profonde est exclue, du moment que les grandes industries du pays restent dans un état chétif; bref, la politique de l'oligarchie financière a contre elle à peu près l'unanimité de la nation. Tout le monde, en France, souffre de cette politique. Seules, quelques personnes en profitent!

L'oligarchie financière contre la France.

Nous sommes donc tranquille. Le mouvement d'idées contre l'oligarchie financière est en marche. Il ne s'arrêtera pas. Dès maintenant, le but que nous poursuivons est atteint : la question des banques est posée.

La Réponse de Lysis aux Établissements de Crédit

CHAPITRE PREMIER

A la suite des critiques dirigées par nous contre l'oligarchie financière en France, la *Revue politique et parlementaire* a publié, sous la signature « Testis », une série d'articles ayant pour objet de contredire nos affirmations. Le ton de ces articles était nettement officieux à première lecture ; d'autre part, on n'a pas dissimulé depuis qu'un de nos grands établissements de crédit avait inspiré leur publication. Cette circonstance donne aux articles de Testis une portée qui n'échappe à personne, car s'il est intéressant d'écouter ce que nos grandes banques ont à dire pour se défendre, à un autre point de vue toute communication ou déclaration émanant de ces puissantes sociétés est particulièrement précieuse : elle apporte une occasion trop rare de connaître les idées et les manières de voir de la petite élite de citoyens qui a le privilège d'administrer souverainement l'épargne française. Il convient

Une réponse officieuse.

donc d'examiner de près la valeur des objections qui nous sont officiellement présentées.

Pas un atome de vérité dans nos dires.

Constatons d'abord cette première chose: l'auteur nous donne tort sur tous les points. Il prend chacune de nos affirmations l'une après l'autre et s'efforce de montrer qu'elle est fausse. Lysis dit q'uil y a monopole des banques en France. Ce n'est pas vrai : il n'y a pas monopole. Lysis dit que les établissements de crédit n'aident pas le commerce et l'industrie du pays. Ce n'est pas vrai: ils les aident beaucoup. Lysis dit que nos grandes banques placent trop de valeurs étrangères. Ce n'est pas vrai: elles n'en placent pas trop. Lysis dit que les comptes de nos sociétés de dépôts sont insuffisants. Ce n'est pas vrai: ces comptes contiennent tout ce qui est nécessaire. Nous n'avons pas de chance, tout ce que nous disons est inexact et il n'y a même pas dans nos écrits cette part de vérité qu'Herbert Spencer déclarait être en toute chose. Nous avons fabriqué un roman. Il n'y a pas d'établissements de crédit en France, ces établissements n'ont pas vendu 12 milliards de fonds russes à l'épargne française. Lysis l'a cru, M. Caillaux l'a cru, M. Aynard, M. Cambon, M. Jaurès aussi, et toute la Chambre, mais c'était de leur part illusion, chimère. Ce n'est pas vrai. Rien de de cela n'existe. Ah! puissiez-vous, Testis, avoir raison!

Testis commence par nier.

La première condition d'une discussion scientifique est de reconnaître les faits. On peut ensuite interpréter ceux-ci de diverses manières. Mais si l'on commence par nier l'évidence et déclarer qu'il fait jour en pleine nuit, on ne peut plus argumenter; on fait alors comme Testis, on raisonne à côté, on cite des faits et des chiffres, qui n'ont rien à voir avec le sujet, on publie des statistiques qui ennuient tout le monde et ne signifient rien, on s'étend à perte de vue sur des points secondaires sans rapport avec la question ; en un mot, on se donne l'air de discuter, alors qu'on évite avec le plus grand soin de toucher aux côté brûlants du problème. On tombe aussi continuellement dans l'incohérence et la contradiction.

Ensuite il avoue.

D'un bout à l'autre de son livre, c'est ce qui arrive à Testis. En même temps qu'il nous oppose chaque fois un démenti catégorique, il ne manque jamais d'entrer aussitôt dans un plaidoyer pour justifier les faits dont il ne reconnait pas l'existence. Quelle logique! Il nie qu'il y ait concentration des banques et soutient que cette concentration est nécessaire et constitue un progrès de l'évolution. Il nie que nos établissements de crédit se refusent à aider l'industrie nationale et déclare qu'ils ne peuvent le faire, que cela leur est interdit comme banques de dépôts. Il nie que les comptes de ces établissements soient incomplets et soutient la thèse qu'on a raison de les rédiger ainsi, qu'il est mauvais de renseigner le public, etc.

Une apologie.

En vérité, est-ce que ces dénégations maladroites, brutales, autant que ces demi-aveux, ces marchandages avec des vérités notoires peuvent laisser un doute sur la nature exacte de la réponse qui nous est adressée? On a dit que Lysis avait écrit contre les sociétés de crédit un réquisitoire. Un réquisitoire, soit, mais un réquisitoire fondé, motivé. A ce réquisitoire, il nous plaît de le constater, on n'a pas opposé une discussion impartiale et serrée, mais une apologie!

II

Testis ne reconnaît pas le monopole.

Prenons le fait le plus considérable dont les autres découlent: le monopole des grands établissements de crédit, leur mainmise sur l'épargne. Testis ne veut pas le reconnaître.

Pour qu'il y ait monopole, déclare-t-il, il faut qu'il y ait privilège légal, privilège de l'État. Les établissements de crédit ont-ils un privilège de l'État, ont-ils le droit exclusif d'émettre des billets ou de se livrer à des opérations qui ne seraient pas permises également aux autres banques? Nullement. Alors Lysis ne sait ce qu'il dit : il n'est pas vrai que les établissements de crédit jouissent d'un monopole (textuel). Ou cette discussion est une comédie ou elle s'adresse à des enfants, car nous n'avons pas écrit évidemment que les établissements de crédit jouissaient d'un monopole légal, mais d'un monopole de fait. Le lecteur est prié d'observer que ce n'est pas notre faute si le débat tombe à ce niveau.

Mais il le défend tout de même.

D'autre part, ce monopole des banques, qui n'existe pas, Testis s'efforce de le justifier. Il compare la situation de nos établissements de crédit avec celle de diverses sociétés industrielles *qui concentrent des ordres dans leur spécialité*, tels le Creusot et les Aciéries de la Marine pour le matériel de la guerre, la Manufacture de Saint-Gobain pour les glaces et les produits chimiques, etc. Son raisonnement est le suivant : si ces sociétés l'emportent sur leurs concurrentes, c'est que leurs produits sont meilleurs ; il en est de même des établissements de crédit, c'est par leur mérite et leurs qualités réelles qu'ils triomphent des organisations similaires.

Mon Dieu, il y aurait beaucoup à dire sur ce point. Le développement d'une entreprise capitaliste est-il toujours en rapport avec la valeur de sa direction et avec les services rendus au public, ne dépend-il pas souvent dans une large mesure des moyens d'action, des capitaux mis en œuvre, c'est une question à examiner. Il n'est pas certain non plus que la lutte économique, comme elle se poursuit de nos jours, soit un combat très loyal, où se rencontrent seulement de nobles chevaliers ; mais ces considérations nous mèneraient également très loin. Il suffit de montrer à Testis que son rapprochement entre les établissements de crédit et certaines sociétés industrielles très favorisées ne supporte pas l'examen. La spécialité des unes consiste à fabriquer des canons ou des navires, tandis que la « spécialité » des autres consiste à drainer et à gérer toute l'épargne du pays. Le monopole n'a pas la même importance dans les deux cas.

Un abus et un abus font deux abus.

Et puis, Testis, sachez le bien, si l'industrie métallurgique ou toute autre industrie fondamentale en France se groupait en consortium et constituait une organisation omnipotente comme le fait l'industrie de la Banque aujourd'hui, cela n'améliorerait pas du tout la situation de vos amis. Bien au contraire. La question de la concentration des capitaux ne ferait que s'élargir et se poser avec plus de force devant les gouvernements. L'intérêt général a trouvé sa garantie jusqu'ici dans l'état de concurrence. Si cette garantie lui manquait, il devrait la chercher ailleurs. Dans un pays où les industries seraient centralisées et obéiraient à des directions uniques, la loi ne pourrait pas, elle ne devrait pas être la même que si ces industries restaient morcelées en de nombreuses entreprises autonomes.

Testis nie de nouveau le monopole.

Mais pourquoi cette discussion? Elle est sans objet, s'il est vrai que le monopole des établissements de crédit n'existe pas. Car l'auteur, en même temps qu'il s'efforce d'excuser ou de justifier le monopole des banques, continue imperturbablement à nier sa réalité.

« Il faut croire, s'écrie-t-il, que la place financière n'est pas complètement absorbée, puisqu'en dehors des nombreuses banques parisiennes (*sic*) qui travaillent à Paris, des banques provinciales comme la Société Marseillaise, la Banque Privée de Lyon, Henri Devilder et Cie, Verley, Decroix et Cie, de Lille, — et des banques étrangères (*sic*) comme la Banque Russo-Chinoise, la Banque Russe pour le Commerce Étranger, la Banque I. R. P. des Pays-Autrichiens, la Banque Nationale du Mexique, la Banque de Rome, la Banque Suisse et Française, la Banco Francès del Rio de la Plata (*sic*), la Banco Español del Rio de la Plata (*sic*), la Banque Impériale Ottomane et d'autres encore exercent leur activité. »

Il résulte de cette déclaration que, pour neutraliser le monopole des grands établissements de crédit, il faudrait faire état de sept à huit banques exotiques ayant une succursale à Paris! L'argument est décisif... et bien sincère aussi, car Testis, qui vit dans les hautes sphères, sait dans quelle mesure ces sociétés étrangères concurrencent effectivement nos sociétés de dépôts; mais il fallait une liste assez longue pour faire impression, on l'a dressée comme on a pu.

Il existe encore quelques banquiers en France.

Il y a d'autre part, dans cette tentative de réfutation, un sophisme à signaler. Quand on constate que quatre sociétés financières sont pratiquement omnipotentes sur le marché, on ne veut pas dire assurément qu'en dehors de ces établissements, il n'existe aucune maison et qu'il est impossible, en fouillant dans l'Annuaire, de grapiller plusieurs douzaines de noms de sociétés plus ou moins importantes et poursuivant, sous l'étiquette de banques, des objets plus ou moins différents. Nous sommes prêts à concéder que, si avancé qu'on soit en France au point de vue de la concentration financière, on n'est pas arrivé encore à n'avoir que trois à quatre établissements payant patente. On n'en est pas là, on n'y sera peut-être jamais, car dans la vie, l'absolu n'existe pas, et l'on doit se contenter de l'à peu près.

Est-ce à dire qu'il faut se réjouir parce que les établissement de crédit n'ont pas encore tué tout le monde? Cela serait peut-être excessif. Au point de vue qui nous intéresse, il suffit de rappeler que quatre sociétés financières placent officiellement plus de la moitié des valeurs introduites en Bourse et en réalité en écoulent à leurs guichets les sept dixièmes. Qu'il subsiste à côté de ces sociétés quelques banques secondaires ou subalternes, la chose est relativement indifférente. Ce fait n'empêche pas les quatre sociétés prépondérantes d'être maîtresses du marché.

Ce que dit le « Journal des Économistes ».

Jugeant notre controverse, le *Journal des Économistes* a constaté qu'aucune banque ne possède en province cette organisation de succursales grâce à laquelle les grands établissements de crédit peuvent prendre contact avec tous les capitalistes du pays et, si besoin est, leur faire entendre à tous, à la même heure, le même conseil, qu'aucune banque ne peut donc leur faire effectivement concurrence.

La Banque de France subalterne.

Parlant du développement des établissements de crédit, de leur puissance, M. Jules Domergue observe que ces établissements en sont venus à subalterniser même la Banque de France.

« La Banque de France, dit-il, a vu se développer autour d'elle les grandes sociétés de crédit : elle avait tous les moyens de se rendre compte de leurs progrès, de leurs tendances, de l'évolution qui les poussait dans la voie stérilisante qu'elles suivent. Elle les a vues absorber peu à peu les banques locales, entamer les banques régionales, et, loin de réagir, comme c'était son intérêt et son devoir, elle a laissé faire. Et maintenant, elle s'aperçoit que son tour arrive et qu'elle est devenue le *simple caissier* de ces établissements, au lieu d'être restée leur banquier. » (*Réforme Économique* du 20 août 1905.)

Maintenant, laissons parler les chiffres. Dans *l'Économiste Européen* (mars 1908), M. Edmond Théry a montré les progrès réalisés par cinq sociétés de dépôts: Crédit Lyonnais, Comptoir d'Escompte, Société Générale, Crédit Industriel, Société Marseillaise et par la Banque de France, de 1882 à 1907, à vingt-cinq années de distance. A la fin de 1882, ces cinq sociétés avaient 614 millions de dépôts à vue et 275 millions de capital versé, soit une disponibilité de *889 millions*. Quel chemin parcouru depuis, quelle évolution! A la fin de 1907, les mêmes sociétés accusent 3.424 millions de dépôts à vue et 605 millions de capital versé, elles ont une disponibilité de *4.029 millions*. L'augmentation en vingt-cinq ans est de 300 p. 100.

L'évolution des banques en 25 ans.

Dans le même intervalle, les disponibilités de la Banque de France n'ont progressé que modérément, elles ont passé de 1.093 à 1.675 millions (excédent de la circulation fiduciaire, dépôts à vue et capital versé), augmentant de 50 p. 100 seulement. De ce côté, la situation s'est complètement renversée: il y a vingt-cinq ans, la Banque de France dominait les sociétés de crédit, les sociétés de crédit dominent la Banque de France aujourd'hui. Additionnant les chiffres, on trouve que les six grands établissement financiers désignés plus haut détenaient ensemble, à la fin de

1907, une disponibilité totale de *6 milliards de francs*[1].

Aucune concurrence possible.

Six milliards de francs à manier, à manipuler! Y a-t-il dans le pays un groupement de forces, nous ne disons pas équivalent, mais pouvant faire contrepoids dans une certaine mesure à ce pouvoir formidable, à ce colossal sac d'écus? Il n'y en a pas, il n'en existe pas l'embryon. Que Testis apporte ses petits pantins, ses banques de poupées que tout à l'heure il mettait sur la table pour « concurrencer » l'oligarchie, qu'il les dresse devant nos sociétés de dépôts et notre Banque de France marchant la main dans la main et se donnant un mutuel appui, on verra l'effet produit. Oui, l'organisation qui réunit une telle masse de capitaux est seule, elle est unique, elle n'a devant elle que des rivaux insignifiants ou nominaux; il est donc vrai qu'elle est omnipotente, qu'elle détient un privilège, un monopole. Quelle estime, quels égards Testis veut-il qu'on ait pour ses écrits, s'il commence par nier un fait éloquemment brutal comme celui-là!

III

Nous allons examiner les autres arguments qui nous sont opposés et montrer qu'ils sont d'une valeur

1. Calculant un peu différemment, *le Rentier* du 17 novembre 1905 estimait l'actif disponible ou facilement réalisable de six établissements financiers français à près de 7 milliards.

médiocre, tant au point de vue de l'exactitude des faits que de la justesse du raisonnement.

L'oligarchie financière existerait en Angleterre.

Nous avions écrit que cette domination d'une oligarchie financière gouvernant les capitaux de tout un pays était un phénomène spécial à la France et n'existait pas au même degré en Angleterre, en Allemagne, etc. Cette constatation est particulièrement désagréable à notre contradicteur. Il nous donne un démenti formel, selon son habitude. Il s'efforce ensuite de montrer que nous voyons les choses à l'envers et que la question de l'oligarchie financière ne se pose pas en France, mais en Angleterre.

Ces pauvres Anglais! Ils ont 26 établissements de crédit possédant des succursales en province, alors que nous en avons seulement 4 ou 5, ils sont donc bien plus mal partagés! En outre, sur les 26 établissements dont ils sont affligés, 6 seulement s'occupent d'émissions de fonds d'États, et ces six ont leurs spécialités. Il ne faut donc pas parler de concurrence en Angleterre pour les emprunts étrangers, il ne faut pas dire qu'il y a sur le marché de Londres une pluralité d'influences se neutralisant les unes les autres. Cela n'est pas exact, Testis nous le déclare. En Angleterre, il n'y a pas de concurrence, il y a monopole; d'autre part, au point de vue de la sécurité, les établissements de crédit britanniques n'offrent pas non plus toute garantie. Testis n'est pas certain qu'ils pourraient, le cas échéant, rembourser intégralement leurs dépôts (*sic*), etc.

Un argument pour nous.

Le plus curieux est que l'auteur croit faire du bien

à sa thèse en émettant ces assertions et n'a pas un seul instant l'idée qu'il est en train de ruiner son propre point de vue. Comment ne le voit-il pas? S'il dit vrai, si la conclusion des emprunts étrangers est l'objet d'un monopole en Angleterre, à plus forte raison l'est-elle en France, où le nombre des banquiers est plus restreint.

Cette analogie, cette similitude entre les deux pays ne peut servir qu'à mettre en lumière le fait notoire que la question des banques est générale et se pose ou tend à se poser chez toutes les grandes nations, et ce fait ne surprendra personne, car tout le monde a remarqué déjà qu'avec des modalités diverses et des degrés d'évolution différents, les mêmes problèmes se posent à peu de chose près chez tous les peuples qui marchent en tête du progrès. Tous ces peuples souffrent de l'antagonisme d'intérêts entre ouvriers et patrons, tous connaissent le conflit pénible de la religion et de la science, tous sont divisés par la question du protectionnisme et du libre-échange, tous se plaignent de l'accroissement des budgets, de l'augmentation des impôts, du militarisme, du fonctionnarisme, de l'alcoolisme, etc., ce qui revient à constater la banale vérité que tous les peuples modernes ont la même culture d'esprit, le même régime économique, la même civilisation. Dire que la question des banques se pose ailleurs que chez nous, n'est donc pas combattre notre thèse, mais lui fournir un argument.

Distinction nécessaire.

Cependant, s'il est vrai que la question des banques existe dans tous les pays, s'il est vrai que dans tous les pays il y a tendance à la concentration des moyens financiers en quelques mains, ce trait commun n'empêche pas que la question des banques se pose différemment de peuple à peuple. Nous voudrions montrer en quelques mots cette diversité. Que le lecteur se rassure, nous n'allons pas l'ennuyer avec des statistiques ou des discussions arides. La technicité est trop souvent l'éteignoir des idées générales. Les énumérations de noms et de chiffres, les analyses de détail, si intéressantes qu'elles soient pour des spécialistes, laissent toujours une impression de confusion dans l'esprit du profane. Quand on écrit pour le grand public, quand on veut, avant tout, être lu, être compris, il faut parler une langue claire, accessible à tous.

Vérités de sens commun.

Admettant, comme un fait universel, la concentration des moyens financiers entre des mains de moins en moins nombreuses, il reste à examiner la situation respective de chaque pays aux points de vue suivants : 1° la centralisation des banques est plus ou moins avancée et, par suite, il subsiste plus ou moins de concurrence; 2° le type des banques est plus ou moins différent, les banques se livrent ou ne se livrent pas aux mêmes opérations; 3° l'activité des banques est plus ou moins favorable aux intérêts du pays. Voilà trois points de vue bien déterminés au moyen desquels on peut esquisser à grands traits les différents systèmes de banques existant dans les principaux pays. En s'aidant de ces trois catégories très claires, on peut classer les différents systèmes de banques avec plus de sûreté que si l'on cherche des idées directrices dans les statistiques incolores et imprécises qui sont publiées sur la matière. Ici, comme ailleurs, il s'agit moins d'apporter des notions originales que d'exposer des vérités de sens commun avec lesquelles tout le monde est déjà plus ou moins familiarisé.

IV

Concurrence intensive en Amérique.

En Amérique, où la concentration des capitaux est très accusée, il n'y a pas cependant, à proprement parler, centralisation financière : on ne voit pas là-bas trois ou quatre banques colossales orienter l'épargne du pays à leur gré et faire la pluie ou le beau temps sur le marché des valeurs. La puissance de l'argent est représentée d'abord par de grandes institutions de dépôts qui ne s'occupent pas d'émissions et ne font pas d'affaires, elle s'incarne ensuite dans d'énormes fortunes individuelles dont les détenteurs appelés magnats, type Rockfeller ou Vanderbilt, entourés d'une clientèle qui les suit, constituent des groupements considérables. C'est un trait de la finance américaine que les magnats jouent un plus grand rôle que les institutions anonymes, et que les banques très nombreuses (on en compte environ 13 000) sont généralement l'instrument de puissantes individualités. Il faut noter que ces financiers se combattent les uns les autres et qu'il existe entre eux un état de guerre intensif.

L'activité des magnats américains se dépense principalement dans l'industrie. En 1906, le chiffre des transactions à la Bourse de New-York a été de 24 milliards de dollars, la presque totalité de ces négociations, soit 23 milliards de dollars, avait trait à des actions de sociétés. En Amérique, la finance s'est emparée de l'industrie, elle a développé celle-ci merveilleusement, mais aussi elle l'a exploitée, elle en a fait un instrument d'agio et la base d'une spéculation souvent éhontée. Son initiative est outrée, ses combinaisons, ses échafaudages gigantesques sont conçus presque toujours pour exécuter des coups de Bourse. Là-bas, les valeurs les plus sérieuses subissent des fluctuations démesurées, elles montent et baissent sans cesse. C'est le régime du jeu. Cependant, en Amérique, la Bourse n'est pas monopolisée. Le Stock Exchange de New-York compte 1.100 membres, constituant 448 maisons. Quelle différence avec ici !

La finance développe l'industrie.

On peut dire beaucoup de mal du système financier américain, il a causé des déplacements de fortune innombrables, il a provoqué à diverses reprises des secousses profondes, des cataclysmes. Toutefois, dans son ensemble, ce système est d'une vie intense et personne n'ignore qu'il a donné à l'industrie, au commerce et à l'extension économique du pays tout entier un élan vertigineux. Il y a un mouvement antifinancier en Amérique : il prend la forme d'une protestation contre les trusts, il a eu récemment pour interprète l'ancien président Roosevelt.

V

26 grandes banques de dépôts en Angleterre.

Est-ce en Angleterre que nous trouverons le pendant de ce qui existe en France, une oligarchie dirigeant à son gré les capitaux du pays? Nullement. La concentration des capitaux est très visible assurément de l'autre côté du détroit. Au 31 décembre 1907, on comptait dans le Royaume-Uni 74 banques par actions et 32 banques coloniales (journal l'*Economist*). Testis relève parmi ces banques, les noms de 26 établissements de crédit importants possédant 5.089 succursales et recevant des dépôts. Cinq de ces établissements sont particulièrement puissants et détiennent 3 milliards et demi d'argent public. Testis cite ces chiffres avec une satisfaction non déguisée, comme s'ils étaient favorables à sa cause. On parle d'une oligarchie financière qui drainerait les capitaux en France. Eh bien, ils ont aussi leur oligarchie en Angleterre !

Mais elles ne s'occupent pas d'émissions.

Cependant, une page plus loin, l'auteur mentionne ce détail : *sur les 26 établissements de crédit anglais, 6 seulement s'occupent occasionnellement d'émissions et uniquement à la commission* (*sic*). Vraiment, sur les 26 établissements anglais, 6 seulement s'occupent d'émissions et ils ne s'en occupent qu'occasionnellement, et quand ils le font, ce n'est pas comme promoteurs, c'est seulement à titre d'intermédiaires et moyennant commission?

Oh! le petit fait, le tout petit fait! Arrêtons-nous sur ce petit fait. Il veut dire ceci : en Angleterre, les 26 établissements de crédit, qui ont des milliards en dépôt, n'entreprennent aucune opération personnelle et ne font aucune affaire pour leur compte avec l'argent qui leur est confié; cet argent, qui n'est pas à eux, ils l'emploient exclusivement aux transactions de banque n'offrant aucun aléa, à l'escompte commercial, aux reports, etc., ou bien ils le placent en Consolidés, en emprunts anglais de premier ordre, en obligations communales ou de chemins de fer, dans ce qu'on appelle, là-bas, les *gilt edged securities* et, ici, les valeurs de tout repos. Conséquences d'un petit fait.

Ce petit fait veut dire encore ceci : en Angleterre, les 26 établissements de crédit qui ont des milliards en dépôt ne s'improvisent pas les tuteurs, les directeurs de l'épargne, ils ne concluent pas des emprunts avec des gouvernements étrangers, ils n'introduisent pas à la Bourse des valeurs nouvelles qu'ils ont été chercher en Russie, au Brésil ou ailleurs pour les repasser avec bénéfice à leurs clients ou déposants, ils n'interviennent pas avec la force de leurs milliards pour orienter la fortune publique dans le sens de leurs intérêts. Oh! le petit fait, le tout petit fait! N'en parlons pas.

Que dire aussi de l'observation suivante : la concurrence est très limitée en Angleterre en ce qui concerne la conclusion des emprunts étrangers, une Différence fondamentale.

dizaine de maisons seulement s'occupent de ces affaires, et la plupart d'entre elles ont leur spécialité ; elles détiennent sur tel ou tel pays une sorte de droit exclusif? En deux mots, on veut assimiler le cas de ces maisons anglaises à celui de nos établissements de crédit français qui exercent, eux, en matière d'emprunts étrangers, un monopole indiscutable, mais il est facile de montrer que ce rapprochement est très superficiel et témoigne d'un piètre esprit d'analyse. En effet, libre à MM. Baring Brothers ou Morgan de conclure l'emprunt étranger qui leur plait, ils n'engagent qu'eux-mêmes, ils font l'opération à leurs risques et périls, le public n'est pas sous leur coupe. MM. Baring Brothers et Morgan n'ont, sur le public, aucune influence directe. Ils ne prennent pas d'argent en dépôt, ils n'ont pas de succursales, pas de guichets en province. Dans ces conditions MM. Baring Brothers et Morgan and C° sont intéressés, évidemment, à n'offrir que des affaires acceptables : sans cela ils s'exposent à garder pour eux leur papier. Tout autre est la situation de nos établissements de crédit, qui écoulent directement à leurs déposants les titres achetés par eux et disposent d'un véritable monopole de placement en raison d'une organisation dont nous rappellerons plus loin les grandes lignes. Il y a donc là une différence fondamentale aussi, que Testis n'a pas su ou pas voulu signaler.

L'activité des individus en Angleterre.

Du reste, cette description de la finance anglaise que fait Testis est incomplète au plus haut degré. En Angleterre, comme en Amérique, l'activité n'est pas dans les banques, elle est dans les individus. En Angleterre, la fortune mobilière comprend seulement 35 p. 100 de fonds d'États ou titres à revenu fixe et 65 p. 100 d'actions de sociétés. En France, la situation est à peu près inverse : nous avons 25 p. 100 d'actions de sociétés et 75 p. 100 de fonds d'États, etc. (Voir Statistiques de M. Alf. Neymarck).

L'Anglais n'est pas un rentier, c'est un homme d'initiative, il place son argent dans le commerce, dans l'industrie, dans les mines. Testis escamote ce côté de la question. Il parle, il écrit comme si la vie des Anglais se passait à négocier des emprunts argentins ou mexicains. Il ne dit pas un mot du commerce, de l'industrie, de la flotte, des charbonnages, qui absorbent tant de capitaux en Angleterre. Il ne mentionne pas l'effort prodigieux des promoteurs britanniques qui ont créé les grands centres aurifères du Transvaal, de l'Australie, des Indes, qui ont mis si merveilleusement en valeur les colonies anglaises et travaillé dans le monde entier pour le bien de leur patrie. Quand ceux-ci ont exercé leur activité hors frontières, ils n'ont pas créé des entreprises « étrangères », ils ont créé des entreprises anglaises, ils y ont placé des employés anglais, des ingénieurs anglais, des administrateurs anglais. Testis fait semblant d'ignorer qu'il existe de l'autre côté de la Manche une finance minière, industrielle et coloniale représentée par des milliers d'individus dont les efforts développent sans se lasser la petite et la grande Angleterre.

De tels hommes, hélas ! n'existent pas chez nous, ils ne poussent pas sur notre sol, ils ne peuvent évidemment y vivre, ils sont étouffés, ils sont fauchés pour ainsi dire avant de naître par la puissante organisation qui draine les capitaux français...

VI

Les banques mammouth en Allemagne.

Existe-il en Allemagne une oligarchie financière monopolisant l'orientation des capitaux ? On pourrait le croire à première vue, car à Berlin 9 établissements de crédit très importants disposent, tant en argent à eux qu'en argent à des tiers, de 6.216 millions de marks (7.500 millions de francs). Voilà, semble-t-il, l'équivalent de nos grandes sociétés de dépôts. Mais le rapprochement est trompeur : au-dessous des neuf banques berlinoises appelées « mammouth » en raison de leur vaste dimension, 44 banques disposent de 4.813 millions de marks (5.800 millions de fr.), 128 banques de 1.728 millions de marks (2.100 millions de fr.), 261 banques de 301 millions de marks (300 millions de francs)[1]. Il y a donc en tout

1. Ces chiffres de capitaux n'ont pas une valeur absolue. Ils contiennent des doubles emplois, impossibles à déterminer. Comme notamment les banques de province ont des sommes importantes en dépôt dans les banques berlinoises, quand on

442 banques par actions représentant le pouvoir financier de l'Allemagne, auxquelles il faut ajouter environ 6.000 banquiers privés dont le rôle est toutefois assez insignifiant.

442 banques! le nombre est respectable, mais en réalité la concentration des banques est plus avancée qu'il ne laisserait supposer, car les 44 banques constituant la deuxième catégorie sont affiliées à huit grands établissements berlinois qui possèdent en partie leurs actions. Il y a donc en Allemagne une aristocratie financière représentée par 53 banques importantes qui se divisent en huit groupes séparés, en huit familles de banques.

Un des traits du peuple allemand est le particularisme. La nation germanique est composée de nombreux États ayant depuis longtemps leur vie propre et réunis récemment, tandis que la France est uniformisée depuis Napoléon. On ne pouvait songer dans ces conditions à créer en Allemagne ces agences à matricule, conçues toutes sur le même modèle et identiques en chaque région qui sont le triomphe de la centralisation française. Concentration et décentralisation.

Chez nos voisins, le besoin de concentration s'est satisfait autrement. Ne pouvant absorber ou éliminer les banques régionales, les établissements de crédit s'y sont intéressés, ils les ont commandités ou ont acheté leurs titres. Ils en ont fait ainsi des alliés ou

additionne les bilans des unes et des autres, on calcule cet argent deux fois.

des instruments. Différence de forme, dira-t-on. Oui, différence de forme, mais aussi différence de fond, car si les banques régionales, devenues des filiales des grands établissements, aident ceux-ci dans leurs émissions, elles ont conservé leur autonomie, leur initiative et la plus grande partie de leurs opérations a trait aux affaires de la région.

Les grands établissements n'ont par eux-mêmes qu'un rayonnement limité. Le plus puissant de tous, la Deutsche Bank, qui est une sorte de Crédit Lyonnais allemand, n'a que 83 succursales, la Dresdner Bank en a 74, la Disconto-Bank 55, la Darmstaedter 46. On voit combien les banques allemandes diffèrent à ce point de vue des banques françaises qui chacune ont des centaines d'agences directement dans leurs mains. On concilie là-bas une concentration très avancée avec une décentralisation remarquable qui permet la commandite industrielle, chose impossible en France où toute décision est prise au siège social, et l'émission de petites et moyennes affaires de 1, 2 ou 3 millions dont on ne s'occupe pas chez nous.

Les banques ont développé merveilleusement l'industrie.

On ne peut parler des banques allemandes sans relever un fait considérable qui les concerne, mais ce fait lui-même est si connu qu'on ne saurait le mentionner sans tomber dans la banalité. Nous faisons allusion à cette formidable activité que les banques allemandes ont déployée pour élever économiquement leur pays. L'empire leur doit ses chemins de fer, ses canaux, sa flotte et ses ports de mer, il leur doit ses charbonnages, ses grandes industries métallurgique, électrique, chimique, il leur doit ses exportations grandissantes, sa conquête du marché mondial. La nation allemande est consciente de ce fait. Dans toutes les publications techniques, dans tous les écrits des écrivains germaniques, on retrouve la constatation que le développement du commerce et de l'industrie en Allemagne est dû avant tout à l'action des banques[1]. Il n'y a pas d'affaire, pas d'entreprise en Allemagne qui n'ait été ou constituée ou aidée en commandite par une institution financière quelconque. Cette condition essentielle de l'esprit d'initiative, cet élément fécondant, vivifiant de la production, cette chose à peu près inconnue en France qu'on appelle le crédit, est là-bas accessible à tous. Un journal allemand écrit :

« Aucun pays au monde ne possède un système de crédit aussi achevé, aussi complet que l'Allemagne. Quiconque ici possède un objet de quelque valeur, mobilier ou immobilier, est assuré de se faire consentir un prêt sur cet objet, le cas échéant. De cette facilité à emprunter, il est fait un tel usage qu'en Allemagne il n'existe pour ainsi dire pas un objet appartenant à son détenteur nominal. La maison n'appartient

Généralisation du crédit en Allemagne.

1. Une statistique dressée par la *Gazette de Francfort* établit que pendant l'année 1907 le tiers de tous les nouveaux capitaux a été absorbé par les mines et la métallurgie ; une somme très importante a alimenté les applications diverses d'électricité et il est resté pour toutes les autres industries réunies 1 milliard 357.200.000 marks pour un total de 4 milliards et demi d'actions et obligations.

pas au propriétaire, mais au créancier hypothécaire. La fabrique n'appartient pas au fabricant, mais pour sa partie immobilière encore au créancier hypothécaire et pour le reste aux commanditaires ou aux banques consentant des crédits. L'entreprise commerciale s'édifie en partie sur le crédit du fabricant, en partie sur le crédit d'escompte. Et les valeurs dans lesquelles s'exprime cet engagement réciproque, telles qu'hypothèques, obligations, traités, constituent à leur tour l'objet d'opérations de prêt. C'est une chose naturelle et qui va de soi en Allemagne qu'on ne doit pas travailler avec son propre argent, mais avec l'argent des autres et qu'on a un droit certain à cet argent, au moins dans la mesure où l'on possède une propriété pouvant être gagée. »

Un système comme celui-là, s'il comporte des excès, est de nature à porter au maximum la productivité du pays.

Concurrence entre les banques allemandes.

Malgré son haut degré de concentration la grande banque allemande reste divisée en huit groupes qui peuvent se rapprocher à l'occasion d'une émission importante dépassant le pouvoir de chacun, mais dont l'état normal est la rivalité, la lutte. La *Cote de la Bourse et de la Banque* écrivait à la date du 24 août 1908 :

« Le grand nombre de banques allemandes et la concurrence qui chaque jour devient plus vive incitent les établissements de crédit à une action isolée, dans l'espoir de retirer de chaque opération le maximum de bénéfices, ils préfèrent même que certains emprunts leur échappent, convaincus que d'autres compenseront pour eux ce manque à gagner. »

C'est ainsi que cette année l'emprunt de Berlin, de 50 millions de marks 4 p. 100, a été adjugé à la Deutsche Bank, celui de Kiel, de 7 millions 3 p. 100 à la Dresdner Bank, etc. Les banques arrivent à prendre ces emprunts de villes avec une marge de 2 p. 100 pour payer les frais et réaliser un bénéfice. Il est à peine utile de rappeler qu'en France cette course aux emprunts n'existe pas. Quand nos établissements de crédit n'agissent pas en consortium, quand ils traitent une affaire isolée, ils savent en tout cas qu'aucun faux frère ne leur fera concurrence. Une autre raison pour laquelle les banques allemandes ne sont pas arrivées à se grouper d'une manière aussi serrée que les banques françaises, c'est qu'elles vivent des industries locales et s'alimentent d'opérations de crédit ou d'émissions très nombreuses et pas assez importantes chacune pour obliger les banques à s'unir dans un but commun. Nos établissements de crédit français travaillent dans des conditions inverses, ils ne s'occupent pas d'industrie et placent continuellement de grandes émissions étrangères, d'où la nécessité pour eux d'une étroite et permanente union.

Banques d'affaires et banques de dépôts.

Si les banques allemandes ont rendu de grands services à leur pays, elles ont cependant leur point faible, elles ont le grave défaut d'être à la fois banques d'affaires et banques de dépôts, elles n'engagent pas seulement dans l'industrie leur propre argent, elles y mettent aussi celui qu'on leur confie et souvent elles font courir à cet argent étranger des risques disproportionnés avec l'intérêt qui leur est servi. D'autre part, la crise mondiale récente a révélé en Allemagne un état de surproduction industrielle et des excès de spéculation chez des établissements financiers qui s'étaient engagés au delà de leurs ressources. L'opinion s'est émue. On s'est occupé de la question des banques, on s'est demandé si leurs dépôts étaient en sûreté, s'ils avaient pour contre-partie un actif réalisable, s'ils pourraient être remboursés intégralement le cas échéant. Considérant en outre la puissance inquiétante des grandes banques, on a agité la question de savoir s'il n'y avait pas lieu de soumettre celles-ci à une plus stricte réglementation. Il s'est alors produit un fait considérable, un fait humiliant pour nous, quand on songe à l'incroyable faiblesse de notre propre gouvernement à l'égard de l'oligarchie financière en France. Le 1er mai 1908, le gouvernement allemand n'a pas craint de nommer *une commission d'enquête pour examiner si les dépôts des banques allemandes présentaient au point de vue de la liquidité, de la facilité de remboursement, toutes les garanties nécessaires*[1].

1. Cette commission a blamé notamment l'institution des démarcheurs et reconnu l'insuffisance des comptes et bilans publiés par les sociétés de dépôts. De même à une commission du Reichstag il a été proposé d'imposer aux banques de dépôts la publication régulière de leur situation et de créer un office de contrôle pour vérifier cette publication.

Ce qui est très intéressant, très symptomatique aussi, c'est le mouvement d'idées qui commence à se manifester en Allemagne contre les établissements de crédit. Certains publicistes de valeur ont demandé que l'objet de l'enquête officielle sur les banques fût élargi. Il n'y a pas seulement, disent-ils, à examiner la question de la sécurité des dépôts, il y a aussi celle de leur emploi. En deux mots, voici la thèse : des sommes très considérables sont drainées, retirées des régions où elles remplissaient une fonction déterminée pour être affectées par les banques à d'autres usages. Ces usages sont rémunérateurs pour les banques, mais sont-ils profitables à l'État ou à l'intérêt public, c'est un point qu'il faudrait considérer. Autrefois, le bourgeois allemand convertissait ses disponibilités en rentes allemandes ou prussiennes, qu'il pouvait vendre d'un jour à l'autre s'il avait besoin d'argent liquide; aujourd'hui, il laisse ses fonds en dépôt dans les établissements de crédit qui lui payent un intérêt égal et lui laissent la facilité de reprendre son argent quand il le veut. Le bourgeois allemand trouve peut-être son compte à cet arrangement, mais il n'en n'est pas de même de l'État qui perd sa clientèle d'acheteurs de rentes. Son crédit est diminué (opinion de M. Alfred Lansburgh).

Le mouvement d'idées contre les banques allemandes.

Un autre grief est le suivant : par suite de la concentralisation des capitaux entre les mains des grandes banques, les petits commerçants, les petits industriels obtiennent de moins en moins de crédit. Au contraire, les gros en obtiennent trop, on leur en

La puissance des banques fait peur.

accorde plus qu'ils ne méritent. C'est au point qu'en Allemagne, s'il est relativement aisé d'emprunter cent mille marks, il est impossible, ou à peu près, d'en emprunter mille. Le haut négoce, la grande manufacture sont favorisés indûment, on leur jette l'argent à la tête, mais on ne donne rien aux petits dont l'épargne constitue pourtant la plus grande partie des dépôts. Ainsi, la concentration des banques aurait pour effet, à la longue, de faire disparaître la classe moyenne, elle aboutirait à créer une classe de gros producteurs privilégiés, travaillant sous la dépendance de quelques établissements financiers qui tireraient toute la production par des ficelles. Un écrivain non socialiste, mais technicien, va même jusqu'à écrire : « Si l'évolution continue avec cette rapidité, le temps n'est pas éloigné où il y aura *plus de pouvoir dans les mains de deux directeurs de banques que dans celles d'un roi.* » (Opinion de M. Ludwig Eschwege.)

Comparaison humiliante pour nous.

Il est curieux de constater qu'en Allemagne, où la centralisation des banques est cependant moins avancée qu'en France et où les établissements de crédit ont contribué si activement au développement de leur pays, il se dessine un mouvement de protestation contre le pouvoir excessif des grandes institutions de crédit. En France, où l'on vit sous le régime de la dictature financière presque parfaite, il n'y a pas l'équivalent de ce mouvement. On est blessé dans son amour-propre national, quand on compare l'indépendance des économistes et des hommes d'État allemands à l'égard des grandes banques de leur pays, à la faiblesse, à la pusillanimité des milieux intellectuels français envers notre oligarchie financière pourtant bien autrement puissante !

VII

Aucun espoir de convaincre Testis.

Notre constatation que le système de banques existant en France est unique et n'existe chez aucune autre nation irrite très vivement l'oligarchie. Pour nous répondre, elle s'efforce d'embrouiller les notions très claires que nous avons exposées sur l'organisation financière de notre pays, elle s'embarque dans des discussions oiseuses ou dénature à dessein nos idées. Il va de soi que nous ne sommes pas dupe de la sincérité de sa controverse, et que si nous engageons un débat avec elle, ce n'est pas dans l'espérance que nous pourrons la convaincre de la nécessité où elle est de se transformer ou de se supprimer. La sagesse des nations a constaté bien avant nous que certaines surdités étaient volontaires et ne relevaient pas de l'art médical. Testis s'est mis un tampon trop serré dans les oreilles pour que nos paroles viennent jusqu'à lui, mais le lecteur qui n'est pas intéressé dans la matière et n'émet pas des fonds russes est placé plus favorablement pour nous comprendre. C'est donc à lui que nous nous adressons ici.

En Allemagne beaucoup d'émissions moyennes.

Si l'on jette les yeux sur le rapport annuel d'un grand établissement de crédit allemand, on est frappé du nombre d'émissions auquel cet établissement a participé. Testis rapporte qu'en 1906 la Dresdner Bank a pris part à 60 émissions de valeurs industrielles. Considérant les emprunts d'États, de villes et les titres de toute nature, nous voyons qu'en 1906 la Deutsche Bank a participé à 90 émissions, la Disconto-Gesellschaft à 89.

Pendant la même période, la Société Générale ne s'est intéressée qu'à 27 émissions, le Comptoir d'Escompte à 26 (d'après leurs rapports annuels); le Crédit Lyonnais, semble-t-il, n'a effectué que 4 à 5 émissions. Si l'on examine l'activité totale des trois établissements de crédit, Crédit Lyonnais, Société Générale et Comptoir d'Escompte, pendant l'année 1906, on constate que ces trois sociétés ont émis ou placé officiellement, en chiffres ronds, pour 2.200 millions de valeurs en 35 émissions environ, soit une moyenne très élevée de 63 millions par émission, mais il convient de noter que sur les 35 émissions, *dix représentaient une somme de 1.750 millions de francs ou 175 millions par émission.*

En France, quelques émissions monstres.

C'est un trait distinctif des grandes banques françaises comparées aux banques étrangères qu'elles font moins souvent appel au public, mais que chacune de leurs opérations, par contre, est très considérable. *Tous les ans, au moyen d'une dizaine d'émissions variant de 100 à 200 millions de francs en moyenne, nos grands établissements de crédit drainent l'épargne en quelques coups secs.* Ce sont tantôt des emprunts russes, norvégiens ou bulgares, etc., tantôt des titres de chemins de fer argentins ou mexicains, des obligations de ports du Brésil, etc., etc. Le nom des valeurs n'importe pas en ce moment. Ce qu'il faut retenir, c'est la dimension gigantesque des émissions, elle suffit à montrer avant toute analyse qu'en France la direction des capitaux est étonnamment centralisée.

Le réseau des agences.

Puisqu'on fait semblant de ne pas nous comprendre, nous allons décrire une fois de plus la triste organisation financière de notre pays. Trois sociétés de dépôt extrêmement[1] puissantes appelées : Crédit Lyonnais, Société Générale, Comptoir d'Escompte, ont créé des agences sur tous les points du territoire français, elles n'en possèdent pas moins de 150 rien qu'à Paris et dans la banlieue, elles en ont dans toutes les villes et à peu près dans tous les bourgs des départements.

Les agences n'aident pas la région.

Point très important, ces agences ne sont pas des banques locales, elles ne participent pas à l'activité des régions, elles ne soutiennent aucune entreprise commerciale ou industrielle dans le centre où elles fonctionnent, elles ne sont pas sous les ordres d'un

1. A ces trois sociétés de dépôt très puissantes, s'ajoutent deux ou trois autres sociétés moins importantes, telles que le Crédit Industriel et Commercial, la Banque Française pour le Commerce et l'Industrie, la Société Marseillaise et enfin la grosse banque d'affaires, la Banque de Paris et des Pays-Bas, etc. La réunion de ces éléments constitue ce qu'on appelle le consortium. C'est ce consortium qui place la plus grande partie des valeurs mobilières en France.

directeur plus ou moins autonome ou indépendant; non, ces agences sont des bureaux, des prolongements du siège social, elles en dépendent étroitement. Celui qui les commande est un fonctionnaire, un employé, il n'a pas de liberté, pas d'initiative, il ne se meut pas de lui-même, *il reçoit des ordres de Paris, il les exécute.*

Elles la drainent et changent son or en papier.

Le rôle de ces agences est double. Il consiste d'abord *à drainer l'argent des régions, à attirer les dépôts* qui sont envoyés au siège social de Paris et forment, en s'accumulant, les milliards des établissements de crédit; il consiste ensuite *à écouler dans toute la France d'énormes quantités de valeurs émises généralement par les établissements eux-mêmes*, et sur lesquelles ceux-ci réalisent d'importants bénéfices.

Sans doute, à côté de ces opérations fondamentales, les agences se livrent aux affaires de banque ordinaires, elles pratiquent l'escompte des traites, payent les coupons, prennent les titres des rentiers en dépôts, etc., etc., mais ces opérations s'exécutent aux conditions les plus réduites, et ce n'est pas elles qui rapportent des profits aux agences. Tous les professionnels le savent, les opérations courantes sont pour nos banques, avant tout, un moyen d'attirer le client, de le faire venir au guichet. Avec ces opérations classiques, la plupart des agences ne font pas leurs frais; par contre, elles se rattrapent sur les bénéfices que leur procure le placement des titres, l'écoulement du papier.

Les agences sont des pièges à capitalistes.

Les agences sont les cellules des gros organismes que nous étudions ici. C'est par elles que nos établissements de crédit exercent sur l'épargne du pays leur domination. Nous devons donc examiner de près leur mécanisme et leur fonctionnement. La chose en vaut la peine. L'organisation de nos sociétés de dépôt est unique, c'est un modèle du genre, un chef-d'œuvre, elle n'a son pendant nulle part ailleurs. On peut comparer cette organisation à un engin de pêche formidable, à une sorte de nasse gigantesque qu'on a jetée sur la France, et qui est si habilement disposée que tous les poissons doivent y entrer.

Réfléchissez à ceci : quand un client met en dépôt dans une banque son argent, ses titres, sa fortune mobilière, il tombe tout naturellement sous l'influence de cette banque, il est porté d'instinct à l'écouter, à suivre ses conseils, ceci est un cas de suggestion élémentaire et bien facile à comprendre. Ici, le client est, en outre, comblé d'attentions, on gère sa fortune, on détache ses coupons, on échange ses titres, on accomplit pour lui toutes les formalités, on lui donne tous les renseignements qu'il peut désirer, et on lui fait tout cela gratuitement ou à peu près. On va plus loin encore dans la voie de la complaisance : pour que ce client n'ait pas à se déranger, on le visite à domicile, on s'enquiert affectueusement de l'état de son portefeuille, on s'ingénie à lui proposer de bons, d'avantageux placements. En vérité, que d'amabilité et de gentillesse, comment résister à de telles marques de désintéressement et de sollicitude? Et nous sommes en province! Et il y a l'honneur de recevoir chez soi le représentant du Crédit Lyonnais, du grand établissement financier qui manie des milliards et dont le pouvoir rayonne sur toute la France. Le Crédit Lyonnais dit qu'une valeur est bonne, il n'y a pas de doute, elle l'est, le Crédit Lyonnais ne peut se tromper. En raison justement de leur rôle incolore, les employés d'agences ont le prestige d'agents administratifs, on voit en eux l'émanation d'un pouvoir central très puissant dont les inspirations sont infaillibles...

Ainsi travaillé, impressionné, on voit ce qui peut rester de libre arbitre au capitaliste et quelle clairvoyance il doit posséder pour apercevoir le piège qu'on lui tend et ne pas tomber dans le filet des grands établissements de crédit.

VIII

Les banques connaissent la fortune des clients.

Regardons maintenant comment les choses se passent en cas d'émission et quel parti l'on tire de cette organisation de succursales, d'agences et de correspondants répandus sur tous nos départements français. Tout le monde sait qu'entre l'acheteur et le vendeur, il y a antagonisme d'intérêt. Eh bien, ici, nos établissements de crédit sont *dans cette situation privilégiée qu'ils connaissent la fortune de leurs clients*, savent de quels titres elle est composée, et sont renseignés, en outre, exactement sur le montant de l'argent dont ils disposent. Cette connaissance donne évidemment à nos établissements de crédit un énorme avantage sur leur clientèle : étant au courant des ressources et des besoins réels de leurs acheteurs, il marchent à coup sûr.

Sur l'ordre de Paris, toute l'organisation s'ébranle.

Voici comment les établissements de crédit procèdent pour placer une émission : d'abord, ils entreprennent une œuvre de préparation ; elle consiste à reviser les portefeuilles de leurs clients, à faire vendre à ces derniers des titres pour les mettre en possession d'argent liquide. Sur l'ordre de Paris, dans tous les coins de la France, les démarcheurs et employés de guichets se mettent en branle. La consigne est de démontrer aux capitalistes que leurs portefeuilles ont des points faibles. Cette propagande se poursuit avec les arguments traditionnels. Telle valeur est bonne, mais le client en a de trop, on lui rappelle l'axiome de M. Leroy-Beaulieu, qu'il faut diviser ses placements. La Rente française est notre fonds national, on n'en peut médire, mais on parle de l'impôt sur le revenu menaçant, de l'augmentation des budgets, de l'anarchie parlementaire, du socialisme, etc. Les titres de chemins de fer sont des valeurs sérieuses, quel malheur seulement qu'il y ait cette question du rachat ! S'il s'agit de titres industriels, rien de plus simple que d'insister sur les aléas et incertitudes qui se rattachent à ces entreprises. Après quelques semaines de cette cuisine, on obtient le résultat désiré, le public a vendu la quantité de titres fixée en hauts lieux, il a de l'argent liquide en abondance. On n'a plus qu'une chose à faire, transformer cet argent en titres de la nouvelle émission.

La fièvre d'une émission.

Il faudrait la plume d'un Zola pour décrire l'intense activité que déploie la machinerie des grands établissements de crédit et de leurs agences pendant les périodes de placement. On connaît la scène classique du navire qui marche à sa plus haute pression et rend son maximum de vitesse. Dans sa cabine, le commandant, les yeux fixés sur le manomètre, pousse, excite ses hommes, il leur crie de chauffer encore, de chauffer toujours. Il se passe ici quelque chose d'analogue: de leurs bureaux de Paris, le directeur général et son inspecteur de succursales suivent anxieusement la marche de l'émission, ils sont informés par téléphone des résultats obtenus par chaque agence et interviennent à chaque instant pour stimuler le zèle de leurs sous-ordres, tantôt les encourageant, tantôt les rabrouant selon qu'ils obtiennent ou non les chiffres de souscription désirés, car notez bien le fait suivant, il est significatif, il exprime bien la mentalité de nos grands établissements de crédit, *la direction générale a d'avance fixé la quantité de titres que doit placer chaque agence* et elle fait une obligation à celle-ci d'écouler le nombre de coupures qui lui est attribué. On sait qu'une agence a placé tant de titres dans une précédente émission et l'on pose comme règle qu'elle ne doit pas faire moins, mais faire plus, et qu'une agence doit progresser toujours. Pour arriver à ce résultat, on ne cesse de travailler les chefs d'agences. S'ils sont en retard sur leur chiffre de placement, on les bouscule, on les houspille, on les menace d'être déplacés ou rétrogradés; au contraire, si l'on est content d'eux, s'ils ont battu leur propre record, on les félicite, on les flatte, on leur promet de l'avancement, souvent on les fait venir à Paris et on leur offre, honneur suprême !... un déjeuner.

La course des agences.

Citons aussi ce détail caractéristique, il montre bien que pour nos établissements de crédit, l'écoulement du papier est avant tout la grosse affaire : en période d'émission, *la direction générale publie tous les jours une circulaire indiquant l'ordre de classement de ses agences d'après le nombre de souscriptions* qu'elles ont obtenues, oui, elle a créé ce nouveau sport, elle organise un concours, une course au placement de titres où l'on voit ses succursales se dépasser les unes les autres comme des coureurs au vélodrome !

L'hallali.

On devine sans peine les résultats que donne une telle organisation, une telle pression d'un pouvoir autoritaire et avide qui commande des milliers de représentants dans la France entière. Le signal du départ une fois donné, le monde des agences entre en ébullition. Directeurs, sous-directeurs, employés de guichet, démarcheurs, tous d'ailleurs intéressés plus ou moins, recevant des commissions ou espérant des gratifications, de l'avancement, rivalisent d'efforts, d'audace et d'arguments tendancieux pour amener la clientèle à souscrire, *ils font la chasse aux capitalistes.* Cette chasse n'est pas une battue sauvage, elle s'opère d'après un plan, selon des instructions que la direction de Paris adresse tous les jours aux agences. N'oublions pas ce fait capital : les clients déjà sont classés, étiquetés, jaugés, on connaît leurs ressources, leur pouvoir d'achat, on sait ce qu'ils possèdent et ce qu'ils valent, on procède donc avec ordre, on fait d'abord l'assaut aux plus gras, aux plus riches, on se rabat ensuite sur les moyens et enfin sur les petits, le cas échéant. Par exemple, au début on s'en prend aux capitalistes ayant plus de 10.000 francs à leur crédit, puis on entame ceux qui ont 5.000 francs et, en dernier ressort, s'il y a du tirage, si l'émission est pénible, on tombe sur le menu fretin, on attaque la couche des petits boutiquiers, des gens de maisons qui ont deux ou trois malheureux billets de mille francs en dépôt.

Les clients n'ont qu'à signer.

Dans ces poursuites aux souscriptions, la grande force de nos établissements de crédit est que, *détenant l'argent de leurs clients en dépôt, ils n'ont à demander à ceux-ci qu'une signature*, une autorisation de convertir leur argent en titres. Pour ceux qui connaissent la psychologie du public et savent qu'elle obéit toujours à la loi du moindre effort, il est clair qu'une telle situation donne à nos établissements de crédit le pouvoir de diriger effectivement tous les placements de leurs clients.

IX

Système français.

Il convient, avant d'aller plus loin, de faire observer que la plupart des traits indiqués précédemment sont caractéristiques du système des banques existant en France et n'existent pas chez les autres nations. En France, trois ou quatre établissements financiers disposent chaque année, en quelques émissions monstres, de la plus grande partie de l'épargne du pays, c'est un fait unique. On peut chercher l'équivalent de cette centralisation à l'étranger, on ne la trouvera pas. En France, la conception des agences est, comme nous l'avons vu, toute particulière. Les agences ne sont pas des banques locales favorisant l'activité des régions comme en Allemagne, ce ne sont pas des caisses de dépôt comme en Angleterre, ce sont des officines de placement, d'écoulement de titres qui ont pour objet de déverser, sur tout le territoire du pays, le papier de grandes émissions. Et l'esprit qui anime ces agences est aussi très spécial. Cette manière de capter la confiance du capitaliste, de prendre son argent, ses titres en dépôt, de travailler pour lui *gratis pro Deo*, pour devenir finalement son tuteur, son conseil, cela est français, très français, exclusivement français.

On ne le permettrait pas ailleurs.

On ne voit cela nulle part ailleurs, on ne voit nulle part une oligarchie, concentrant entre ses mains plusieurs milliards de dépôts, intervenir activement dans la gestion des fortunes, racoler les capitalistes ou les relancer à domicile pour les catéchiser et les influencer dans le choix de leurs placements. Nulle part cela n'existe, nulle part on ne le supporterait, car un régime comme celui-là n'est pas seulement moralement dégradant, il n'est pas seulement dangereux, plein de périls au point de vue national, il a aussi pour destinée fatale d'atrophier ces facultés d'initiative, de pensée personnelle, d'entreprise et d'audace qui, plus que les capitaux, constituent la richesse d'une nation.

CHAPITRE II

n petit co-
é gouverne
argne.

Nous avons montré que des agences de banques fonctionnant comme de véritables souricières étaient installées sur tout le territoire français. Nous avons fait voir comment ces agences attiraient le capitaliste à leurs guichets par l'appât de l'opération à bon marché, en escomptant son portefeuille commercial au taux le plus réduit, en gardant son portefeuille en dépôt, en payant ses coupons gratuitement ou à peu près. Enfin nous avons fait toucher du doigt que tout ce déploiement d'altruisme ou de philanthropie financière n'avait pas, au fond, d'autre but que d'écouler auprès d'une clientèle suggestionnée et domestiquée les milliards de papiers étrangers que nos grandes banques émettent à jet continu, et qui leur rapportent de si gros bénéfices.

Il faut maintenant se rappeler que cette multitude d'agences répandues à profusion sur la surface du pays est la propriété de trois à quatre sociétés de crédit qui agissent ensemble et font la plupart de leurs émissions en commun. C'est le point capital. Toute cette organisation de succursales, d'agences et de correspondants, aussi vaste et compliquée que l'administration d'un État, est en réalité mise en branle par un petit comité qui gouverne de Paris l'épargne du pays.

L'alliance n'exclut pas l'autonomie.

Cette constatation gêne beaucoup les banques. On s'efforce d'en atténuer la portée en disant que si nos établissements de crédit font des émissions ensemble, ils en font aussi séparément. On cite telle affaire qui a été conclue par le Crédit Lyonnais, telle autre par la Société Générale ou le Comptoir d'Escompte exclusivement, et l'on ajoute : « Vous voyez bien que ces établissements ne sont pas toujours d'accord, qu'il leur arrive aussi de marcher isolément. » Ceux que l'objection peut contenter ne sont pas difficiles : ils se bornent à vouloir prouver que l'entente de nos sociétés de crédit ne va pas jusqu'à la fusion totale, qu'elle n'a pas encore abouti à créer entre elles une identité absolue d'intérêts.

Testis nous oppose souvent des arguments de cet ordre; il interprète nos paroles dans le sens littéral, enfantin; il fait semblant de croire que nous ne savons pas tout comme lui qu'il y a dans les lois sociales une certaine relativité. Nous avons constaté que les établissements de crédit français étaient habitués à agir ensemble et à effectuer leurs émissions en commun, fait connu et qui n'est pas, Dieu s'en faut, une révélation; mais nous n'avons pas dit que ces établissements n'avaient pas d'individualité, pas d'autonomie, pas d'activité propre. La réalité est assez forte. Nous n'avons pas besoin de la grossir et de la pousser à l'absurde. On peut subtiliser, sophistiquer, on n'obscurcira pas cette vérité de pur bon sens que si quatre établissements financiers s'unissent tous les ans pour effectuer une dizaine de grandes émissions, il y a nécessairement entre eux non seulement une solidarité, mais une alliance, un mariage permanent. Il faut du temps pour préparer ces grandes émissions, il en faut pour les réaliser; il est nécessaire de s'entendre ensuite pour soutenir les cours de la Bourse, pour empêcher la baisse trop rapide des valeurs qu'on a placées en commun. Ajoutez à cela que les émissions se succèdent à peu d'intervalle. La coopération des grandes banques est donc incessante. En fait, les intérêts de ces établissements sont soudés les uns aux autres en de si nombreux endroits que, pratiquement, ils se confondent, et qu'on est dans la vérité en considérant leur groupement, leur organisation, comme un bloc.

Une autre objection est la suivante : tandis que nous constatons que les établissements de crédit sont d'accord et marchent ensemble, il est notoire que ces grandes sociétés se font une concurrence très vive dans leur poursuite aux clients. On voit souvent sur la même place de province les trois agences du Crédit Lyonnais, de la Société Générale et du Comptoir d'Escompte se faire vis-à-vis et se défier l'une l'autre comme trois boutiques d'épicerie mortellement jalouses. La contradiction n'est pas difficile à résoudre. Testis ne doit pas s'en embarrasser beaucoup. Il sait comme nous qu'entre nos sociétés de crédit le terrain de la paix et de la guerre est exactement délimité. L'arrangement intervenu se ramène à ceci: tandis qu'il y a entente pour conclure et placer les grandes émissions, liberté complète est laissée à chaque associé d'attirer la clientèle, comme il le peut.

Finalement, chaque établissement de crédit participe aux bénéfices du syndicat selon son pouvoir de placement propre. Conclusion: pour ce qui touche à l'écoulement des valeurs mobilières, il n'y a pas de concurrence entre nos grandes sociétés financières, il ne surgit dans ce domaine aucune rivalité dont le public puisse profiter. Ce pauvre public, on le cajole, on l'embrasse; mais qu'il s'adresse à la maison qui est, ou bien à celle qui n'est pas au coin du quai, c'est toujours à la même sauce qu'il est mangé.

Bienveillance réciproque.

Tout à l'heure, on parlait des émissions que nos établissements font séparément. Eh bien, voici précisément un trait à observer : même dans ces cas d'initiative isolée, il n'y a pas lutte entre les membres de l'oligarchie. On ne voit pas se produire entre eux le phénomène du débinage qui se manifeste généralement en finance, quand il y a antagonisme d'intérêt. Les démarcheurs du Crédit Lyonnais n'essayent pas de discréditer la Société Générale, en rappelant le scandale de la Westinghouse. Les démarcheurs de la Société Générale sont aussi discrets et conciliants à l'égard du Crédit Lyonnais: ils ne parlent jamais à leurs clients des malheureux titres de la noblesse russe. Dans ces émissions particulières à chaque établissement, les non-intéressés n'ont pas seulement une attitude extrêmement bienveillante, mais donnent aussi très volontiers, moyennant commission, le concours de leurs guichets.

La Haute Banque conclut encore des emprunts.

Quand nous commencions ces articles contre l'oligarchie financière, à l'origine, nous faisions observer que le pouvoir des établissements de crédit était d'autant plus grand que les anciennes maisons de la Haute Banque étaient tombées à l'arrière-plan et ne jouaient plus dans notre finance moderne qu'un rôle effacé. La puissance de l'argent, disions-nous, n'est plus aujourd'hui représentée par les Rothschild. Fini, le rôle des grands banquiers, le décor a changé. Encore une vérité élémentaire! Testis ne la reconnaît pas plus qu'il n'admet les autres. Il se croit obligé de soutenir que la Haute Banque existe encore. En voici, d'après lui, la preuve : la maison Hottinguer a négocié tel emprunt, la maison Rothschild a conclu les derniers emprunts japonais, etc.

Mais elle ne les place plus.

Voyons, Testis, vous dites que la maison Rothschild a conclu les derniers emprunts japonais, mais vous ne dites pas qu'elle les a placés. Vous ne le dites pas, et pour cause! Vous savez en effet très bien que la maison Rothschild est incapable aujourd'hui de placer elle-même un emprunt, qu'elle n'a pas d'agences, pas de guichets. C'est vous, établissements de crédit, qui avez les guichets. Vous êtes, vous, les grands guichetiers de France et de Navarre. Il en résulte ceci: quand la maison Rothschild veut traiter une affaire importante, il faut d'abord qu'elle s'entende avec vous; il faut, en premier lieu, qu'elle s'assure votre concours pour le placement de l'émission. Rien à faire pour elle autrement, l'opération est ratée d'avance. Cela n'est pas vrai seulement de MM. Rothschild, Hottinguer, Vernes ou Mallet, cela est vrai du Crédit Foncier, de la Ville de Paris et de toute institution qui veut effectuer une émission de grande envergure. Les choses en sont là qu'on ne peut plus s'adresser à l'épargne, sans vous prendre pour intermédiaires. Vous avez le public, vous le vendez.

Ne venez donc pas nous raconter que la maison Rothschild a conclu tel emprunt; dites-nous qu'elle l'a signé, qu'elle l'a patronné officiellement; mais cela, c'est la forme, c'est l'apparence. Dans la réalité, il est une chose bien connue, c'est que toutes les fois qu'il se conclut une grosse émission, vous êtes derrière.

II

L'oligarchie draine les ordres de Bourse.

Pour comprendre l'incroyable influence que nos établissements de crédit ont sur l'épargne, il faut rappeler ici l'étendue de leurs moyens d'action. L'oligarchie financière a monopolisé la Bourse : par l'entremise de ses innombrables succursales en province, elle draine les ordres d'achat et de vente des valeurs mobilières. Tous ces ordres qui devraient revenir de droit à nos Bourses locales de Lyon, Marseille, Toulouse, Bordeaux, Nantes ou Lille, elle les tire à elle, elle les accapare.

Dans son numéro du 13 octobre, le journal *l'Infor-*

mation reproduit une lettre d'un de ses abonnés qui décrit cette situation :

Il n'existe pas aujourd'hui de petite ville ou même de bourg ayant quelque importance qui ne possède une succursale d'un de nos grands établissements de crédit.

Il n'entre pas dans mes intentions de discuter ici les avantages et les inconvénients de cette organisation au point de vue des intérêts généraux du commerce et de l'industrie ; je me bornerai à en faire ressortir les effets sur les Bourses de fonds publics en province.

Les établissements de crédit disposent de tous les moyens propres à attirer la clientèle, ils ont les affiches, la publicité, la réclame sous toutes ses formes; ils annoncent le payement gratuit de tous les coupons; ils font, dans des conditions d'excessif bon marché, des mouvements d'argent d'une place à l'autre ; ils reçoivent des titres en dépôts, louent des coffres-forts, ouvrent des comptes de chèques, administrent les portefeuilles, émettent des emprunts publics, vendent directement des titres à leurs guichets, et enfin se chargent de toutes opérations de banque et de l'exécution de tous ordres de Bourse.

Que peuvent contre une organisation aussi puissante les quatre-vingts et quelques agents de change répartis entre les six parquets de province?

Les agents de change en tutelle.

Cette centralisation des affaires de Bourse est accentuée par le fait suivant : ayant en mains presque tous les ordres, les établissements de crédit peuvent dicter leurs conditions aux agents de change de Paris, ils se font rétrocéder par ces derniers une partie des courtages. Dans son numéro du 21 septembre dernier, *le Temps* proteste contre ce régime de faveur, il exprime l'opinion que ces bonifications de courtage sont illégitimes, que « nos sociétés de crédit n'y ont aucun droit et n'en ont nullement besoin ». Il reproduit cette constatation d'un correspondant :

Les affaires que les sociétés de crédit récoltent dans les villes de province et dans les régions environnantes, ce sont des affaires auxquelles les parquets de province ont particulièrement droit, ce sont des affaires pour lesquelles ils ont été spécialement créés, et ces affaires ainsi récoltées et groupées par tous les moyens dont disposent les sociétés de crédit, sont centralisées à leur siège social, afin de profiter d'une plus large bonification des frais de courtage. Que reste-t-il à l'intermédiaire de province?

« Le Temps » avoue l'accaparement.

Dans le même article, *le Temps* se livre à des considérations intéressantes. Il dit à propos des remisiers de Bourse dont le métier disparaît par suite de la concentration des ordres aux mains de quelques établissements :

Nous nous sommes occupés de cette question non pas tant dans l'intérêt, pourtant très recommandable, de ce personnel actif, que *dans celui du marché financier dont nous redoutons de voir l'ampleur diminuer au profit de l'organisation déjà si puissante des sociétés de crédit.*

Il mentionne ensuite que « les affaires sont accaparées en quelques mains » et il conclut :

Il n'est pas bon pour le public que les *grandes puissances financières soient sans contrepoids*, qu'un *monopole de fait* inattaquable du droit et au regard de la liberté économique, annihile un monopole de droit constitué exclusivement dans l'intérêt public, limité par les prescriptions d'une loi et à cet égard subissant de lourdes charges. Ce n'est pas bon, parce qu'en l'espèce *le monopole de fait a surtout en vue son intérêt propre* et qu'en matière de placements financiers, cette exclusivité peut avoir pour le public de graves inconvénients.

Accaparement des affaires en quelques mains, grandes puissances financières sans contrepoids, monopole de fait ayant en vue son intérêt propre, etc., voilà des expressions avec lesquelles le lecteur est familiarisé. Ce n'est pas nous qui les employons cette fois, c'est *le Temps* dont la modération est connue.

Décadence des Bourses de provinces.

Le drainage des ordres par les établissements de crédit a pour effet de ramener les transactions de nos Bourses de province à un chiffre insignifiant. Les statistiques suivantes sont à cet égard très significatives : pendant le premier semestre de 1908 on a introduit à la Bourse de Paris 928.636.300 francs de valeurs; pendant la même époque on en introduisait à la Bourse de Lyon 48.782.000 francs, à la Bourse de Marseille 26.000.000 de francs, à la Bourse de Lille 10.500.000 francs, à la Bourse de Bordeaux 9.050.000 francs, à la Bourse de Nantes 4.150.000 francs, à la Bourse de Toulouse 2.302.500 francs. Nos Bourses de province n'ont plus d'activité; cette situation cause un grand préjudice à l'industrie du pays.

Trop peu d'agents de change.

D'autre part, le point suivant doit être mis en relief : alors que la Bourse de Paris a pris tant d'importance, le nombre de ses agents de change est resté fixé au chiffre immuable et ridiculement inférieur de 70. A New-York le Stock Exchange compte 1.100 membres, à Londres, il en a 5.500 : dans cette dernière ville, à l'élection du comité, récemment, 3.906 membres ont pris part au vote. Cette comparaison de chiffres en dit long sur la concentration dont nous souffrons. Pour enregistrer des transactions sur une des places financières les plus vastes du monde, nous avons en tout 70 agents. Il faut ajouter que les 70 agents en question sont embrigadés étroitement et obéissent en réalité aux ordres de quelques personnes.

Les deux oligarchies s'entendent.

L'oligarchie des banques a donc la partie belle, elle n'a qu'à s'entendre avec l'oligarchie de la Bourse, elle peut ainsi influencer les cours. On n'a plus, dans les conditions actuelles, de garantie quant à l'authenticité des transactions. Autrefois les achats et les ventes arrivaient directement en Bourse, ils étaient criés à haute voix, ils se compensaient en public; autrefois les cours étaient vrais, ils étaient sincères. Aujourd'hui l'on ne sait rien du mouvement réel des affaires. Les ordres et les achats sont recensés en secret par les agents de change avant la Bourse, les cours des valeurs sont fixés en petit comité avant la Bourse. Quand la cloche sonne, annonçant l'ouverture des transactions, le rapport des acheteurs et des vendeurs est exactement déterminé. On peut deviner l'avantage énorme qu'une telle connaissance confère à des établissements qui peuvent déjà peser si puissamment sur le marché par leurs interventions personnelles. Les seules fluctuations qui se produisent naturellement à la Bourse de Paris sont celles qui proviennent de l'arbitrage international, quand l'étranger achète ou vend chez nous ; mais il y a lieu d'observer que si les places de Londres, de New-York ou de Paris interviennent sur certains titres cosmopolites comme l'Extérieure ou le Rio, elles n'opèrent jamais sur les valeurs placées exclusivement en France. Pour celles-ci, nos établissements de crédit connaissent toujours avant la Bourse la proportion des offres et des demandes, ils ne sont pas exposés à rencontrer des résistances ou des oppositions imprévues, ils peuvent donc trafiquer et manipuler comme il leur plaît.

Chaque valeur monopolisée.

Disons même que l'organisation du marché parisien est poussée si loin que c'est généralement un seul agent qui concentre entre ses mains les ordres d'achat et de vente sur chaque valeur, que c'est un seul agent qui fixe son cours. Ce n'était pas assez de monopoliser la Bourse, on a monopolisé les valeurs. Chaque agent a son privilège, son droit exclusif de travailler tel ou tel titre. A détient la Sosnowice, B les Raffineries d'Égypte, C la Briansk, E F G sont seuls autorisés à coter les fonds russes, et les cotent en s'entendant avec les établissements de crédit, naturellement. Une telle concentration du marché des valeurs est spéciale à notre pays. Depuis que nos grandes sociétés ont établi leur domination sur l'épargne, la Bourse a disparu, la Bourse est morte.

III

L'oligarc
paie la press

L'oligarchie n'a pas seulement la Bourse comme moyen d'action, elle a aussi la presse, car elle paye ou subventionne à peu près tous les journaux. Il n'est guère d'organe politique ou financier un peu important qui ne reçoive d'elle une mensualité régulière, et l'on sait qu'à propos de chaque émission, elle distribue de l'argent aux feuilles les plus modestes. On appelle cela « publicité ».

Publicité, le mot est joli. On l'a inventé pour faire croire que ces allocations à la presse rémunéraient des services avouables. La théorie est la suivante : les banques ayant besoin de communiquer avec le public afin de lui offrir leurs services, ou de lui proposer des affaires, il n'y a pas de raison pour que les journaux publient leurs prospectus ou leurs avis gratuitement. Il faut bien que les journaux vivent et la publicité financière est pour eux une réclame comme une autre. Cela serait vrai si nos journaux conservaient à l'égard de l'oligarchie une entière indépendance d'opinion, cela serait vrai si nos journaux, tout en reproduisant à leur quatrième page les notes et les communiqués de l'oligarchie, ne craignaient pas de juger ses actes en toute impartialité, le cas échéant. Mais on sait qu'ils ne le font jamais et que jamais ils ne publient dans leurs colonnes aucune appréciation défavorable aux banques. L'oligarchie financière n'est donc pas comme les autres institutions humaines, elle est donc parfaite, elle ne commet donc pas d'abus!

Le silence d'or.

La vérité, on la connaît: ce que nos établissements de crédit achètent aux journaux, c'est beaucoup moins leur publicité que leur silence. Quand le Crédit Lyonnais fait une émission, très fréquemment il demande à la presse de n'en pas parler, il la prie de se taire. Que paie-t-il en ce cas? Où est la publicité qu'il rémunère?

Autre fait: le Crédit Lyonnais distribue périodiquement à certains journaux des chèques ne se rattachant à aucune insertion particulière dans leurs colonnes. Pourquoi cette générosité, cette charité? Si de tels abus ne constituent pas une corruption, il faut changer la langue française.

Il y a quelque temps, la Société Générale contremandait une émission de la Westinghouse qu'elle avait malheureusement engagée, elle annulait cette émission dans des conditions qui l'eussent déshonorée, si on les avait rendues publiques. Que fit la Société Générale? Elle distribua à la presse le « budget » qu'elle avait préparé pour cette affaire. Où était la justification de ces libéralités, puisque l'émission n'avait pas lieu? Qu'achetait-on ici encore? Était-ce de la publicité? Évidemment non. C'était du silence.

Le résultat est le suivant: dans notre pays si licencieux, si frondeur, où l'on ne respecte rien, où l'on ne craint aucune autorité, où l'on malmène sans pitié la religion, le gouvernement, la magistrature, l'armée, la propriété, un seul pouvoir a réalisé le miracle de dominer et d'écraser la nation, sans s'attirer aucune critique : ce pouvoir est celui des banques. Rien ne montre mieux la force de l'argent.

Le plus beau cas de centralisation financière.

En écrivant que notre système de banques en France était absolument spécial, nous n'avons donc pas exagéré. Le trait distinctif de l'organisation française est une centralisation excessive, une centralisation qui dépasse toute limite, puisque l'épargne est entre les mains de plusieurs établissements qui couvrent le pays de leurs succursales, qui sont les maîtres de la Bourse, du marché des valeurs et qui, subventionnant en outre toute la presse, gouvernent l'opinion.

On ne peut s'empêcher de l'observer ici, la France est toujours la France, elle n'a pas changé, elle est toujours le pays qui réalise les idées politiques et sociales sous la forme la plus extrême. La France a connu la monarchie la plus absolue sous Louis XIV : elle avait alors le Roi personnifié qui disait : « L'État, c'est moi. » La France a connu la dictature militaire la plus caractérisée, elle a eu le plus audacieux conquérant, la plus grande botte éperonnée du monde entier : Napoléon. Quand une tendance se dessine en France, elle va jusqu'au bout, elle s'établit sous une forme parfaite. Nous ne faisons pas les choses à moitié, nous les faisons complètement. Nous sommes le pays des beaux cas. Ici encore, dans ce domaine essentiellement moderne de la concentration financière, c'est à la France qu'il est réservé apparemment de faire l'éducation du monde et d'illustrer par son propre exemple le danger national auquel aboutit la centralisation des banques d'un pays en quelques mains,..

IV

Situation faite en France.

Quand nous avons déclaré que les conditions dans lesquelles les emprunts étrangers se concluent en France sont uniques et n'existent nulle part ailleurs, Testis a protesté, il a fait semblant de comprendre que nous parlions des conditions juridiques, des formalités d'admission, des règlements, etc., et s'étant placé lui-même sur ce terrain inoffensif et peu compromettant, il s'est mis à comparer la législation de la France avec celles de l'étranger afin d'établir que dans les autres pays la loi n'est pas plus prévoyante, plus sévère, qu'elle ne prend pas à l'égard des banques plus de garanties que chez nous. Devant cette manière de raisonner on a peine à réprimer un mouvement d'épaules.

S'il est vrai que, dans tous les pays, la loi est approximativement la même en ce qui touche l'orientation des capitaux, s'il est vrai que dans tous les pays, d'une manière générale, on laisse carte blanche aux banquiers et l'on intervient fort peu dans les affaires qu'ils concluent, il y a cette différence entre la France et les autres pays que chez ceux-ci, les banquiers sont relativement nombreux et se font concurrence, au lieu que chez nous une oligarchie financière détient le monopole des grandes émissions. En résumé, la loi est peut-être la même, mais la situation diffère totalement. Dans ces conditions, il est une vérité que tout le monde comprendra : si la liberté, le laisser-faire n'ont pas d'inconvénients sérieux en Angleterre, en Allemagne, où les banquiers sont en compétition, ils en ont de très grands en France où ils ont pour effet d'abandonner la direction de l'épargne à un seul syndicat.

La liberté des grandes banques.

En France, la liberté qu'on laisse aux grandes banques donne les résultats suivants : sur 100 milliards que notre pays possède en valeurs mobilières, 37 milliards sont des valeurs étrangères (plus d'un tiers[1]). M. Edmond Théry n'est pas avec nous ou du moins il n'en a pas l'air, car on se sert de lui pour nous combattre. Cependant M. Edmond Théry constate le fait suivant : sur 21 milliards et demi qui sont entrés dans les portefeuilles français depuis seize ans, plus de 16 milliards sont des valeurs étrangères, plus de 16 milliards, c'est-à-dire plus des trois quarts !

Où sont ces 16 milliards ? Ils sont en Russie, pays qui a été cependant en état de faillite virtuelle et n'a payé ses coupons qu'à la condition qu'on lui consentît 20 ans de nouveaux emprunts ; ils sont en Tur-

1. L'estimation actuelle des valeurs étrangères en France est de 40 à 45 milliards, et nous la croyons trop modérée.

quie, en Bulgarie, en Serbie, pays à activité économique des plus restreintes, à situation politique des plus troublées; ils sont au Brésil, en République Argentine, tous pays à finances douteuses, qu'on a mis depuis quelques années à la mode et auxquels nous continuons à envoyer nos capitaux par centaines de millions; ils sont dans l'Uruguay, ils sont au Chili, etc., tous pays menacés plus ou moins prochainement du déficit. Une bonne partie de cet argent prêté par nous n'a pas été consacrée à des travaux productifs, mais a servi à préparer la guerre et payer des armements.

Nos avances aux gouvernements étrangers sont tellement excessives qu'en Danemark, pays des plus pondérés et des plus sérieux, le ministre des finances, M. Neergaard, voyant s'élever sans cesse le niveau de la dette publique, supplie ses concitoyens de ne plus emprunter. Il n'est pas très agréable d'être un prophète de malheur, mais c'est notre conviction et celle de nombreux esprits, que cette politique d'exportation immodérée des capitaux français à l'étranger que nos établissements de crédit poursuivent depuis quinze ans dans un but scandaleusement égoïste doit aboutir fatalement à des désastres.

Tout pour l'étranger, rien pour la France.

Et le côté le plus grave de la question n'est peut-être pas là, il est peut-être dans cette constatation invraisemblable que pendant toute cette longue période où nos établissements financiers n'ont cessé de jeter des milliards d'argent français à l'étranger, ils n'ont rien fait pour notre propre pays. L'histoire enregistrera plus tard avec stupéfaction que pendant ces seize années où la France avançait à l'étranger plus de 16 milliards de francs, ses industriels, ses commerçants ne pouvaient développer leurs affaires faute de crédit, qu'elle n'exécutait aucuns travaux publics, qu'elle ne construisait aucuns chemins de fer, aucuns canaux, dignes d'elle et qu'elle ne mettait même pas ses ports de mer en état de recevoir des bateaux !

Une argumentation peu solide.

Dans un article paru le 20 décembre 1908, et qui semble nous répondre, le journal *le Matin* constatant que la France a prêté 16 milliards de francs à l'étranger depuis 16 ans, donne à entendre que c'est là un fait favorable. Il présente l'argument suivant, qui étonnera certainement plus d'un lecteur : « Pendant cette période, dit-il, la production aurifère mondiale n'ayant été que de 22 milliards et demi de francs, on on peut juger des difficultés de tout ordre que la France aurait créées aux pays emprunteurs et à toutes les nations commerciales sans exception aucune si elle n'avait pas restitué à la circulation universelle les 16 milliards de francs d'or représentant le capital de ses nouveaux titres étrangers (*sic*). » Il est évident que dans ces conditions le devoir de la France était tout tracé, elle ne pouvait déchaîner une crise dans le monde entier, ses traditions de chevalerie s'y opposaient ! Nos établissements de crédit l'ont compris, ils ont un sens tellement aigu du rôle de la patrie française !

Dans un livre intitulé *Les Progrès économiques de la France*, M. Edmond Théry met en avant un argument du même ordre. La France, dit-il en substance, produit beaucoup de capitaux nouveaux. Si ces capitaux nouveaux restaient dans le pays, ils feraient concurrence aux anciens. « A quel taux le loyer des capitaux serait-il tombé en France, si l'épargne nouvelle n'avait pas eu à sa disposition les valeurs internationales? Peut-être au-dessous de 1 p. 100. C'eût été la ruine des petits rentiers... (*sic*). » Ceci est la théorie des Russes. Les Russes disent ceci : les Français ont trop d'or. Il faut les saigner de temps à autre dans leur intérêt. Autrement ils mourraient d'apoplexie aurifère.

Nous avons trop d'or, mais pas assez d'outillage.

Expliquez cela : nous avons trop d'or et cependant nos industriels, nos commerçants se plaignent de ne pas en avoir assez, ils sont dans l'impossibilité de faire à leur clientèle les mêmes conditions de crédit que leurs concurrents étrangers ! Nous avons trop d'or et, de tous les grands peuples modernes, c'est nous qui possédons l'outillage le plus arriéré du siècle ! En vérité, l'on a beau savoir d'où viennent ces théories et dans quel but on les émet, on ne peut s'empêcher de protester contre des sophismes que l'on ne répand que pour fausser le bon sens populaire. On peut donner l'assurance au *Matin* que si les Français n'avaient pas prêté 16 milliards à l'étranger, ils n'auraient pas entassé ces 16 milliards dans la plaine d'Issy-les-Moulineaux, pour le vain plaisir de les soustraire à la circulation universelle, mais qu'ils auraient restitué ces 16 milliards à la circulation à leur manière en accomplissant chez eux des œuvres dont ils ont grand besoin et qui sont sûrement plus utiles que de donner le moyen de faire la noce aux grands-ducs. Il faut également rappeler à M. Edmond Théry que, dans tous les pays du monde, on a coutume de consacrer les capitaux nouveaux non pas à concurrencer les entreprises anciennes, mais à créer des entreprises nouvelles et à développer l'outillage du pays qui nécessite une transformation et un agrandissement incessants, étant donnée l'évolution rapide du capitalisme moderne. Cela se passe ainsi en Allemagne, en Amérique, en Angleterre, cela devrait se passer de la même manière en France. Non, Monsieur Théry, le petit rentier ne sera pas ruiné, si l'on accroît les moyens de production du pays. Il se peut que le petit rentier soit ruiné un jour, mais ce sera, vous le savez comme nous, pour une autre raison : le petit rentier sera ruiné si, comme il est à craindre, il perd une partie de son avoir à un moment donné dans des faillites d'États étrangers.

Les bons esprits se révoltent.

M. Paul Cauwès, professeur d'économie politique à la Faculté de droit de Paris, a écrit une préface au livre de M. Edmond Théry; mais, sur cette question des placements français, il a eu le courage de ne pas souscrire à ce qui lui paraissait un sophisme. Comme il l'a fait observer justement, personne ne demande que la France place tout son argent chez elle ; on demande seulement qu'elle en place une plus grande partie : on demande qu'elle ne néglige pas systématiquement son propre outillage pour développer celui des autres. Ce n'est donc pas une question de principe qui se pose, c'est une question de mesure, une question de limite. M. Cauwès s'exprime ainsi :

Cette proposition de placements étrangers (16 milliards sur 21 1/2) n'est-elle pas exorbitante ? La question a été longuement examinée, il y a quelques années, à la Société d'économie politique nationale... On retrouve ici l'opinion alors émise par M. Edmond Théry, plus fortement défendue encore[1]. De mon côté, je persiste à penser qu'une beaucoup plus forte part de notre épargne pourrait être utilisée au profit de l'économie nationale; et pourtant ne serions-nous pas, M. Edmond Théry et moi, assez près de nous entendre? Il établit sans réplique possible, je crois (spécialement dans les dernières pages du livre), que l'absorption totale de l'épargne française par les placements intérieurs n'est ni possible ni désirable. Ne pourrait-elle être très sensiblement accrue? C'est le seul point litigieux... Aujourd'hui l'épargne française est en présence des seules grandes intitutions de crédit existantes; leur caractère de Banques de dépôt limite fâcheusement et peut-être plus que dans la mesure nécessaire leur action pour la commandite industrielle. Mais au peu d'empressement de notre épargne vers les placements industriels, il y a d'autre causes que la défectueuse organisation actuelle du crédit; ce sont des causes d'ordre psychologique. Timorés à l'excès quand il s'agit de valeurs industrielles ou coloniales, nous sommes d'une folle témérité pour répondre à l'appel des États emprunteurs à finances suspectes.

1. Il est juste de mentionner que depuis la publication de nos premières éditions M. Edmond Théry a manifesté dans ses écrits qu'il reconnaissait le caractère excessif de nos placements étrangers. On ne peut que lui savoir gré de cette évolution.

Nous amassons de l'or; l'encaisse de la Banque de France, les dépôts des Caisses d'épargne, les plus-values de l'annuité successorale, tout atteste notre richesse croissante. Pourquoi, par un déplorable contraste, l'objection financière fait-elle ajourner ou ralentir l'exécution de tant d'entreprises d'intérêt national, travaux de navigabilité de nos fleuves, de canalisation, d'approfondissement de nos ports, d'extension du réseau de nos voies ferrées? Que d'œuvres de défense et de salut, tels que le reboisement des montagnes, ne sont dotées que de dérisoires crédits!

Le *Statist*, un journal financier anglais très sérieux, formulait récemment l'opinion suivante, évidemment désintéressée :

Opinion d'un journal anglais.

Malheureusement, la France n'emploie pas son immense fortune au mieux de ses intérêts. Comme nous venons de le dire, elle a financé Londres d'abord, puis Berlin, New-York, Rome, etc., elle a prêté des sommes énormes à la Russie et de petites sommes à tous les autres pays du globe, mais elle a très peu fait pour développer son propre commerce. Pris ensemble, le climat et le sol de la France sont les plus beaux du monde; ce sont certainement du moins les plus beaux de l'Europe. Le peuple français n'a pas son égal en intelligence, en invention, en goût, en économie. Si donc il employait l'énorme capital qu'il épargne chaque année à créer une grande industrie manufacturière ou un grand commerce de transport, il redeviendrait bien vite un des premiers peuples du monde, la population de la France augmenterait à nouveau et, en guerre ou en paix, il serait l'égal de ses voisins. Au lieu de cela, il préfère voir les Anglais, les Américains et les Allemands courir les risques et se contenter, lui, d'une médiocre certitude. Il n'y a donc en France qu'un petit nombre d'entreprises nouvelles. Il ne s'y crée pas de nouvelles industries, les villes voient leurs populations s'augmenter très lentement et, somme toute, comme chacun sait, la population de ce pays reste stationnaire.

V

Le gouvernement serait seul responsable.

A cette accusation d'avoir employé les milliards de la France presque exclusivement à l'étranger, nos établissements de crédit opposent, pour se disculper, des raisonnements dont le lecteur appréciera la valeur.

Nous n'avons jamais conclu, disent-ils, d'emprunt étranger sans l'assentiment du gouvernement français, nous l'avons toujours consulté et, toutes les fois qu'il a manifesté une opposition, nous avons tenu compte de ses avis.

Que le gouvernement français ait sa responsabilité dans les actes de l'oligarchie, nous ne le mettons pas en doute, nous l'avons dit nous-mêmes dans nos premiers articles. Oui, l'oligarchie a trouvé malheureusement, chez nos ministres républicains, une passivité qui lui laissait les mains libres; elle a pu, grâce à la tolérance des pouvoirs publics, administrer les capitaux du pays comme elle le voulait. Il reste à savoir si cet argument est une excuse et s'il ne se retourne pas, au contraire, contre l'oligarchie. Il faut dire, à la décharge de nos ministres, qu'ils ne sont pas armés pour lutter contre nos établissements de crédit : ceux-ci les tiennent par l'argent. Par l'argent, nous prenons ce mot dans le sens le plus honorable, quoique l'autre ait eu son application aussi. Nous voulons rappeler seulement cette vérité que le gouvernement a besoin de l'oligarchie pour maintenir le cours de la rente, pour placer ses Bons du Trésor, et pour faire face à ses nécessités de trésorerie. Oui, le gouvernement a besoin de l'oligarchie; il lui demande des services, il n'est pas indépendant vis-à-vis d'elle, il n'est donc pas toujours en mesure de lui imposer ses conditions.

Intérêts français sauvegardés.

Si Testis veut dire qu'avant d'entrainer les banques à émettre des emprunts étrangers, notre gouvernement sait exiger toutes les garanties que réclame l'intérêt du pays, on peut lui montrer, par des exemples récents, qu'il se trompe. En une période de deux ans, la France a souscrit à deux emprunts japonais s'élevant à 450 millions. Depuis cette époque, le Japon a commandé, en matériel naval et militaire, 60 millions à l'Angleterre, 118 millions à l'Allemagne et 120 millions à l'Amérique; mais il n'a pas commandé un centime à la France. (Révélations du *Temps*, en janvier 1908.) Cependant, l'emprunt japonais de 250 millions placé en France en juillet 1907 avait servi à rembourser un emprunt de 6 p. 100 émis antérieurement en Angleterre, et pour lequel les Anglais détenaient une garantie spéciale sur les recettes des chemins de fer. La France avait consenti à débarrasser le Japon de cette servitude; elle avait prêté à celui-ci, sans garantie spéciale et à un taux moindre; la France avait donc rendu service au Japon.

Commentant cette nouvelle, *le Courrier de Bruxelles* faisait les réflexions suivantes :

Ah! que ne peuvent-ils, nos bons Français, fréquenter un peu l'étranger et, dissimulant leur nationalité, écouter et retenir ce que l'on dit d'eux.

Ils seraient sans doute écœurés, mais guéris.

Présentement, et depuis longtemps, ils pourraient être les rois du monde, étant les plus riches et d'une richesse que le travail le plus acharné et l'épargne la plus admirable ne font qu'augmenter chaque jour. Ils auraient pu, en échange d'un peu de leur or, dicter des conditions à tous les faméliques d'Europe et d'outre-mer...

Comment la Russie nous traite.

Voici un fait encore plus récent et tout aussi significatif : à la veille de conclure avec la France un autre emprunt de 1.100 millions, la Russie commande quatre cuirassés à la maison allemande Blohm et Voss, et l'empereur Guillaume adresse un télégramme officiel à cette maison pour la féliciter de son succès (*Temps* du 25 août 1908). Au mois de novembre suivant, contraint de répondre à cette publicité insultante par quelque chose, le gouvernement français esquisse auprès du gouvernement russe une protestation. L'emprunt russe n'est pas moins conclu. (*Agence Fournier* du 18 novembre 1908.)

Il serait sans doute oiseux de s'en prendre à nos ministres des finances dont la liberté d'allures et l'indépendance sont si restreintes. M. Caillaux a déclaré cependant à la tribune du Sénat que ces émissions de fonds d'États étrangers qui se poursuivent sans interruption en France constituent un véritable danger national. Nous savons que certains de ses prédécesseurs ont la même opinion. D'autre part, en autorisant une émission étrangère, nos ministres constatent seulement qu'elle n'est pas contraire aux intérêts de la diplomatie : ils ne se prononcent pas sur la question de l'orientation des capitaux ; ils ont cru ou se sont persuadé jusqu'ici que cette question n'était pas de leur ressort.

Le mot d'un ministre.

N'oublions pas, enfin, que l'oligarchie financière dispose des journaux, qu'elle a des moyens d'action irrésistibles, écrasants. Avant de contrarier un tel monstre, un ministre qui ne prend pas appui sur un courant d'opinion ou sur un parti parlementaire a lieu de réfléchir. A un député qui lui signalait l'omnipotence de nos grands établissements de crédit, M. Caillaux aurait dit : « Il est trop tard ; on a trop attendu ; on ne peut plus rien faire aujourd'hui ; ils sont trop forts, trop puissants... »

VI

Argument humoristique.

Testis fait l'objection suivante — on va croire que nous plaisantons — : si nos établissements de crédit placent tant de valeurs étrangères, ils n'en sont pas responsables. En effet, il n'est pas vrai de dire que ces établissements dirigent le public ; c'est au contraire le public qui les dirige, et comme ce public veut des valeurs étrangères, on est obligé de lui en fournir (*sic*). Évidemment, oui, en y réfléchissant, les choses doivent se passer de la sorte. Le public veut des fonds russes; il les réclame à toutes les succursales de nos banques à Paris et en province. Devant ce mouvement d'opinion, la presse politique et financière s'émeut; elle se met à la remorque du courant populaire. A la Bourse, même spontanéité : les achats du public viennent de tous les côtés, sans qu'on les provoque, et naturellement les fonds russes montent. Que voulez-vous qu'ils fassent? D'autre part, comment reprocher à nos établissements de crédit leurs émissions russes? Ils ont la main forcée. Se rappelant ce que nous avons écrit sur l'organisation des banques en France, plus d'un lecteur pensera que Testis n'est pas dépourvu de toute qualité d'humoriste.

…n s'arrache … emprunts …ses.

Autre point : nous avons constaté que ces emprunts consentis par la France aux pays étrangers étaient conclus avec une marge moyenne d'environ 8 p. 100 entre la somme versée aux gouvernements et le prix d'achat du public. C'est là, faisions-nous observer, un écart absolument usuraire. Testis répond « que la France n'est pas seule au monde ; que les prix pratiqués par nos banques sont en harmonie avec ceux que fixent les marchés des autres valeurs ». Très véridique, n'est-ce pas? Il est exact que la France est en concurrence avec les autres pays, pour s'assurer les emprunts du gouvernement russe, si convoités, comme chacun sait, en Amérique, en Allemagne, en

Angleterre. Il est non moins exact que le prix de ces emprunts est finalement arrêté par la compétition. Enfin, nous devons sans doute féliciter nos banques françaises, qui remportent sans cesse la victoire dans ce tournoi, grâce à leur habileté ou à la supériorité de leur organisation.

VII

Les émi sions des ba ques allema des.

Pour édifier le lecteur sur la manière dont nos établissements de crédit remplissent leur devoir envers le pays, on n'a qu'à mettre en parallèle les émissions auxquelles elles procèdent avec celles des quatre principales banques allemandes à la même époque :

La *Deutsche Bank*, la *Dresdner Bank*, la *Darmstaedter Bank*, et la *Disconto Gesellschaft* ont émis en 1906 les valeurs suivantes :

36 rentes et obligations de villes allemandes : Emprunt allemand 3 1/2 %, 260 millions de marks. — Emprunt prussien 3 1/2 %, 300 millions de marks. — Emprunt bavarois 3 1/2 %. — Wurtemberg 3 1/2 %. — Lubeck 4 %. — Province Westphalie 4 0/0. — Berlin 3 1/2 %. — Charlottenburg 3 1/2 %. — Bonn 3 1/2 % et 4 %. — Cologne. — Duisburg. — Dusseldorf. — Leipzig. — Magdeburg. — Mannheim. — Munich. — Thorn. — Schmergendorf. — Zehlendorf. — Teltow. — Dresde 3 1/2 %. — Offenburg 3 1/2 %. — Sachsen 4 %. — Hessische 4 %. — Nürnberg 3 1/2 %. — Badische 3 1/2 %. — Ulm 4 %. — Chemnitz 3 1/2 %. — Harburg 3 1/2 %. — Kiel 4 %. — Linden

3 1/2 %. — Plauen 4 %. — Wiesbaden 4 %. — Posen 3 1/2 %. — Ludwighafen.

40 Banques, Sociétés d'assurances, Crédits fonciers allemands : Preussischen Bodencredit 4 %. — Mecklenburg Bank. — Hannover Boden 4 %. — Hyp. Bank Hamburg 3 1/2 et 4 %. — Braunschweig-Bank. — Schlesisch-Bank-verein. — Deutch-Asiatisch. — Commerzbank Lübeck. — Wurtemberg Vereinsbank. — Chemnitzer Bankverein. — Bayerischen Handelsbank. — Dantzigerbank. — Essener Creditanstalt. — Norddeutschen Creditanstalt. — Rheinischen Creditbank. — Nordstern Versich. — Boden Hochbahnof. — Erfurterbank. — Berg und Metallbank. — Barmer Bankverein. — Bayerischen-Bank. — Deutschen Africa Bank. — Berliner Feuerversich. — Landescredit Cassel. — Dresdner Bank. — Schaafhausen. — Bayerischen-Boden. — Hessischen Landbank. — Grundcredit Gotha 4 %. — Berlin Sudwesten. — Dresden Grundrenten Anstalt. — Hessischen Landescreditcasse. — Bauverein Unter den Linden. — Deutschen Orientbank. — Deutschsüdamerikanische Bank. — Alleg. Boden. — Schmargendorger Boden. — Hallesche Pfännerschaft. — Deutsche Nationalbank. — Wechselstuben Mercur.

99 Valeurs industrielles allemandes : Halberstadt Eisenbahn 3 1/2 %. — Electr. Hoch und Untergrundbahnen 3 1/2 %. — Allg. Electr. Ges. 4 %. — Rheinisch. Westfäl. Electricitätswerk 4 %. — Siemens Schuckwert 4 %. — Elbsschiffahrt 4 %. — Deutsch Bohm Kohlen 4 %. — Steingutfabrik Sornewitz 4 %. — Smyrna Teppisch 4 %. Hesper Eisen 4 1/2 %. — Deutsch-Oesterr. Mannesmannröhren 4 1/2 % — Hüttenbertrieb Meiderich 4 %. — Constantin der Grosse 4 %. — Königsborn 4 %. — Gewerkschaft Frisch Glück. — Chemischen Fabrik Griesheim. — Fortuna Braunkohlen. — Hohenlohe Werke. — Fränkischen Schuhfabriken. — Kupferwerke Deutschland. — Arthur Koppel. — Deutschen waggen Leihanstalt. — Speicherei Riesa. — Deutsch-Ubersee. Electr. Ges. — Bergmann Electr. —

Berliner Elektr. — Berlin. Maschinenbau. — Deutschen Dampschiffahrt. — Essenerstein Kohlen. — Stettiner Chamottefabrik. — Deutschen Continental Gaz. — Rombacher Hütten. — Wasserwerk Westfäl. — Berlin-Francfurt Gummiwaaren. — Hamburg Amer. Packetfahrt. — Norddeutschen Lloyd. — Maschinenfabrik Vogtländisch. — Telephonfabrik 4 1/2 %. — Bierbrauerei Gebr. Muser 4 %. — Firma Wedekind 4 1/2 %. — Herdingen 4 1/2 %. — Union Bergbau. — Elektr. Werk Sudwest. — Mix und Genest. — Asbest Alfred Calmon. — Petroleum Industrie. — Freiherrlich Brauerei. — Dillinger Hüttenwerke. — Kamerun Eisenbahn. — Pfalzischen Lüdwigsbahn. — Kattowitzer. — Phönix. — Kammgarnspinnerei Stöhr. — Maschinenbau Schwartz Kopf. — Norddeutschen Wollkammerei. — Husteuer Gewerkschaft. — Gelsenkirchen 4 %. — Deutsch. Niederl. Telegraphen. — Rinteln-Stadthagen Eisenb. — Nordseewerke. — Hamburg Sudamer. Dampschiff. 4 %. — Neuen Rheinau. — Vogtländ. Tüllfabrik. — Telephon Berliner. — Grefelder Strassenbahn. — Dresdner Spitzen Manufactur. — Elekt. Unternehm. Berlin. — Christoph Friedrich Kohlen. — Berliner Elektricitäts Werke. — Felten und Guillaume. — Berliner Hotel. — Gewerkschaft Deutschland Hannover. — Firma Günter Wagner. — Neckarwerke Altbach. — Elektricität A. G. — Dresdner Malzfabrik. — Wanderer Fahrradwerke. — Internationalen Kohlenbergwerks. — Schmirgel und Maschinen Fabriken. — Nürnberger Metall und Lackierwaaren. — Tecklenburg Schiffswerft. — Grün und Bilfinger. — Rütgerswerke. — Orientalische Eisenbahnen. — Bismarckhütte. — Balcke Tellering A. G. — Dampfschiffahrt Neptun. — Slavonischen Localbahn. — Porzellanfabrik Rosenthal. — Vereinsbrauerei Herrenhausen. — Pfalzische Eisenbahn. — Harpener Bergbau. — Eisenhütten Thale. — Midgard Seeverkehr. — Magdeburger Strasseneisenbahn. — Zellstoffabrik Tilsitt. — Heldburg Bergbau. — Dampffischerei Nordsee. — Weithewerke.

30 Émissions étrangères : Chili 4 1/2 %. — Pérou 6 %. — Chicago Rock Island 4 %. — Southern Pacific 4 %. — act. et obl. Brown, Boveri et Cie. — Steana Romana 5 %. — South West Africa. — Baltimore Railway. — Barcelonaise d'Électricité. — Wiener Bankverein. — Christiana Strassenbahn 4 %. — Oesterr. Creditanstalt. — Oesterr. Bodenanstalt. — Banca Romana. — Oesterreische Kronenrente 4 %. — Bundesbahn (Suisse) 3 1/2 %. — Bons Trésor Sao-Paulo. — Nobel Dynamit Trust. — Oesterreichische Schiffahrt. — Oesterr. Nordwest Dampschiffahrt. — Société Métall. de Sambre-et-Moselle. — Sovereign Bank of Canada. — Mines de zinc de Guergour. — Emprunt suédois 3 1/2 %. — 3 1/2 % Sofia. — Mexican Central Railway. — American Telephon. — United Railway San Francisco. — America Bank. — Amsterdamische Bank.

175 émissions nationales, 28 étrangères.

Constatation : les quatre établissements de crédit précédemment désignés ont procédé en 1906 à 205 émissions, dont 175 avaient trait à des valeurs nationales, et 28 à des valeurs étrangères. Sur les 175 émissions nationales, 36 se rapportaient à des rentes ou à des emprunts de ville, 40 à des banques ou crédits fonciers, 99 à des valeurs industrielles.

En parcourant l'énumération qui précède, le lecteur ne manquera pas d'éprouver une forte impression. En Allemagne, les banques fournissent à toutes les provinces, à toutes les villes du pays, l'argent nécessaire à leurs travaux publics; en Allemagne, les banques s'intéressent ou fournissent des capitaux aux entreprises les plus diverses : banques d'affaires ou de crédit, chemins de fer, tramways, charbonnages, fonderies, aciéries, sociétés de construction mécanique, sociétés de navigation, d'eaux, de gaz, d'électricité, fabriques de produits chimiques, de dentelles, de porcelaine, brasseries, filatures, pêcheries, etc. Bref, elles développent la production du pays sous toutes ses formes et l'on peut dire que rien de ce qui est allemand ne leur est étranger.

Voici maintenant les émissions effectuées par nos trois établissements de crédit français : Crédit Lyonnais, Société Générale et Comptoir d'Escompte, pendant cette même année 1906 :

Les émissions de trois grandes banques françaises.

3 *Rentes et obligations de villes ou de colonies françaises* : Madagascar 3 % 15 millions 1/2. — Algérie 3 %, 20 millions. — Tunisie 3 %, 20 millions.

5 *Banques et institutions de crédit françaises* : Banque de l'Indo-Chine 30 millions. — Banque du Nord 37 1/2 millions (en Russie). — Union Commerciale Indo-Chine 8 millions. — Comptoir d'Escompte de Genève. — Banque d'Orient.

18 *Entreprises industrielles françaises* : Métropolitain 23 millions. — 3 % Ouest-Algérien 15 millions 1/2. — Distillerie Indo-Chine 10 millions. — Énergie Électrique littoral méditerranéen 36 millions. — Cie Générale Française de Tramways 40 millions. — Éclairage, Chauffage et Force motrice 6 millions. — Papeterie Gouraud 3 millions. Chemin de fer St-Étienne 4 millions 1/2. — Cie Générale d'électricité 5 millions. — Union des Gaz 14 millions. — Compteurs et matériel d'Usines à Gaz 2 millions. — Cie Générale Distribution énergie électrique 12 millions. — Usine Métallurgique Basse-Loire 8 millions 1/2. — Aciéries de France. — Cie Française de Tramways de Shanghaï. — — Cie Générale de Campagnac. — Sté Méridionale Transport de Force. — Bons 4 % Messageries maritimes.

14 *Grandes émissions étrangères* : Emprunt russe 5 % 1.092 millions. — Chemin de fer américain Pennsylvania

3 3/4 % 245 millions 1/2. — Uruguay 5 % 107 millions. — Norvège 3 1/2 % 76 millions. — Belgique 3 % 71 millions. — Berne 3 1/2 % 29 1/2 millions. — Suède 3 1/2 % 60 millions — Hollande 3 % 28 millions 1/2. — Suisse 3 1/2 5 millions. — Chemins de fer Province Buenos-Ayres 32 millions. — Crédit foncier égyptien 30 millions. — Crédit foncier hongrois 33 millions. — Crédit foncier franco-canadien 10 millions.

1.800 millions de valeurs étrangères. Comme emprunts de villes et de colonies, comme émissions de banques et d'institutions de crédit, en France, l'activité de nos grandes sociétés a été nulle. Dans le domaine des entreprises industrielles nationales, elle n'a pas été moins insignifiante. Tout compris, le chiffre des émissions françaises ne dépasse pas 350 millions. Par contre, trois opérations, celles de l'emprunt russe, des chemins américains et de l'Uruguay enlèvent à elles seules 1.400 millions à l'épargne! En tout, les émissions de valeurs étrangères atteignent 1.800 millions!

1.800 millions de valeurs étrangères pour 350 millions de valeurs françaises! Une telle proportion dans un pays qui s'anémie industriellement et commercialement, n'est-elle pas fantastique?

VIII

La France a traversé la récente crise mondiale plus facilement que les autres pays. Tandis qu'un cataclysme ébranlait l'Amérique et que la restriction subite des affaires jetait le trouble dans toute l'Allemagne, la France restait tranquille et sereine, elle était sur un oasis à l'abri des vents et de la tempête. Excellente occasion pour affirmer — on n'y a pas manqué — que nous avions un système de crédit supérieur et qu'on devait admirer l'organisation qui nous donnait cette stabilité. Il faut s'entendre. Nous avons assurément de la stabilité sur le terrain industriel, nous avons celle des gens qui n'entreprennent rien et qui sont protégés par là contre tout insuccès. Comme nous jouons sur le marché mondial un rôle effacé, nous avons l'avantage, quand une crise éclate, d'être relativement peu touchés, nous avons en un mot la supériorité d'être médiocre, ce qui nous permet de traverser la vie sans aventure. Faut-il se réjouir de cette situation, doit-on s'en féliciter, c'est le point à examiner. *Les médiocres n'ont pas d'histoire.*

Dans les milieux où l'on réfléchit, les crises de surproduction industrielle ne sont plus considérées comme des crises mauvaises en soi, elles apparaissent aussi comme des crises heureuses; on a trouvé *Les crises de croissance.*

un mot pour les désigner on : a dit que ce sont des crises de croissance. Quand les pays grandissent, ils ne proportionnent pas toujours leurs efforts à leurs moyens, ils embrassent souvent plus qu'ils ne peuvent étreindre, ils sont donc obligés de s'arrêter et de subir un recul. Le progrès industriel n'est pas continu, il va trop vite ou pas assez. Dans les périodes d'exaltation économique, l'esprit d'entreprise est sans limite, on veut tout faire à la fois, on développe les mines, la métallurgie, l'industrie textile, le bâtiment, etc., etc.; dans ces moments d'activité fiévreuse on croit tout possible : il y a trois ans, alors qu'elle était en plein boom, l'Amérique n'avait-elle pas conçu la folle idée de transformer son matériel de chemins de fer? Cela devait lui coûter plusieurs milliards! Il n'importait. Elle croyait pouvoir ajouter cette dépense à toutes les autres. Il arrive alors ce qui doit arriver. Comme on entreprend trop, l'argent manque, la crise éclate.

Il se pose la question suivante : une fois la crise terminée, le pays est-il moins riche, moins prospère qu'il ne l'était avant la campagne d'affaires? Évidemment non, il est au contraire plus riche, il est plus prospère. Le bon sens l'indique : dans les créations, dans les installations qu'il a faites, une partie était en trop, elle a disparu, mais il est resté un surplus, un excédent. Finalement, l'outillage du pays s'est enrichi de chemins de fer, de tramways, de canaux, de mines, de manufactures qui n'existaient pas auparavant, mais qui maintenant subsistent, augmentant la capacité de produire. Il vaut donc mieux avoir la crise industrielle que de ne pas l'avoir. L'histoire montre que le capitalisme ne se développe pas sans crise, parce que c'est un mode de production inorganisé dans lequel les chefs d'entreprises travaillent indépendamment les uns des autres et ne connaissent pas la résultante de leurs efforts individuels.

La France aura sa crise de banquier universel.

Maintenant, est-il vrai de dire que la France a le privilège d'être soustraite aux crises et que sa modestie, pour ne pas dire sa chétivité industrielle, la met à l'abri des grandes commotions qui bouleversent la vie des peuples et causent tant d'infortunes individuelles? Il faut n'avoir pas réfléchi pour le penser. Par la volonté des grands établissements financiers qui nous gouvernent, la France ne fait pas d'industrie, et, par suite, elle n'est pas sujette au même genre de crise que les autres nations; mais si la France ne fait pas d'industrie, elle exerce dans l'économie du monde un métier tout particulier, et ce métier comporte des risques. Nous sommes des prêteurs d'argent, des banquiers, nous avons avancé des milliards à des pays à situation mauvaise ou douteuse. On peut donc se demander si nous n'aurons pas un jour notre crise à nous, la crise qui correspond à notre spécialité d'usurier universel.

CHAPITRE III

Plaidoyer « pro domo ».

Ce serait rapetisser étrangement la question des banques que de la réduire aux dimensions mesquines d'une dispute entre deux écrivains, ou d'en faire l'objet d'une polémique ayant un caractère personnel et, par suite, peu intéressant. Dans un débat aussi inférieur, notre cause n'aurait rien à gagner. Si donc Testis était un homme en chair et en os, exprimant ses idées propres, nous n'engagerions pas avec lui cette controverse. Nous nous dirions que les opinions sont libres et que, s'il nous paraît juste de critiquer les banques, il peut sembler équitable à un autre de les défendre.

Mais Testis n'existe pas. Derrière ce nom de plume, choisi d'ailleurs très maladroitement, on sait que c'est l'oligarchie qui parle. La réponse de Testis a été confectionnée dans un grand établissement de crédit; elle est à ce point officieuse, pour ne pas dire officielle, qu'elle est distribuée gratuitement dans les succursales des sociétés de dépôts aux clients qui reconnaissent avoir lu nos articles. Nous sommes d'autant moins indifférent à cette propagande que la réponse de Testis n'est pas, comme elle le prétend, une remise au point sincère de la question, qu'elle ne se borne pas à apporter des rectifications ou des atténuations à des côtés de notre thèse qui sont ouverts à la discussion, mais qu'au contraire elle constitue une œuvre éminemment tendancieuse où toutes les vérités pouvant gêner les banques sont passées sous silence ou altérées à dessein.

A cette réponse, il faut donc répondre. Il reste à savoir si l'oligarchie n'aura pas lieu finalement de se repentir d'avoir patronné le factum de Testis, si elle ne sera pas amenée d'elle-même à regretter d'avoir étalé aussi imprudemment sa mauvaise foi, et, ce qui est plus grave, lorsqu'on exerce, comme elle, un gouvernement, d'avoir affiché d'une manière aussi publique la faiblesse de ses idées.

Discussion à côté.

Quand nous avons montré que nos grands établissements de crédit exportaient l'argent français par milliards et que la tache honteuse de leur règne était le détournement des capitaux nationaux, orientés vers les pays à finances suspectes ou servant à commanditer l'étranger, on n'a rien pu répondre. Les chiffres étaient là pour témoigner que toute l'activité des banques françaises est de nature exotique. On s'est alors borné à nous parler de législation comparée, ou bien on a insinué que cette exportation de l'argent français était la faute du public, que c'était ce dernier qui voulait et exigeait qu'on employât ses capitaux en Russie! Dans notre dernier chapitre, nous avons mentionné ces balivernes.

Mais les établissements de crédit avaient à se défendre contre le reproche d'abandonner totalement l'industrie française, de ne lui fournir aucune ressource pour se développer et s'agrandir, de ne soutenir dans notre pays aucune initiative, aucun talent; ils avaient à expliquer pour quelles raisons, eux qui sont si actifs quand il s'agit de pousser à la construction de chemins de fer, de ports ou de canaux à l'étranger, ils laissent si passivement, si indifféremment, se consommer la décadence de notre outillage national. Qu'ont-ils répondu à ce grave chef d'accusation? On est curieux de le savoir. Nous devons donc énumérer sur ce point les arguments de Testis.

II

33 entreprises industrielles aidées par les banques en 15 ans.

Il n'y a, dit-il, qu'à parcourir la cote pour trouver des valeurs industrielles françaises que les établissements de crédit ont soutenues, et il cite les noms de 33 entreprises dont les titres ont été placés à leurs guichets. Ce sont ceux de grandes sociétés comme les Messageries Maritimes, la Compagnie Transatlantique, la Thomson Houston, les Aciéries de France, etc.

Cette énumération n'a pas d'autre but que de jeter de la poudre aux yeux. Évidemment, depuis quinze ans qu'ils règnent sur l'épargne, nos grands établissements n'ont pas eu de peine à effectuer 33 émissions de valeurs industrielles et il est assez curieux et symptomatique qu'ils puissent s'enorgueillir d'en présenter un chiffre aussi ridicule; mais pourquoi Testis, qui a publié tant de statistiques étrangères au sujet qu'il traitait, n'a-t-il pas simplement fait le compte des émissions industrielles françaises? En 1906, tandis que nos établissements de crédit plaçaient 1.800 millions de valeurs étrangères à leurs guichets, ils n'écoulaient que 300 millions de valeurs industrielles françaises; est-ce une proportion satisfaisante? En 1907, les mêmes établissements ont émis 1.200 millions de valeurs étrangères et seulement 110 millions environ de valeurs industrielles. Cela est-il suffisant? Qu'en pense le pays, et le Gouvernement?

L'auteur ne craint pas d'écrire que « l'appui donné par les banques allemandes diffère *beaucoup moins par l'importance que par la forme* de celui que donnent nos institutions de crédit à l'égard de l'industrie nationale. » Beaucoup moins par l'importance que par la forme! En d'autres termes, nos établissements français donnent à peu près autant à l'industrie que les établissements allemands, mais ils le donnent sous une forme différente. A peu près autant! ah! par exemple! En voilà une révélation! Mais laissons parler l'auteur, il va nous expliquer ce mystère. En Allemagne, la plupart des sociétés n'ont pas d'obligations, elles n'ont que des actions, et c'est pour suppléer à l'insuffisance de ce capital actions que les banques consentent aux sociétés de longs crédits. En France,

On demande des chiffres.

au contraire, le capital obligations prédomine. Autrement dit, quand une société française a besoin d'argent, elle émet des obligations.

En résumé, Testis dit ceci : les établissements français donnent à l'industrie un concours aussi grand que les établissements allemands, mais au lieu de donner ce concours sous la forme de crédits, ils le donnent sous la forme d'émissions d'obligations. On croyait qu'ensuite Testis allait prouver son dire, avec chiffres à l'appui, montrant quelle a été l'importance des émissions industrielles françaises effectuées par nos sociétés de crédit depuis plusieurs années, mais il s'en garde bien, et pour cause; il se borne à établir une distinction de pure théorie entre deux manières d'opérer qui sont, l'une, la participation (système allemand), et l'autre, l'émission de titres obligations (système français)... et finalement il conclut :

« Par cet ensemble de constatations, il paraît démontré (*sic*) que les principes de gestion en honneur chez nos banques au regard de notre industrie sont préférables à ceux en usage jusqu'ici en Allemagne (*sic*) et aussi que les institutions de crédit françaises soutiennent infiniment plus qu'on ne le croit, généralement, l'industrie nationale (*sic*). »

Il paraît démontré! Comment! c'est démontré comme cela, sans chiffres ni statistiques? Quand il s'agit de lui-même, en vérité, Testis n'est pas difficile.

III

Le caractère insignifiant des émissions industrielles françaises faites par nos grands établissements résultant des chiffres eux-mêmes, il est superflu d'en parler plus longtemps, mais il reste à examiner la question générale de l'aide financier que ces établissements donnent à l'industrie et au commerce sous la forme de crédit ou d'appui pécuniaire quelconque. On n'apprendra pas sans surprise que l'indifférence de nos sociétés de crédit à l'égard de l'industrie est « une légende », « un racontar qui circule et dont les personnes qui le propagent dans les salons et dans les cercles (*sic*) avec cette complaisance et cette assurance particulière à ceux qui veulent être bien informés n'ont jamais eu la conscience — ou seulement la curiosité — de vérifier l'exactitude (*sic*) ». Un racontar.

Attrapez cela, M. Siegfried, et vous aussi, M. Domergue, et vous autres, anciens ministres, économistes, et députés qui croyez, comme nous, que les établissements de crédit ne font pas tout leur devoir envers la production nationale. On nous arrange ! Il paraît d'ailleurs « qu'il y a dans notre allégation plus encore d'ignorance que de parti pris et de cette saveur qu'a pour beaucoup de gens une appréciation malveillante ». Nous sommes donc plus bêtes que méchants, Bêtes ou méchants.

ce qui est dans notre cas une circonstance atténuante.

Démonstration douteuse.

Les établissements de crédit, dit Testis, ne peuvent pas publier *urbi et orbi* les services qu'ils rendent, mais il est permis de citer un exemple. Quel exemple, voyons? Ils ont versé entre les mains de la Ville de Paris un cautionnement de 20 millions pour le compte des candidats qui soumissionnaient au monopole du Gaz de Paris (*sic*). Très concluant, n'est-ce pas? Ah! elles ont fait cela, nos grandes banques? Eh bien, évidemment, c'est très beau. Quant aux crédits de 3 à 9 mois, Testis dit que nos établissements les accordent « plus libéralement encore que les banquiers privés ». Mais cela ne leur est peut être pas très difficile, étant donné que pratiquement les banquiers privés dans notre pays n'existent pas.

On récuse M. Doumer, en le couvrant de fleurs.

Nous avions cité un article que M. Doumer avait publié dans *le Matin* pour signaler le cas d'une grande maison parisienne, faisant des opérations à Bombay, qui n'avait pu trouver une société de crédit pour escompter ses traites documentaires. A cela, que répond Testis? D'abord il couvre M. Doumer de fleurs; il vante « son ardent patriotisme, sa vive et claire intelligence, sa rapide compréhension de toute chose, son énergique esprit d'initiative, sa bienveillance coutumière, la susceptibilité de son dévouement passionné aux intérêts généraux du pays » (n'en jetez plus!), ensuite il se hasarde à déclarer doucement à M. Doumer qu'il a été « induit en erreur, non certes sur la matérialité des faits, mais sur certaines circonstances dans lesquelles ils ont pu se produire et qui n'ont pas été expliquées ».

Remarquez que les circonstances particulières dont il s'agit, Testis ne les connaît pas plus que M. Doumer; mais il n'en est pas moins certain *a priori* que nos établissements de crédit n'ont pu refuser un service à un commerçant français!

Nous ne voulons pas rivaliser d'épithètes louangeuses avec notre contradicteur pour attirer M. Doumer de notre côté, — il n'en a d'ailleurs pas laissé, — mais nous ferons remarquer que M. Doumer, qui a été un homme d'État et désire peut-être le redevenir, a trop le sens de ses responsabilités pour écrire à la légère un article comme celui qu'il a publié dans *le Matin*. M. Doumer a cité un exemple pour illustrer une vérité générale. M. Doumer n'est pas un étourdi, il n'aurait pas écrit dans un grand journal un article retentissant à propos d'un fait exceptionnel et sans précédent.

Le Monde Économique, journal de M. Paul Beauregard, député de la Seine, écrivait (numéro du 22 février 1908): Autres témoignages.

Il est très facile de suppléer la plainte de M. Doumer. Quiconque connaît le commerce français en Belgique, en Hollande et en Angleterre, sait que les négociants français ont presque toujours besoin d'une banque allemande ou anglaise. La branche de la « Deutsche Bank » à Londres escompte plus d'effets français que les correspondants des compagnies parisiennes. Celles-ci ont perdu le contact avec le commerce, même en Belgique et en Hollande. Leurs branches à Bruxelles ne sont que des caisses de dépôt...

Il y a quelque audace à soutenir sans chiffres à l'appui que nos grandes sociétés aident le commerce et l'industrie du pays, alors qu'il est patent qu'elles ne le font pas et que cette situation crée précisément contre eux un mouvement universel d'opinion. Parlant des établissements de crédit, le journal *l'Usine* fait justement remarquer:

Ce n'est pas chez eux que doit aller le commerçant ou l'industriel porter du papier tiré sur les pays étrangers à échéance de 6 à 9 mois. On lui répondrait que les seuls effets qu'on peut accepter sont ceux qu'on pourrait porter immédiatement à la Banque de France pour réescompter en cas de retrait important des dépôts à vue, c'est-à-dire des effets à 90 jours maximum. *Et les établissements qu'on nomme* institutions de crédit, *par une singulière anomalie, ne font pas de crédit.* Tant pis pour le fabricant qui ne peut pas attendre 6 ou 9 mois le règlement de ses livraisons à l'étranger; qu'il ne fasse pas d'exportation!

Notre attaché commercial anglais dit comme Lysis.

Dans un très intéressant rapport, M. Jean Périer, attaché commercial de l'ambassade française en Angleterre, constate que nos fabricants ne peuvent développer leurs exportations, faute de crédit (1). Sur 1.300 millions de francs de marchandises expédiées

1. Dans une brochure intitulée : « Le Crédit à l'exportation », M. Georges Aubert, conseiller du commerce extérieur, constate que les opérations répondant aux besoins du commerce de l'exportation telles que : 1° escompte de traites documentaires; 2° avances sur traites libres à échéance assez lointaine sur des contrées d'outre-mer; 3° crédits à découvert en compte courant ou sous forme de crédit par acceptation, ne sont pratiquées par nos établissements de crédit que d'une manière exceptionnelle.

annuellement de France en Royaume-Uni, 800 millions sont représentés par des moyens ou petits reproducteurs et ceux-ci seraient susceptibles, s'ils avaient l'appui des banques, d'étendre considérablement leurs affaires. Ils se heurtent, en effet, à deux difficultés, dont l'une est qu'ils doivent accorder à l'acheteur un certain crédit, et l'autre qu'ils sont pendant la durée de ce crédit complètement à découvert, parce que généralement les maisons anglaises ne veulent pas accepter de traites et paient par chèque. Et M. Périer déplore que, par suite de la mauvaise organisation de notre crédit en France, cette masse de producteurs qui a un champ très vaste à exploiter en Angleterre soit réduite ainsi à végéter.

On lit dans *la Réforme Économique*, sous la signature de M. Sinceny :

La question n'est pas de savoir si, dans certains cas spéciaux, on peut arriver à obtenir le concours d'un établissement de crédit, elle est de savoir si, d'une façon générale, un industriel ou un commerçant peut être assuré du concours financier qui lui est nécessaire. Or, tout le monde sait qu'il n'en est rien. Les grands établissements de crédit consentiraient peut-être à mettre leurs services financiers à la disposition du commerce et de l'industrie, s'ils se sentaient garantis contre tout aléa par la protection du gouvernement français, mais du moment qu'ils aperçoivent le risque le plus léger à courir, ils ferment avec empressement des guichets qu'ils sont d'ailleurs toujours prêts à ouvrir à des opérations d'émission, source de profits certains et immédiats, mais plus nuisibles au fond qu'utiles à l'activité française.

500 conseillers du commerce extérieur sont avec nous.

Tout à l'heure Testis disait que l'indifférence des établissements de crédit à l'égard du commerce et de l'industrie du pays était une légende propagée par les médisants ou par les sots, qu'elle n'était qu'un thème à déclamations faciles pour les désœuvrés des salons et des cercles. Soumettons-lui deux faits :

Le 21 janvier 1907, sous la présidence du ministre du commerce, le Comité des conseillers du commerce extérieur nommait une commission pour étudier le moyen de donner aux exportateurs français le crédit qui leur manque et que nos établissements de crédit ne veulent pas leur donner.

Le 29 janvier 1908, plus de 500 délégués et conseillers du commerce extérieur se réunissaient à l'Hôtel Continental sous la présidence de M. Jacques Siegfried et votaient d'enthousiasme une résolution pour demander la création d'une banque d'exportation au capital de 25 millions. Ces 500 délégués et conseillers du commerce extérieur qui proclament que notre organisation du crédit ne satisfait pas le producteur français sont-ils aussi comme nous de prétentieux bavards, ou d'insignifiantes gens dont l'opinion ne peut compter? Nous sommes alors en bonne compagnie [1].

1. Au sujet du concours donné par nos établissement de crédit à l'industrie, lire l'étude technique très intéressante de M. André E. Sayous, intitulée « les Banques de Dépôt, les Banques de Crédit et les Sociétés Financières », Paris, Larose, 2e édition 1907.

IV

L'argument des dépôts, un pur prétexte.

Un besoin qui se fait vivement sentir en France, c'est la création d'entreprises industrielles mettant notre pays à l'unisson de ses grands concurrents étrangers. On sait que nos établissements de crédit n'en fondent aucune. Dès qu'on leur parle de créer en France une affaire neuve, ils font un geste puritain et lâchent aussitôt ce grand mot : « Nous sommes des banques de dépôts, nous avons la responsabilité de plusieurs milliards, qui ne nous appartiennent pas, nous sommes obligés d'être prudents, archi-prudents. »

Voilà un sentiment très louable, et, certes, nous reconnaissons, car c'est aussi notre avis, qu'une banque de dépôts ne doit pas engager l'argent qu'on lui confie dans les affaires d'industrie, lesquelles comportent généralement des risques. Mais c'est dire alors qu'une banque de dépôts ne doit pas faire d'affaires spéculatives, quelles qu'elles soient, et nos établissements de crédit en font à chaque instant. Ils ne sont donc pas seulement des banques de dépôts, ils sont aussi des banques de spéculations et d'émissions. Ils pratiquent, comme l'a dit M. Aynard, à la fois tous les genres. Leur raison n'est donc qu'un prétexte. Comment n'être pas choqué, du reste, par la constatation qu'ils s'intéressent pour des sommes importantes à des sociétés de métallurgie ou de charbonnages en Russie, dont les résultats sont désastreux, et qu'en France ils se déclarent impuissants à rien faire, en invoquant la rigidité de leurs principes et le souci de leur gestion? Le contraste est vraiment trop criant.

Les établissements de crédit font des opérations hasardeuses.

Il faut faire observer aussi que les opérations en fonds d'États étrangers auxquels se livrent couramment nos établissements de crédit sont des plus hasardeuses et des plus risquées. Dans sa hâte à justifier les gros bénéfices réalisés sur ces émissions, Testis fait l'aveu que, lorsqu'elles soumissionnent un emprunt, nos sociétés de dépôts sont « dans l'obligation de *prendre tout ou partie ferme*; en d'autres termes, a-t-il l'imprudence d'expliquer, si le public ne souscrivait pas cet emprunt, elles devraient conserver en leurs mains les obligations, après en avoir payé le montant à l'État vendeur.

D'après cette théorie, le gros bénéfice est une prime pour l'aléa couru. Par exemple, à propos du dernier emprunt russe (aujourd'hui malheureusement l'avant-dernier), dont la marge de profit a été reconnue excessive à la tribune du Sénat par le ministre des finances lui-même, Testis a l'inconscience d'ajouter: « Si au moment où l'emprunt russe a été conclu, le malheur eût voulu que le tsar eût la fin tragique de son père, les contractants auraient dû garder pendant assez longtemps en portefeuille la partie de l'emprunt prise ferme et ne la réaliser que plus tard, peut-être avec une infériorité marquée de prix sur les cours pratiqués au moment de la signature. »

Examinant le rôle des grands établissements de crédit dans les émissions, le journal *Le Rentier* dans son numéro du 27 juillet 1905 a donné des renseignements analogues : Ils achètent les emprunts ferme.

L'établissement de crédit, disait-il, ne joue pas ordinairement le rôle d'un simple concessionnaire, mais d'un acheteur; il achète en gros la totalité de l'émission pour la revendre en détail au public. Il traite à forfait et court, par suite, tout le risque de l'affaire...

On aperçoit immédiatement, d'après les indications qui précèdent, toute l'étendue du risque couru par l'émetteur : il achète ferme un emprunt pour le placer dans le public pour son propre compte; mais entre le moment où le contrat de prise ferme sera intervenu et le jour de l'émission, il s'écoulera un certain laps de temps, si réduit soit-il. Pendant cet intervalle un événement inattendu peut venir bouleverser le marché des titres; une guerre peut éclater, une catastrophe financière se produire...

On se rend compte aussi de l'importance énorme du risque que présente l'opération quand il s'agit d'un emprunt qui porte sur des centaines de millions.

Telles sont les opérations pratiquées par des établissements qui s'intitulent banques de dépôt et mettent en avant cette qualité pour ne pas faire d'industrie française !

Testis nous assure, il est vrai, que les établissements de crédit ne contractent des engagements de cette nature que sur leur capital propre ou sur leurs réserves, et pas sur l'argent qui leur est confié; mais son affirmation doit amener immédiatement la riposte que le capital et les réserves d'une banque de dépôts cons- Les dépôts courent des risques.

tituent en réalité la garantie des dépôts. Il faut bien qu'il en soit ainsi, car la banque employant l'argent qu'on lui prête à l'escompte commercial peut éprouver des pertes, et ces pertes, elle doit évidemment les combler avec ses propres ressources.

Il convient d'observer en deuxième lieu que le capital et les réserves d'une banque d'émissions étant généralement immobilisés pour la plus grande partie, c'est par une pure fiction qu'elle déclare employer son propre argent et non celui du public à telle opération spéculative. Dans la pratique, l'un et l'autre sont réunis et forment un fonds commun dans lequel l'établissement puise sans distinction d'origine.

Quand on est dépositaire, on ne spécule pas.

Enfin, il est étrange qu'un homme d'affaires ose admettre qu'un établissement de crédit ait deux personnalités, qu'avec son propre argent il soit hardi, audacieux, prenne ferme des emprunts à émettre ou rachète des valeurs en Bourse pour soutenir des cours qui peuvent s'effondrer, tandis qu'il serait, avec l'argent des autres, un tuteur modèle, un gérant dont la prudence ne se démentirait jamais.

Comment un homme d'affaires peut-il nous raconter de telles sornettes et paraître ignorer qu'en matière financière il y a l'engrenage, et qu'il est très difficile pour une banque de limiter ses responsabilités, quand elle est engagée dans la voie des émissions et qu'elle a identifié son crédit avec le cours de certaines valeurs, dont la chute doit amener la désaffection de sa clientèle et, par conséquent, sa propre perte? Au cours de la longue cuisine à laquelle s'est livrée l'oligarchie depuis deux ans, tant pour préparer le dernier emprunt russe que pour achever de placer le précédent, Testis a-t-il la prétention de nous faire croire qu'elle a toujours su distinguer scrupuleusement entre son propre argent et celui de ses dépôts?

Cette digression un peu longue était nécessaire afin de montrer que nos établissements de crédit se livrent journellement à des opérations aventureuses, pour qui regarde le fond des choses, et que, par suite, ils n'ont pas le droit de se retrancher derrière leur caractère de banques de dépôts pour ne pas participer à la création d'affaires industrielles françaises. Il faut qu'ils choisissent : ou ne pas faire d'émissions du tout et n'en faire alors nulle part, ou faire des émissions et, dans ce cas, en faire en France, comme en Russie ou en Amérique.

V

Il n'y aurait pas d'hommes capables en France.

Pour expliquer leur abstention à l'égard de l'industrie française, nos sociétés de crédit invoquent aussi la difficulté de trouver des hommes de valeur dans notre pays. Elles ont conservé, comme on le voit, les idées de M. Germain qui n'avait pour ses compatriotes qu'une médiocre estime. Testis écrit de même que nos sociétés de crédit cherchent avec la lanterne de

Diogène les capacités de tout ordre (*sic*) et n'en trouvent que très difficilement.

Quelle suffisance et quelle inconscience il y a dans cette réflexion! Un petit nombre d'administrateurs de grandes sociétés qui détiennent leur situation, pour la plupart, par le hasard de leurs relations ou de leur fortune, s'attribuent le pouvoir de distinguer dans notre pays les gens méritants de ceux qui ne le sont pas. Tout Français qui a une idée, une invention à mettre en valeur, doit comparaître devant leur aréopage; il faut qu'il passe l'examen devant la Faculté du Comptoir d'Escompte ou du Crédit Lyonnais, et, s'il n'est pas jugé capable en matière d'industrie par ce Conseil si qualifié et si compétent, il n'y a pas de salut pour lui, il ne s'établira pas, il n'aura pas de capitaux. Joli régime!

On voudrait savoir du moins à quel critérium MM. les Administrateurs des sociétés de crédit reconnaissent les hommes à capacités industrielles. Le bon sens a déjà constaté que le mouvement se démontre en marchant, et que c'est seulement dans l'action que se manifestent et que se développent aussi les qualités des chefs d'entreprise. La vérité n'est-elle pas que, dans le domaine économique où l'activité est si variée, il est impossible de monopoliser l'initiative, et qu'un comité de quelques personnes, eût-il un phare au lieu d'une lanterne, est complètement inapte à découvrir lui-même sur la surface du pays les milliers de talents que nécessite la production nationale? Ces talents se manifestent d'eux-mêmes, si le régime financier est propre à les faire grandir ; ils restent au contraire invisibles, si ce régime est constitué pour les étouffer...

L'oligarchie financière invoque, pour ne rien faire en France, d'autres arguments très élastiques. La France, dit-elle, est un pays où la natalité diminue; on ne peut donc y créer d'industrie. C'est cela, fermons boutique. Nous disons, nous, exactement l'inverse. La population diminue dans notre pays, parce qu'on n'y crée pas assez d'entreprises et que la vie n'est pas assez large et pas assez facile pour les travailleurs. C'est un point de vue qu'il serait aisé de développer et qui n'a rien de forcé. Le journal anglais, le *Statist*, que nous citions tout à l'heure, disait exactement la même chose lorsqu'il établissait un rapport entre la diminution des naissances et le manque d'initiative industrielle en France. En n'employant pas nos capitaux dans le pays, nos banques favorisent incontestablement la dépopulation.

On nous propose de fermer boutique.

Il paraît aussi que la France est, depuis longtemps « pourvue d'une civilisation avancée et qu'elle est, partant, *fortement outillée (sic)* ». Il faudra se rappeler plus tard que nos établissements de crédit ont écrit cette phrase; il faudra, le moment venu, ne pas oublier qu'ils ont exprimé cette idée monumentale que la France était, au point de vue de l'outillage national, un pays qui devance les autres et qui n'a que peu de progrès à réaliser. Quand nous décrirons l'état de nos ports de mer, de nos canaux, et notre misérable situation au point de vue des travaux publics, on jugera

Notre pays serait déjà fortement outillé.

combien l'oligarchie est consciente, en vérité, des besoins du pays!

VI

Ce serait la faute de la République.

Un autre obstacle au développement industriel de la France est, paraît-il, aussi le suivant:

C'est l'appui constant donné aux exigences ouvrières les plus réalisables, c'est la possibilité pour le personnel de l'usine de se mettre brusquement en grève sans avis préalable, ce qui crée l'insécurité absolue pour l'exécution des contrats; c'est la liberté donnée à celui qui ne veut pas travailler, d'empêcher, par la violence, celui qui veut aller à l'ouvrage, c'est l'esprit d'indiscipline, l'insupport de toute hiérarchie sociale trop souvent encouragés, sinon provoqués par ceux-là mêmes qui devraient les réprimer.

On comprend que les industriels qui ont de gros intérêts engagés dans une entreprise et y ont voué leur intelligence et tout le labeur d'une vie ne veuillent ni ne puissent l'abandonner.

Mais comment supposer que beaucoup de jeunes énergies soient attirées de ce côté, quand elles ne peuvent y entrevoir que des difficultés, des mécomptes et des haines?

Dans ce tableau, poussé visiblement au noir, l'oligarchie ne s'aperçoit pas qu'elle fait le procès au parti républicain tout entier et qu'elle jette un blâme officiel sur un régime qui, bon ou mauvais, est voulu, en en tout cas, par la majorité du pays. Ceci soulève un problème d'ordre général dont il sera parlé ultérieurement.

Mais Testis exagère. Lorsqu'il s'indigne contre « l'appui constant donné aux exigences ouvrières les plus irréalisables », on suppose qu'il fait allusion à la question des retraites ouvrières, laquelle n'aurait dû être, d'après lui, ni étudiée, ni discutée; il montre, en ce cas, un état d'esprit bien rétrograde. D'autre part, en disant qu'on ne protège pas l'ouvrier qui veut travailler contre les violences de l'ouvrier gréviste, il nous semble aussi qu'il va trop loin et qu'aucun de nos récents chefs de gouvernement ne reconnaîtrait comme très fidèle cette description de sa politique. Quant à demander qu'on supprime « la possibilité, pour le personnel de l'usine, de se mettre brusquement en grève sans avis préalable », dans l'état actuel de nos mœurs, une telle revendication n'est évidemment qu'une utopie.

Sans examiner ici la question sociale, qui n'est pas dans notre sujet, on peut faire observer à Testis que les difficultés ouvrières ne sont pas particulières à la France, qu'il y a des grèves aussi dans les autres pays, et que l'Allemagne est notamment, à ce point de vue, très favorisée; chez toutes les nations, l'antagonisme entre patrons et salariés est un mal constant, dont l'industrie s'accommode, et l'on ne voit pas de raison pour qu'en France il en soit autrement.

VII

Pas d'industrie sans argent.

Pour expliquer la crise américaine, M. Paul Leroy-Beaulieu a très heureusement développé cette notion que « le capital limite l'industrie » et il a fait voir que, si le mouvement d'affaires s'était arrêté brusquement aux États-Unis, c'était pour la raison très simple que les créateurs de sociétés, les manufacturiers et les commerçants avaient manqué d'argent. Constatation très ordinaire et très banale en apparence, mais la science intelligente et pas pédante nous ramène presque toujours aux vérités de sens commun.

Eh bien! sous une forme un peu différente, il se produit le même phénomène en France: si notre industrie et notre commerce ne se développent pas comme ils le doivent, c'est qu'ils manquent, eux aussi, de capital.

Sans doute, l'argent n'est pas rare en France: il y est abondant; mais par suite d'un système de circulation vicieux, l'argent français, au lieu d'irriguer et de féconder toutes les parties du pays, est canalisé jusqu'à Paris et, là, s'accumule entre les mains de plusieurs grandes sociétés qui disposent de sommes énormes, tandis qu'il règne en province une véritable anémie pécuniaire. D'un autre côté, les grandes sociétés emploient l'argent qu'elles ont drainé selon leurs intérêts propres : après tâtonnement, elles ont trouvé que l'opération la plus commode et la plus avantageuse pour elles était la grosse émission de valeurs étrangères, qui permet de placer des dizaines ou centaines de millions en quelques jours, et rapporte des bénéfices à la fois occultes et considérables. Depuis que cette formule s'est précisée dans l'esprit des banques, elles n'ont cessé d'exporter nos capitaux, au grand détriment de notre industrie nationale. Il est donc inutile de se mettre la cervelle à l'envers et de chercher des raisons très subtiles ou très nouvelles pour expliquer la stagnation de nos affaires locales. Les milliards n'ont pas le don d'ubiquité. On ne peut les employer en France, puisqu'on les prête en Russie.

Quelles que soient les raisons qu'elle mette en avant, il n'en est pas moins vrai que l'oligarchie financière ne favorise aucune initiative et ne participe à aucune œuvre intéressant la prospérité du pays ; il n'en est pas moins certain qu'en accaparant, comme elle le fait, les capitaux, et en ne les restituant pas, elle provoque cette atonie générale dont nous souffrons.

Constatation d'un journal sérieux.

Testis écrit que *le Pour et le Contre* est un journal très sérieux. Puisque cet organe possède, à ses yeux, un crédit et une autorité dont nous sommes dépourvu, il n'est pas sans intérêt de reproduire les lignes suivantes, qu'il publiait le 12 février 1905 :

En face de l'audace infatigable des établissements de crédit allemands, de cette activité prodigieuse qui s'exerce sur les terrains les plus divers... nos établissements de crédit élèvent fièrement le montant des dépôts dont ils ne savent que faire ou qu'ils emploient à pensionner du papier allemand, quand ils ne s'en servent pas pour fausser le marché de Paris. Pendant ce temps nos industries se traînent lamentablement, les entreprises les mieux étudiées restent mort-nées par l'impossibilité où elles se trouvent de réunir les capitaux nécessaires; l'esprit d'initiative disparaît; de jeunes intelligences et de vigoureuses énergies s'étiolent dans l'atmosphère lénifiante de somptueux bureaux; les écoles fournissent tous les ans une nuée d'ingénieurs qui cherchent vainement dans nos industries l'utilisation de leurs bonnes volontés. Il serait temps, et d'excellents esprits ont commencé à le faire, de réagir contre cette tendance étroite du « pas d'affaires » qu'on pourrait inscrire en lettres d'or sur la façade de nos établissements de crédit, et qui risque, pour peu qu'elle se maintienne encore quelques années, de nous anémier complètement.

VIII

Rien à critiquer dans les bilans.

Passons à une autre question, celle qui concerne le laconisme des bilans et l'insuffisance des renseignements que communiquent au public les établissements de crédit. Sur ce point, comme sur les autres, Testis nous oppose une fin de non recevoir. Nos critiques, relativement aux bilans des sociétés de dépôt, ne reposent, d'après lui, sur aucune base, si fragile soit-elle. En résumant dans sept rubriques un actif de plus de 2 milliards, le Crédit Lyonnais donne, paraît-il, tous les éclaircissements qui sont désirables, et l'on ne voit pas, même en cherchant, comment on pourrait les compléter.

Pour le prouver, Testis passe en revue les banques étrangères, et il s'efforce de montrer que celles-ci publient des bilans aussi succincts, en Angleterre, en Allemagne, en Belgique, etc. Comme l'auteur s'est montré peu généreux à l'égard de quatre ou cinq erreurs, d'ailleurs insignifiantes, qui se sont glissées dans notre premier livre, et dont il a voulu tirer contre nous un parti excessif, il nous permettra de saisir cette occasion de lui montrer qu'il n'est pas non plus infaillible, et qu'il peut se tromper aussi, quoi qu'il ait assurément, du côté de l'établissement de crédit qui l'inspire, des facilités de compilation dont nous sommes dépourvu.

Les bilans en Angleterre

Il compare le bilan des banques anglaises à celui du Crédit Lyonnais, oubliant que les premières sont exclusivement des banques de dépôts, tandis que le second est banque de dépôts et d'émissions. Testis l'a reconnu, le Crédit Lyonnais prend des emprunts ferme; même en supposant qu'il les place assez vite en général, il ne les écoule pas si rapidement que cette opération ne lui laisse, au moins momentanément, des laissés pour compte, ce qu'on appelle des queues d'émissions. Eh bien! ces queues d'émission, l'on n'en voit jamais la trace dans les comptes qui sont présentés.

Testis reconnaît aussi que les établissements de crédit rachètent des titres en Bourse, pour soutenir les cours des valeurs qu'ils ont patronnées ou dont ils ont des paquets à réaliser. Des rachats comme ceux-là, quand ils portent, notamment, sur des fonds russes, qui ont un marché si vaste, atteignent des chiffres considérables. Cependant, le bilan du Crédit Lyonnais ne fait jamais mention de ces titres rachetés.

Autre exemple : le Crédit Lyonnais prête des centaines de millions aux banques allemandes : mais il n'existe dans son bilan aucun indice apparent de ces opérations. C'est là ce que nous critiquons. Nous disons que le Crédit Lyonnais ne montre au public que la comptabilité d'une banque de dépôts, qui est évidemment très simple, mais qu'il ne fait pas connaître sa situation de banque d'affaires, qui est nécessairement très compliquée. A voir l'inventaire de son actif et de son passif, on se ferait une idée totalement fausse de l'activité qu'il déploie, car on croirait qu'il ne fait pas d'émissions.

Les bilans en Allemagne.

Comme on ne peut comparer que des choses semblables, les banques anglaises, qui diffèrent des nôtres, ne se prêtent pas à un parallèle instructif. Un rapprochement beaucoup plus intéressant est celui des banques allemandes et des banques françaises, car toutes deux sont banques d'affaires et banques de dépôts.

D'après Testis, les établissements de crédit d'Allemagne ne publient pas de bilans plus détaillés que ceux de notre pays. Le malheur est que tous les renseignements donnés par lui sur ce point sont inexacts, et ne font pas d'honneur au bureau d'études financières dont ils émanent. Par exemple, il n'est pas vrai que le bilan de la Deutsche Bank compte 12 postes à l'actif : il en compte 16 (1907). Celui de la Bank für Handel und Industrie n'en compte pas 8, comme le dit Testis, mais 14, et Testis ne cite pas celui de la Disconto-Gesellschaft qui en compte 16, ni celui de la Dresdner Bank, qui en compte 18 : mais comme ils ne confirmaient pas sa thèse, ils n'étaient pas intéressants ; il s'est contenté de dire qu'il pouvait multiplier les exemples à l'infini (*sic*). La vérité est qu'il a pris, pour sa démonstration, les deux bilans les plus brefs qu'il a pu trouver, et que ceux-là encore il les a arbitrairement raccourcis.

La différence entre nos chiffres et ceux de Testis vient du fait que notre contradicteur compte comme une rubrique simple et unique des postes d'actifs qui, dans les bilans allemands, sont décomposés. Par exemple, s'il s'agit des comptes courants débiteurs, on distingue entre les avances sur titres cotés en Bourse, les avances sur autres sécurités, hypothèques, etc., etc., les crédits sans couverture, les avals, on donne la somme pour chaque catégorie, puis on fait l'addition et l'on porte le total au bilan. Or, ces quatre chiffres, Testis les a comptés pour un seul ! Il est à noter précisément que nos établissements de crédit ne donnent pas la décomposition de leurs comptes courants débiteurs.

Pour montrer combien sa description de la comptabilité allemande est réelle, il suffit de signaler que Testis ne dit pas un mot des comptes profits et pertes,

En Alle- gne, on dét le les bénéf

dont l'établissement, en Allemagne, se fait tout autrement que chez nous. Par exemple, la Deutsche Bank fait connaître la provenance de ses bénéfices dans six rubriques, intitulées : 1° Escomptes et intérêts; 2° Monnaies étrangères-Coupons : 3° Titres; 4° Participations financières; 5° Commissions; 6° Participations permanentes et commandites. Au contraire, le Crédit Lyonnais ne publie qu'une seule ligne : Bénéfice de l'exercice : tant de millions! Il est donc impossible de savoir ce que cette grande société gagne sur les opérations de banque pure, et ce qu'elle gagne sur les émissions. Elle n'indique même pas quels sont ses frais d'exploitation! Et Testis trouve cela très bien; il est d'avis que le Crédit Lyonnais donne des renseignements suffisants; il prétend que nos critiques n'ont aucune base, si fragile soit-elle (*sic*) [1] En vérité!

Nous avons constaté comme une grave lacune que nos établissements de crédit ne faisaient pas connaître le détail de leur portefeuille. Testis répond :

Il est de même pour les banques belges pour lesquelles les valeurs mobilières constituent l'emploi d'une très importante partie du capital et dans lesquelles, pour quelques-unes, *le capital est même investi tout entier.* (En italiques dans le texte.)

1. *Le Temps* disait, dans son numéro du 23 mai 1904 : « En général, la Deutsche Bank livre au public des renseignements très suffisants pour apprécier sa situation. Il serait intéressant, *si toutes les sociétés de crédit françaises en donnaient le moyen,* d'établir une comparaison entre elles et les sociétés allemandes, en ce qui concerne la proposition des frais généraux, qu'il y a lieu de distraire des bénéfices bruts de chacune d'elles. »

Ceci est un comble. La Société Générale de Belgique publie le détail complet de son portefeuille en trois états : fonds publics, obligations de sociétés, actions de sociétés. Ces états couvrent une dizaine de pages environ, ils indiquent pour chaque valeur spéciale la quantité de titres détenus, le nom, le prix et la somme totale de chaque catégorie. En 1907, des renseignements minutieux ont été donnés pour 16 fonds d'États, 5 rubriques d'obligations et 90 rubriques d'actions diverses. Ce que Testis écrit pour les banques belges est donc absolument inexact : les comptes de la Société Générale sont au contraire un modèle de minutie, de précision et de clarté.

En Belgique on donne la composition du portefeuille.

Il convient à ce sujet de reproduire une discussion très intéressante qui s'est produite à l'assemblée de la Banque Française pour le Commerce et l'Industrie du 12 décembre 1908 entre un actionnaire qui demandait la publication d'un bilan plus détaillé et le président de la Société, M. Rouvier :

Aveu significatif de M. Rouvier.

Un actionnaire. — Je voudrais appeler la bienveillante attention de M. le Président sur la structure du bilan. Je trouve qu'il est un peu concis, mais ce n'est pas un reproche que je fais à la Société, il est établi identiquement à ceux fournis par les Sociétés financières françaises. Néanmoins, je crois qu'il serait de l'intérêt de la Banque française, de l'intérêt des actionnaires, de l'intérêt public, de l'intérêt de celui qui raisonne, qui discute et étudie les affaires, de voir adopter une formule plus détaillée.

Ailleurs qu'en France, en Belgique, par exemple, la Société Générale belge donne tous les renseignements sur la composition du portefeuille. Elle donne l'énumération intégrale, le détail complet des titres en portefeuille, leur nombre, leur évaluation, et, de plus, fait ressortir les titres achetés et les titres sortis pendant le courant de l'année.

Il ne vous échappera pas que ce mode d'opérer permet, comme je vous l'ai dit tout à l'heure, à ceux qui raisonnent et discutent les affaires de pouvoir les suivre...

La réponse de M. Rouvier a été très significative:

M. le Président. — Je ne puis que remercier l'honorable actionnaire qui vient de présenter cette observation et je serais très heureux s'il nous était possible de lui donner satisfaction, sans que nous soyons appelés à prendre une initiative qu'il ne nous appartient certainement pas de prendre. Notre bilan est, dites-vous, très succinct, mais vous avez répondu vous-même et par avance à la question que vous m'avez posée, en disant qu'il était fait sur le modèle de celui des grands établissements qui nous ont précédés et qui nous tracent la route (*sic*).

L'habitude que vous invoquez et qui est prise par les établissements belges provient de ce que la loi belge fait une obligation de cette publication, alors que la loi française est muette sur ce point (*sic*).

Quoi qu'il en soit et personnellement, il ne m'en coûterait rien de donner satisfaction à votre observation. Elle est conforme à mes idées propres (*sic*). Mais je considère qu'il y aurait un grave inconvénient pour la vie et la prospérité de la Banque à entrer dans une voie où ne sont pas entrés les établissements de crédit plus anciens que nous[1].

1. Il convient de rappeler que deux représentants de la Société Générale et du Comptoir d'Escompte sont entrés dans le Conseil d'administration de la banque de M. Rouvier et que ladite banque n'est entrée qu'à cette condition dans le consortium des grands établissements.

Ainsi M. Rouvier reconnaît qu'il est conforme à ses idées que les établissements de crédit publient des renseignements plus précis et il fait, en outre, cette constatation digne d'être notée que si les établissements belges sont plus communicatifs que les nôtres, c'est qu'ils y sont contraints par la loi.

L'apologie du silence.

Parlant maintenant des rapports annuels de nos sociétés de dépôts, nous avions montré leur insignifiance et fait ressortir la dérision des exposés du Crédit Lyonnais qui n'indiquent pas même les émissions auxquelles l'établissement a participé, qui ne disent pas un mot seulement de ses prêts immenses à l'Allemagne, mais qui, par contre, s'étendent avec complaisance sur la description d'un immeuble... N'en déplaise à Testis, notre critique a porté. Il ne sert à rien de nous répondre que « le succès et la sécurité d'un établissement de crédit dépendent absolument de la valeur professionnelle et morale de ses chefs », — « qu'une publicité très étendue ne saurait en rien améliorer cette valeur », — « qu'il est aussi difficile de mettre la main sur des *business men* habiles que sur d'excellents généraux », — « que lorsqu'on les a, si imparfaits soient-ils, il faut les conserver », — « qu'il est essentiellement nuisible de gêner leur action et de leur faire perdre du temps en leur demandant des éclaircissements que le public incompétent comprend mal ».

Toutes ces phrases sont, d'ailleurs, autant d'aveux que nos établissements de crédit ne disent dans leurs bilans que ce qu'ils veulent. Testis avait commencé par déclarer que nos critiques sur cette question des comptes et des rapports ne reposaient sur aucune base, si fragile fût-elle, et le voilà maintenant qui fait l'apologie du silence et soutient la monstrueuse théorie que les administrateurs des sociétés de crédit doivent avoir une liberté de mouvements complète et qu'il ne faut pas leur faire perdre du temps en leur demandant des renseignements sur leur gestion!

IX

Cinq cours inexacts.

L'auteur nous reproche l'erreur suivante : dans les documents annexes publiés à la fin de notre livre figure une liste de cinq valeurs industrielles russes pour lesquelles nous avions comparé les cours d'introduction à Paris avec les cours cotés à Saint-Pétersbourg un mois auparavant. Il paraît que les cours de Saint-Pétersbourg sont inexacts et que par suite la majoration sur les cinq valeurs n'est pas aussi grande que nous l'avions indiquée. Autres points à rectifier : l'une de ces valeurs, les Naphtes de Bakou, n'a pas été introduite le 31 décembre 1906, à 1.525 francs, mais le 13 décembre 1906, à 1.510 francs; une seconde, les Cartoucheries de Toula, n'a pas été introduite en mai, mais en juin 1906! L'auteur se cramponne avec le désespoir du noyé à ces cinq valeurs russes dont il attend apparemment le salut. Il en parle au milieu de son livre, puis à la fin, et il revient sur elles dans une préface au commencement. D'après lui, cette erreur discrédite notre thèse, elle détruit tous nos raisonnements, elle prouve que nous sommes mal documenté, et par suite elle jette sur toutes nos affirmations une suspicion...

Puisque Testis se place sur ce terrain, nous allons lui répondre. Si certains exemples ont été présentés par nous d'une manière inexacte, le fait général que nous voulions illustrer n'en est pas moins vrai. C'est par centaines de millions que se chiffrent les pertes de notre épargne sur les entreprises de Russie, les Kertsch, les Briansk, les Nicopol-Marioupol, les Omnium russe, les Routchenko, les Rykowski, les obligations Banque de noblesse, et sur tant de valeurs russes aujourd'hui disparues, qui furent patronnées autrefois par nos sociétés de crédit et dont il serait trop cruel de faire ici l'énumération. Nous n'avions donc pas calomnié les banques, Testis le sait bien.

Nous n'avons pas calomnié les banques.

Si mal documentés que nous soyons, pourrions-nous ajouter, nous avons pourtant révélé qu'un M. X..., intermédiaire des banques françaises, avait reçu 12 millions de commission sur l'avant-dernier emprunt russe. De ce renseignement confirmé par les journaux anglais ou allemands, Testis, généralement si prompt à nous démentir, n'a pas dit un mot.

X

Congratulations ridicules

Les établissements de crédit terminent leur réponse à Lysis en se décernant des éloges qui paraissent pour la plupart immérités. Nous ne faisons aucune difficulté pour admettre « qu'ils ont amené une réduction considérable des conditions d'escompte et de crédit » et « vulgarisé l'usage du dépôt et du chèque », mais nous avons de la peine à reconnaître « qu'ils ont démocratisé tous les concours de banques, offrant aux plus petits commerçants un appui facile et un appui peu coûteux (*sic*) », « qu'ils aident le commerce, l'industrie par les escomptes, par les *crédits*, par les placements d'actions et obligations (*sic*) », « qu'ils ouvrent des carrières, comportant des aptitudes très diverses, à des milliers de jeunes ambitions (*sic*) », « qu'ils forment des générations d'agents laborieux débarrassés de cet imbécile et dangereux préjugé contre les gens d'affaires, fait d'ignorance et d'envie, qu'ont propagé la Littérature et le Théâtre (*sic*) », « qu'ils donnent à leurs collaborateurs l'habitude, si nécessaire à l'esprit d'entreprise, de l'initiative et des responsabilités virilement assumées (*sic*) ». Tout ce que vous écrivez là, Testis, est exactement le contre-pied de la vérité. Il faut n'avoir pas le sens du ridicule pour affirmer que notre bureaucratie financière avec ses succursales obéissant au mot d'ordre, constitue pour les jeunes Français une école d'initiative. Parmi les partisans les plus sincères des établissements de crédit, il en est peu qui auraient osé mettre en avant cet argument. Seuls ces établissements étaient capables de penser autant de bien d'eux-mêmes.

Nous n'avons dans cette discussion aucun désir de remporter une victoire sur un contradicteur qui soutient une thèse ingrate et difficile et dont la liberté d'appréciation se meut évidemment dans un cercle restreint. Il a montré, toutes les fois qu'il a pu s'évader de la question, qu'il ne manquait ni d'intelligence, ni d'esprit, et ce n'est pas sa faute apparemment si, pour défendre les intérêts menacés de son petit groupement, il a dû développer sans souci des vraisemblances et de la logique, toute une argumentation de consigne. On peut croire que, laissé à lui-même, il eût soutenu sa cause plus habilement et compris la nécessité de faire des concessions à la vérité, comme en ont fait M. Caillaux et M. Aynard, qui ne sont pas pourtant des hommes d'État bien subversifs. Une tâche ingrate.

Si tendancieuse que soit son apologie des banques, elle renferme cependant quelques éléments intéressants et certaines parts de vérité dont nous pouvons parler avec une entière liberté d'esprit. Aucune institution importante ne peut s'édifier et subsister, si elle ne rend pas des services. Nos grands établissements de crédit en rendent évidemment. Il est vrai qu'ils ont abaissé le taux de l'escompte commercial, il Services coûteux.

n'est pas moins certain qu'ils ont été utiles, en vulgarisant l'emploi du dépôt et du chèque, enfin nul ne songe à nier que c'est en offrant des commodités nombreuses au public qu'ils ont groupé leur immense clientèle. Le malheur est que ces services qui constituaient leur raison d'être et justifiaient leur succès ont peu à peu passé à l'arrière-plan et sont devenus pour eux un simple prétexte pour attirer l'acheteur de valeurs mobilières. Ces services ne sont plus aujourd'hui qu'un appât, qu'une attrape. Les banques de dépôt se sont transformées en banques d'émission...

Exploitation des défauts français.

Aucune institution importante, dirons-nous encore, ne peut s'édifier et subsister, si elle n'est pas en harmonie plus ou moins avec les mœurs de la population qui l'entoure. Et certes, l'oligarchie financière est dans ce cas; elle n'est pas non plus suspendue en l'air, elle a aussi son fondement, son terrain. Le malheur est qu'elle ne prend pas son point de contact dans nos qualités, mais dans nos défauts. L'oligarchie est à proprement parler un syndicat pour l'exploitation des préjugés du capitaliste français : elle entretient systématiquement les préjugés dont elle tire sa substance; elle cultive la passivité du petit rentier qui n'a même plus la peine de toucher ses coupons, elle cultive sa crédulité qui le porte à croire que les entreprises situées à l'étranger sont plus sûres et plus fructueuses que celles de son propre pays, elle cultive, enfin, son conservatisme, sa notion vaguement rétrograde que tout progrès démocratique est un acheminement vers sa spoliation. Toutes ces tendances du capitaliste français qui n'ont rien d'irrésistible en soi, l'oligarchie les attise, les excite, et c'est par elles qu'elle établit sa domination. Par contre, elle considère qu'il n'est pas dans son programme de tirer parti des qualités de notre race, de ses aptitudes techniques, de son amour du travail, de son esprit d'invention.

XI

Impartialité difficile.

Une première raison devait interdire aux banques de défendre personnellement leur cause : c'est qu'on ne se juge pas soi-même, et qu'on n'est pas arbitre dans son propre cas. Une seconde raison d'ordre matériel était qu'elles sont trop intéressées dans la question. Les principaux membres de l'oligarchie s'attribuent officiellement des traitements qui dépassent de beaucoup celui du président de la République. Tel de ces membres, actuellement en retraite, ne reçoit pas moins de 750.000 francs de pension. Que gagnait-il donc, lorsqu'il était en fonctions ! Quand on occupe des places aussi bien rétribuées, quand on détient un monopole aussi régalien que celui de l'oligarchie, on n'est pas en état de juger la question des banques d'une manière impartiale et scientifique.

Testis n'a pas compris.

Une autre réflexion qui s'impose est la suivante : pendant toute cette discussion Testis n'a cessé de mettre en avant sa qualité d'homme de métier, qui donnait, affirmait il, à ses opinions un poids que ne pouvaient avoir nos appréciations de simple écrivain. Testis se trompe. Quand il s'agit de discuter une question de pure pratique, un homme du métier est compétent, mais quand on agite une question générale comme celle que nous traitons, un homme du métier n'est plus dans son rôle, d'après tous les précédents. Chacun sa spécialité. Autre chose est de comprendre le mécanisme d'une opération de banque, autre chose de se faire une idée juste du rôle que doivent jouer les banquiers dans l'économie d'un pays. Un professionnel n'est pas un économiste, ni un sociologue... surtout quand il défend ses privilèges.

L'étroitesse de vues et l'inaptitude à comprendre les idées d'ensemble qui caractérisent les gens de métier se retrouvent à chaque instant dans l'argumentation de l'oligarchie financière. La description que nous avons faite de son activité lui a échappé complètement : elle a essayé de discuter des phrases isolées de notre texte sans voir le lien qui les unissait, elle s'est acharnée sur de petits faits que nous avions cités, croyant naïvement que si elle nous trouvait en faute sur tel point de détail, elle détruisait nos conclusions, elle a refait puérilement toutes nos additions pour en vérifier les centimes. En lisant sa défense, nous nous sommes demandé plus d'une fois si elle n'avait pas été rédigée par un de ses comptables ou de ses chefs de bureau[1].

1. L'oligarchie tronque aussi nos phrases pour nous attribuer

Mentalité professionnelle.

De la réponse officielle de Testis, il ressort nettement que nos établissements de crédit qui ont en mains plusieurs milliards de dépôt se considèrent comme des banquiers ordinaires et croient avoir le droit d'agir avec leur argent comme il leur plaît, sans que l'importance des capitaux dont ils ont la garde puisse leur créer aucune obligation spéciale. Si l'on veut discuter la facilité plus ou moins grande avec laquelle ils accordent à l'industrie des crédits, ils répondent aimablement que « les professionnels n'ont pas à discuter sur ce point avec les pékins ». Si l'on se permet de trouver excessifs leurs bénéfices d'émission, ils s'indignent, trouvant « qu'on n'a pas le droit de supputer et de blâmer les profits réalisés dans une industrie, que c'est faire intrusion dans un domaine essentiellement privé (*sic*) ». Emploient-ils des centaines de millions à commanditer l'industrie

des opinions ridicules et nous discréditer aux yeux du public. Exemple : Testis écrit : « Lysis entrevoit tout simplement « le « monopole de l'État en matière d'emprunts étrangers et de « grandes émissions. » Or nous avons écrit : « Les solutions possibles sont : ou le monopole de l'État en matière d'emprunts étrangers et de grandes émissions ou le retour à la concurrence. Le monopole actuel des grands établissements de crédit mène droit au monopole de l'État. *Qu'on y prenne garde.* » Et nous indiquons ensuite que le retour à la concurrence peut s'effectuer facilement, « si l'État interdit aux établissements de crédit, gardiens de près de 3 milliards de dépôts, les opérations d'émissions ». Testis supprime ce passage. Nous ne sommes donc pas pour le monopole de l'État, nous sommes contre lui, mais nous disons que l'état de choses actuel y mène droit. On comprend en effet qu'une oligarchie financière omnipotente suppose l'intervention de l'État comme contrepoids.

allemande, c'est leur affaire. « Qui blâme un négociant de Reims de vendre ses vins de Champagne, un fabricant de Calais, ses dentelles, un couturier ses robes ? » Les établissements de crédit, nous répète-t-on à chaque instant, sont des sociétés privées, ils ne sont pas chargés d'un service public, ils travaillent exclusivement pour leurs actionnaires. C'est ainsi que les établissements de crédit comprennent leur fonction. Ils sont banquiers, comme Durand est mercier ou épicier, ils font leur petit commerce. On n'a pas à s'occuper d'eux, à les critiquer : ils sont libres. Une telle mentalité chez des gens qui dirigent l'épargne française est symptomatique.

Il n'est pas moins enfantin de penser que la protestation contre l'oligarchie financière est l'œuvre d'un écrivain imaginatif appelé Lysis, qui serait atteint de la folie de la persécution des banques. Lysis a des précurseurs : avant lui, des économistes ou des techniciens de haute valeur comme MM. Jules Domergue[1], André E. Sayous, Jacques Siegfried, etc., ont critiqué le rôle des grands établissements de crédit. Lysis a sur ses devanciers l'avantage de naître plus tard et de prendre la plume au moment où les

1. M. Jules Domergue publie depuis plusieurs années des études sur la question dans « la Réforme Économique » et vient d'exprimer de nouveau son opinion sur le rôle des établissements de crédit dans une série d'articles vigoureux édités en brochure. (Les Sociétés de Crédit, chez Maurice Bauche.) M. André E. Sayous, en dehors de l'ouvrage déjà cité, a présenté un rapport à la section du Commerce extérieur au nom de la Fédération des Industriels et Commerçants français pour deman-

abus de l'oligarchie ont tellement grandi qu'ils sont visibles pour tous et causent une inquiétude universelle.

Questions à résoudre.

La question de la concentration des banques soulève des problèmes qui ne peuvent être éludés.

Puisque l'oligarchie fait semblant de ne pas les voir, ou ne peut les comprendre, nous devons encore une fois et très brièvement les exposer.

Une limite aux dépôts.

Tout d'abord c'est une grosse lacune de notre législation que des sociétés dites privées puissent recevoir des dépôts en chiffre illimité, sans que la loi prescrive à leur égard aucune réglementation, sans qu'elle fixe le rapport qui doit exister entre le montant des dépôts et l'encaisse et l'actif immédiatement réalisable ou bien entre le montant des dépôts et le capital propre des sociétés. Aucune précaution n'est prise actuellement par l'État pour protéger les déposants des établissements de crédit. Comme l'a fait observer récemment M. Domergue, certaines de ces banques ont des ressources qui dépassent sept fois leurs ressources propres. On voit l'anomalie !

Emploi des dépôts non réglementé.

Un autre trou dans la loi est qu'aucune restriction n'est apportée à l'emploi des dépôts, quel que soit leur chiffre. Ces dépôts sont-ils engagés dans les opé-

der des avantages en faveur de notre industrie ou de notre agriculture lors de l'admission à la cote de nos Bourses d'emprunts étrangers. M. Jacques Siegfried, aujourd'hui décédé, était à la tête du mouvement d'idées qui cherche à procurer à nos exportateurs étrangers les crédits à longue échéance qui leur sont refusés par nos sociétés de crédit et dont ils ont besoin.

rations les plus spéculatives, l'État ferme les yeux, il n'a pas à intervenir. Avec leurs dépôts, les établissements de crédit souscrivent à des émissions qui s'élèvent à des centaines de millions ou rachètent des titres en Bourse pour soutenir les cours de leurs valeurs artificiellement. C'est un abus formidable, tout le monde le sait, mais l'État laisse faire, il est désarmé !

Sous l'influence de ce règne d'anarchie, trois à quatre établissements de crédit ont pris un développement monstrueux et sont arrivés à grouper entre leurs mains plusieurs milliards de francs de dépôts. Étant légalement des banques comme les autres, pouvant tout entreprendre et tout se permettre, ils exercent sur la Bourse, sur la presse et sur l'épargne une domination absolue. Il n'est pas besoin de noircir du papier pour établir que l'existence d'une telle oligarchie est un fait incompatible avec nos institutions républicaines qui visent à l'égalité politique des citoyens et au nivellement relatif des conditions. On ne peut imaginer contraste plus saisissant que celui d'un pays démocratique comme le nôtre abdiquant la direction de sa fortune entre les mains d'un pouvoir financier omnipotent..

L'orientation des capitaux et l'État.

Un autre grand problème est sur le tapis et se pose d'une manière irrésistible : c'est celui de l'orientation des capitaux. On a considéré longtemps que l'État n'avait pas à intervenir dans la question des placements financiers qui semblait présenter un caractère privé et ressortir exclusivement de l'initiative individuelle ; mais comment méconnaître aujourd'hui cette vérité que l'orientation des capitaux dans notre pays n'est plus le résultat des volontés réfléchies des rentiers ni des épargnants, mais qu'elle dépend seulement des convenances d'un petit groupe de personnes qui commencent par acheter ferme de grandes quantités de titres avec l'argent de la nation et qui détaillent ensuite ces titres aux capitalistes, après les avoir circonvenus par une propagande appropriée? Et quelles sont les valeurs que l'oligarchie choisit et met en magasin pour les revendre dans notre pays? Ce sont presque toutes des valeurs étrangères, emprunts russes, bulgares ou serbes, fonds d'États brésiliens, mexicains, argentins, etc. L'oligarchie financière est une immense agence d'exportation des capitaux français.

Politique fin-cière absurde.

D'autre part, tandis que notre épargne construit des chemins de fer en Russie et des ports au Brésil, elle ne fait rien pour relever l'état misérablement arriéré de notre outillage et des moyens de communication dans notre pays. Beaucoup de gens pensent que cet état de choses a suffisamment duré. Ils trouvent qu'il est absurde de créer un système protectionniste pour développer l'industrie nationale et de laisser subsister en même temps un système financier qui pousse tous nos capitaux dehors.

Employer l'argent français d'abord en France.

Tenant compte du mouvement d'idées qui se dessine contre l'oligarchie financière, nos ministres s'efforcent de réclamer quelques avantages pour notre commerce ou pour notre industrie des pays étrangers qui veulent emprunter chez nous. Quoiqu'ils n'obtiennent sur ce point que des satisfactions bien minimes, on ne peut que les féliciter de leurs efforts qui ont du moins le caractère d'une manifestation de blâme à l'égard de nos banques. Toutefois, en tant qu'il s'agit d'endiguer ou de modérer le flot des émissions étrangères qui constitue la plaie de notre pays et qu'un ministre des finances a stigmatisé lui-même à la tribune du Sénat comme un danger public, cette orientation nouvelle est totalement inefficace, elle ne peut que favoriser deux ou trois maisons métallurgiques probablement toujours les mêmes, mais elle ne résout pas le problème qui consiste à faire refluer l'argent français en France, à faire en sorte qu'il s'emploie dans notre industrie, dans notre commerce et dans l'exécution de ces travaux publics dont nous avons besoin.

Nous posons donc au ministre en fonctions la question suivante : « Abstraction faite des commandes qui peuvent être données ou non à l'industrie française, abstraction faite aussi des convenances diplomatiques supposées satisfaites, êtes-vous prêt à refuser votre autorisation officielle à un emprunt étranger pour la seule raison que l'exportation des capitaux français a des limites et doit être combattue à un moment donné dans l'intérêt national? »

Limites à l'exportation des capitaux.

Nous ajouterons ceci : « Ou vous reconnaîtrez que l'exportation des capitaux français a des limites et que c'est votre devoir d'agir, si on la pousse trop loin, ou vous devrez déclarer que l'exportation des capitaux français est au contraire sans limites et que l'oligarchie peut continuer à déverser l'argent de la France à l'étranger en toute impunité, quelle que soit la décadence de notre industrie nationale, quel que soit l'appauvrissement qui en résulte pour nos travailleurs et nos salariés. »

Bien d'autres questions d'une grande portée se posent à propos de la domination des sociétés de crédit dans notre pays. Nous les examinerons ultérieurement. Mais l'oligarchie peut être assurée que si même elle critiquait utilement certaines de nos idées, ce qui n'est pas le cas apparemment, elle en laisserait encore assez pour prononcer sa condamnation.

FIN DE LA RÉPONSE DE LYSIS.

Les menées de l'Oligarchie Financière en 1907 et 1908

Deux années s'étant écoulées depuis la publication de notre dernier écrit contre l'oligarchie financière,[1] il convient d'examiner ce que nos grandes banques ont fait pendant cette période. Comment leur activité s'est exercée, quelles ont été leurs opérations, leurs émissions, quel a été le bilan de leur gestion pendant ces deux années, nous voudrions le rechercher. Cette revue rétrospective présente un double intérêt : elle apportera d'abord la confirmation des formules que nous avons dégagées sur le rôle des établissements de crédit et permettra de constater que l'oligarchie financière répète toujours les mêmes actes et les mêmes manœuvres, comme un organe accomplit toujours la même fonction. Ensuite elle donnera l'occasion d'étudier la question des banques sous son aspect le plus moderne et d'aborder les problèmes nouveaux que

Suite de l'histoire de l'oligarchie.

1. Article paru dans la *Grande Revue* du 25 mai 1909.

pose le développement de plus en plus grand des sociétés de crédit.

Ce que nous appelons oligarchie.

Rappelons d'abord que, sous le nom d'oligarchie financière, nous désignons le consortium de sociétés qui effectuent toutes les grandes émissions dans notre pays. A la tête de ce consortium figurent les trois établissements de crédit appelés Crédit Lyonnais, Société Générale, Comptoir d'Escompte, dont les succursales couvrent le territoire et qui détiennent une sorte de monopole pour l'écoulement des titres. Presque sur le même rang, il faut placer une très considérable banque d'affaires, dite Banque de Paris et des Pays-Bas. Viennent ensuite le Crédit Industriel et Commercial, l'Union Parisienne, la Société Marseillaise, la Banque française pour le Commerce et l'Industrie, de M. Rouvier, dans laquelle les établissements de crédit sont officiellement représentés, le Crédit Mobilier, dont la récente augmentation de capital a été faite avec le concours des mêmes établissements, le Syndicat des Banquiers de province, lequel place les titres du consortium parmi ses adhérents moyennant commission, etc, etc. Toutes ces institutions ont sans doute leur autonomie et font leurs émissions particulières de temps à autre, mais elles sont solidaires des grands établissements de crédit avec lesquels elles effectuent beaucoup d'émissions en commun.

I

Le déversement des papiers étrangers continue.

Pendant les deux années 1907 et 1908, l'oligarchie financière n'a pas cessé de déverser sur le marché français le flot de ses papiers exotiques.

En 1907, elle a introduit ou émis les valeurs suivantes[1] :

Valeurs étrangères : Emprunt japonais 286 millions. — Emprunt bulgare 128 millions. — Emprunt serbe 90 millions. — Emprunt du Siam 28 millions. — Emprunt de Berne 20 millions. — Emprunt chinois 17 millions. — Emprunt ottoman 37 millions. — Emprunt suisse 49 millions. — Emprunt argentin 73 millions. — Crédit foncier égyptien 142 millions. — Land Bank of Egypt 43 millions. — Crédit foncier argentin 27 millions. — Chemin de fer Alpes Bernoises 52 millions. — Chemin de fer Damas-Hamah 37 millions. — Chemin de fer Province Buenos-Ayres 14 millions. — Chemin de fer Province Santa-Fé 13 millions. — Chemin de fer Rosario à Puerto-Belgrano 15 millions. — Chemin de fer Sao-Paulo et Rio-Grande 11 millions. — Chemin de fer Sao-Francisco 11 millions. — Usines de Briansk 66 millions. — Papier San Rafael 25 millions. — Sucreries et raffineries d'Égypte 19 millions. — Emprunt de Sao-Paulo 47 millions. — Emprunt Province de Buenos-Ayres 17 millions. — Banque du Pérou 26 millions. — Chemin de fer Pirée-Athènes 12 millions.

1. Ces statistiques et les suivantes sont approximatives.

— Chemin de fer de Goyas 22 millions. — Prowodnik 39 millions. — Compagnie Industrielle d'Atlixo 23 millions. — Port de Para 14 millions. — Banque Hypothécaire Franco-Argentine 9 millions. — Chemins de fer du Midi de l'Italie 10 millions. — Sels Gemmes et Houilles Russie Méridionale 7 millions. — Emprunt de Vénézuéla 61 millions. — Total des valeurs étrangères : 1.508 millions.

Valeurs françaises : Emprunt Afrique occidentale française 40 millions. — Wagons-lits 9 millions. — Métropolitain 24 millions. — Société de Métallurgie Montbard 8 millions. — Tréfileries du Havre 7 millions. — Usine métallurgique Basse Loire 8 millions 1/2. — Éclairage, Chauffage, Force motrice 15 millions. — Gaz de Paris 21 millions 1/2. — Ouest Lumière 5 millions. — Gaz et Électricité de Marseille 28 millions. — Eclairage de Bordeaux 5 millions 1/2. — Gaz, France et Étranger 17 millions. — Machines-outils pour automobiles 7 millions. — Est-Lumière 7 millions. — Compagnie générale Distribution électrique 12 millions. — Mines de zinc du Guergour 11 millions. — Total des valeurs françaises : 222 millions.

En 1907, l'oligarchie émet 1.508 millions de valeurs étrangères et 222 millions de valeurs françaises.

Total des valeurs étrangères émises par l'oligarchie en 1907 : 1.508 millions. Total des valeurs françaises : 222 millions. Encore comprend-on dans ces valeurs françaises un emprunt de l'Afrique occidentale de 40 millions. Il n'y a que 180 millions de titres français émis spontanément par l'oligarchie !

Passons à l'année 1908. Nous prions le lecteur de noter attentivement l'énumération qui suit; il voudra bien dire ensuite s'il estime que la protestation de Lysis est sans raison.

En 1908, nos grandes banques ont introduit ou émis en France les valeurs suivantes :

Valeurs étrangères : Emprunt russe (tranche autrichienne) 162 millions. — Chemin de fer Nord-Donetz 203 millions. — Obligations américaines New-York, Newhaven 142 millions. — Emprunt province de Buenos-Ayres 168 millions. — Banque Espagnole Rio de la Plata 167 millions. — Crédit foncier Égyptien 134 millions. — Banque Nationale du Mexique 138 millions. — Bons du Trésor Sao-Paulo 110 millions. — Port Rio Grande del Sud 85 millions. — Emprunt de Stockholm 61 millions. — Emprunt de Saint-Pétersbourg 92 millions. — Emprunt de Moscou 31 millions. — Emprunt chinois 62 millions. — Emprunt Ville de Bahia 22 millions. — Emprunt de Fribourg 25 millions. — Emprunt Minas-Geraes 24 millions — Emprunt du Brésil 47 millions. — Emprunt turc 22 millions. — Emprunt suédois 40 millions. — Crédit foncier argentin 32 millions. — Banque française Rio de la Plata 71 millions. — Banque centrale Mexicaine 38 millions. — Banque hongroise 28 millions. — Banque Hypothécaire franco argentine 20 millions. — Chemin de fer Buenos-Ayres 15 millions 1/2. — Chemin de fer de Goyaz 9 millions. — Chemin de fer de Rosario à Puerto 28 millions. — Crédit Foncier mexicain 31 millions. — Banque du Pérou 27 millions. — Banque Industrielle du Japon 25 millions. — Emprunt de Zurich 10 millions. — Chemins de er autrichiens 19 millions. — Crédit foncier franco-canadien 14 millions. Total des valeurs étrangères : 2.110 millions.

Valeurs françaises : Wagons-lits 15 millions. — Thomson-Houston 10 millions. — Voitures à Paris 11 millions. — Compagnie Transatlantique 20 millions. — Compagnie générale de Tramways 15 millions. — Établissement Révillon frères 30 millions. Total des valeurs françaises : 101 millions.

En 1908, l'oligarchie émet 2110 millions de valeurs étrangères et 101 millions de valeurs françaises.

Total des valeurs étrangères émises par l'oligarchie en 1908 : 2.110 millions. Total des valeurs françaises : 101 millions. Disons un mot de l'année 1909. Considérons seulement les trois premiers mois. Pendant ces trois mois, l'oligarchie a émis : un emprunt russe de 420 millions, un emprunt brésilien de Pernambuco de 40 millions, un emprunt argentin de 80 millions, un emprunt de Santa-Fé de 15 millions, et des actions de la Compagnie Parisienne de Distribution d'Électricité pour 50 millions. Total des valeurs étrangères : 555 millions. Total des valeurs françaises : 50 millions.

Pour l'édification du lecteur, il convient maintenant de reproduire les statistiques suivantes des émissions effectuées *en Allemagne* pendant l'année 1908 par toutes les banques :

Valeurs nationales : Emprunts d'États allemands, 1.079.520.000 marks. — Emprunts de villes et provinces allemandes, 606.430.000 marks. — Obligations hypothécaires allemandes, 492.320.000 marks. — Autres obligations allemandes, 402.150.000 marks. — Actions de banques allemandes, 75.630.000 marks. — Chemins de fer allemands, 28.340.000 marks. — Actions industrielles allemandes 326.000.000 de marks. Total des valeurs allemandes : 3.010.390.000 marks (3.612.468.000 francs).

Valeurs étrangères : Emprunts d'États étrangers, 98.510.000 marks. — Obligations étrangères, 1.980.000 marks. Total des valeurs étrangères : 100.490.000 marks (120.588.000 francs) [1].

1. Les statistiques de la *Gazette de Francfort* donnent à peu près les mêmes chiffres. Émissions du marché allemand en 1907-1908 : valeurs nationales, 2.986 millions de marks; valeurs étrangères, 168 millions de marks; en 1908-1909 : valeurs na-

En Allemagne, 96 o/o de valeurs nationales, en France 5 o/o.

En 1908, la proportion des valeurs nationales émises en Allemagne par toutes les banques a été de 96 1/2 p. 100.

En 1908, la proportion des valeurs nationales émises en France par l'oligarchie a été de 5 p. 100.

II

4.183 millions de titres étrangers en deux ans.

Du 1er janvier 1907 à ce jour, c'est-à-dire en deux ans et trois mois, nos grandes banques ont introduit pour 4 milliards 183 millions de titres étrangers sur le marché français [1]. Ces 4 milliards 183 millions sont venus : 1.019 millions de Russie, 736 millions de la République Argentine, 439 millions du Brésil, 202 millions du Mexique, 314 millions des pays orientaux, 80 millions de Chine, etc. Au total, sur 4.200 millions de titres, étrangers, 2.700 millions, soit environ les deux tiers, sont venus de pays à crédit douteux ou inférieur. Nos grandes banques trouvent les placements français aléatoires; pour elles l'industrie fran-

tionales, 3.987 millions de marks; valeurs étrangères, 362 millions. Proportion des valeurs nationales en 1907-1908, 93 p. 100; en 1908-1909, 91 p. 100.

1. Nous avons constaté précédemment que, chaque année, l'oligarchie financière exporte l'argent de la France en quelques émissions monstres. On peut vérifier la justesse de cette formule : en 1907, 7 émissions étrangères ont absorbé 835 millions; en 1908, 7 émissions étrangères ont absorbé 1.120 millions.

çaise est hasardeuse et les travaux publics français sans intérêt, mais les titres russes, argentins, brésiliens, les titres bulgares, serbes, chinois, sont plus sûrs et mieux gagés que les titres français : tel est le point de vue de l'oligarchie.

La Russie modeste.

1.019 millions de valeurs russes en deux ans. Ne vous effrayez pas, cela n'est rien. On est unanime à constater sur le marché financier que la Russie a été modeste et n'a pas beaucoup demandé depuis deux ans. Elle n'a fait, somme toute, qu'un petit emprunt d'État de 420 millions (il y avait 1.220 millions mis en souscription, mais sur cette somme 800 millions servaient à convertir une dette provisoire venant à échéance en dette éternelle : c'était de droit). Il est vrai qu'il faut ajouter à ces 420 millions : 162 millions, tranche autrichienne du dernier emprunt repassée en France (!), 202 millions pour le chemin de fer Nord-Donetz, 35 millions pour le chemin de fer Volga-Bougoulma, 92 millions pour la Ville de Saint-Pétersbourg, 31 millions pour la Ville de Moscou, 66 millions pour les Usines métallurgiques de la Briansk, 7 millions pour les Sels Gemmes, etc. Mais ne soyons pas difficile et reconnaissons de bonne grâce que la Russie a été modérée. Elle n'a pris qu'un milliard à la France en deux ans, ce qui n'est vraiment pas beaucoup.

III

Des centaines de millions en Argentine.

736 millions de valeurs argentines en deux ans. Ces 736 millions comprennent notamment : 73 millions emprunt argentin, 27 millions et 32 millions Crédit foncier argentin, 35 et 28 millions Chemin de fer Rosario à Puerto, 28 et 177 millions Province Buenos-Ayres, 167 millions Banque Espagnole Rio de la Plata, 71 millions Banque Française Rio de la Plata, 12 millions Port de Rosario, 26 1/2 millions Chemin de fer Buenos-Ayres, 15 millions Banque Hypothécaire franco-argentine, 32 millions Crédit foncier Argentin, etc., etc.

Il est difficile de lire une telle énumération sans éprouver un certain sentiment. La même oligarchie qui mesure si chichement les capitaux à son propre pays, jette les millions par centaines... en Amérique. Si nos industriels, si nos commerçants ne ressentent rien en voyant que l'argent français qui leur est constamment refusé s'engloutit dans un pays lointain déjà lourdement endetté et surcapitalisé de l'avis unanime, ils n'ont pas de sang dans les veines.

Dans la séance de la Société d'Économie Politique, tenue le 5 novembre dernier, après avoir reconnu le rapide développement de la République Argentine, M. Alfred Neymarck se voyait contraint de faire les réserves suivantes, évidemment significatives :

Il y a plusieurs ombres au tableau. C'est tout d'abord l'accroissement de la dette publique qui, de 370 millions en 1817, s'élève en 1906 à 3 milliards; l'importance de la dette extérieure qui, dans le même laps de temps, a grossi de 238 millions à 1.621 millions; l'importance non moins grande de la dette intérieure : 112 millions en 1871 et 1.374 millions en 1906. Les budgets ont suivi un accroissement naturel : 31 millions de pesos en 1895; 156 millions de pesos en 1907.

Les dépenses pour la guerre et la marine augmentent dans de sensibles proportions, et c'est un gros danger pour l'avenir économique de la République Argentine. L'autre danger est l'importance croissante de ses emprunts extérieurs. Il ne faut pas oublier que la République Argentine est un pays agricole et qu'une bonne ou une mauvaise récolte a une influence considérable sur sa situation financière en restreignant son accroissement sur le montant de ses exportations à l'étranger. Il faut que l'Argentine se procure annuellement plus de 500 millions pour payer au dehors le service de ses emprunts extérieurs; il est toujours dangereux pour un pays d'être débiteur au dehors.

IV

L'amour des banques pour le Brésil.

439 millions de valeurs brésiliennes en deux ans. Savoir : 47 millions emprunt Sao-Paulo, 110 millions Bons du Trésor Sao-Paulo, 22 millions Port de Bahia, 24 millions emprunt Minas-Geraes, 47 millions emprunt du Brésil, 85 millions Port Rio Grande del Sul, 40 millions emprunt de Pernambuco, etc., etc.

Le caractère excessif de ces placements brésiliens résulte des chiffres suivants que publiait la *Cote de la Banque et de la Bourse* du 22 octobre 1908 :

Il n'est pas sans intérêt de rappeler combien, pendant ces dernières années, la cote du marché de Paris s'est accrue de nombreuses valeurs brésiliennes.

A tout seigneur, tout honneur : ce sont d'abord les emprunts de l'État du Brésil lui-même; nous n'en relevons pas moins de 7, offerts aux portefeuilles français, représentant la respectable somme de 1.720 millions de francs.

Puis viennent les emprunts des différents États et villes du Brésil : Espirito Santo, Bahia, Minas-Geraes, Parana, Pernambuco, Sao-Paulo, Amazone, etc., qui atteignent le total non moins intéressant de 480 millions de francs.

Enfin, tout en négligeant les affaires industrielles de moindre envergure, nous voyons que les multiples entreprises de chemins de fer ou ports : Victoria Minas, Nord-Brésil, Nord-Ouest du Brésil, Nord du Parana, Sao-Paulo à Rio-Grande, Port de Bahia, etc., ont placé à notre épargne pour 600 millions de francs environ d'obligations.

Ainsi donc ce n'est pas moins de 2.800 millions de francs ou, si l'on aime mieux, près de 3 milliards d'argent français qui ont émigré vers ces heureuses contrées de l'Amérique du Sud, argent sorti, naturellement, du bas de laine et dont le sort n'est pas sans faire concevoir certaines inquiétudes à ceux qui ont eu confiance en l'avenir économique du Brésil.

La mentalité des grandes banques françaises est prise ici sur le vif : elles déclarent ne pouvoir s'intéresser aux entreprises de leur pays à cause des prétendus aléas que celles-ci leur feraient courir, et cependant elles prêtent des millions sans compter à de petits États brésiliens [1].

Dernièrement encore, l'État de Sao-Paulo a lancé un nouvel emprunt de 375 millions pour liquider la fameuse opération dite de la valorisation du café. Sur cet emprunt, les grands établissements de crédit français, les grandes sociétés de dépôt françaises, qui ne s'intéressent pas à l'industrie de leur propre pays pour ne pas courir d'aléas, prirent ferme 125 millions !

Au secours des planteurs brésiliens.

On peut discuter à perte de vue sur le caractère plus ou moins incertain d'un placement, surtout quand il

1. Dans ces réflexions sur l'exode excessif des capitaux français à l'étranger, il n'entre aucune intention de froisser des peuples pour lesquels nous éprouvons comme tous nos compatriotes de vives sympathies. Nous n'examinons leur situation et leur avenir immédiat qu'au point de vue financier. On discute bien le crédit de la France, il serait étrange qu'on ne pût parler librement du crédit de la République Argentine, du Brésil ou de la Serbie! Nous devons rappeler aussi pour éviter tout malentendu que nos articles ne s'inspirent pas de cette doctrine nationaliste étroite qui consiste à prêcher la haine de l'étranger et dans laquelle se complaisent depuis quelques années nos parties les plus rétrogrades. C'est l'honneur de la France d'aimer les autres peuples, de s'intéresser à eux et de les aider à entrer dans la voie du progrès. Nous n'allons pas contre ces idées, elles sont les nôtres. Nous constatons seulement cette vérité de bon sens, qu'il y a une limite à l'exportation des capitaux comme à toute chose. Nous disons que le premier devoir d'un peuple est de se développer lui-même et que c'est seulement après, s'il a trop de ressources, qu'il peut développer les autres. C'est une folie, un suicide pour un pays que de laisser son propre commerce, sa propre industrie végéter et d'employer les quatre cinquièmes de son argent à commandiler l'étranger. En constatant cette situation, nous n'offensons personne, nous défendons seulement la cause du patriotisme intelligent.

s'agit d'un fonds d'État. Tant qu'un pays n'a pas fait faillite, tant qu'il paie ses coupons, fût-ce au moyen d'emprunts nouveaux continuellement répétés, pour les banques et pour une bonne partie du public, il est bon. Mais cela dit, il reste à faire la constatation suivante : les grandes banques françaises ont fourni 125 millions de francs à des planteurs qui souffraient de la mévente de leur produit... au Brésil, elles avaient de même trouvé, antérieurement 20 millions pour favoriser la production et le commerce du vin... en Corinthe, mais les grandes banques françaises n'ont jamais rien fait pour les viticulteurs de France qui meurent de faim, elles n'ont jamais étudié, ou recherché le moyen financier de soulager leur misère. Pauvres viticulteurs français, on peut le dire sans ironie, il est bien malheureux pour eux qu'ils ne fabriquent pas leur vin au Brésil ou en Grèce.

V

314 millions de valeurs orientales en deux ans. Ce chiffre comprend : emprunt serbe 90 millions, emprunt bulgare 128 millions, emprunts turcs 59 millions. Deux milliards et demi en Orient.

Dans ce département, les intérêts français sont formidables. D'après les statistiques de M. Alf. Neymarck, les fonds d'États et titres divers émis par la Turquie, la Grèce, la Bulgarie, la Roumanie, la Serbie, cotés à Paris, représentent un capital de 4 milliards sur lesquels *2 milliards et demi sont en France*[1]. Nous avons donc 70 p. 100 de ces emprunts; le reste du monde en a seulement 30 p. 100. On voit combien nos banques ont dépassé la mesure. Étant donnés les troubles qui se produisent périodiquement en Orient et qui mettent en danger la paix du monde, il est banal de décrire les dangers que court l'épargne française en s'aventurant pour des sommes élevées dans des pays aussi profondément troublés par des luttes de races et par des antagonismes dont l'histoire montre le caractère éternel et le constant renouvellement.

Au point de vue financier, la situation des petits pays balkaniques a toujours été franchement mauvaise et ne s'est jamais améliorée que sur le papier. Dans leurs budgets, le service de la dette et les dépenses militaires représentent 50 p. 100 des dépenses, tandis que les chapitres du commerce et de l'agriculture ont des affectations insignifiantes. L'exploitation des chemins de fer est onéreuse, la perte sur le change est chronique, elle s'atténue seulement par l'appoint d'emprunts étrangers. L'activité économique est nulle, le commerce, l'industrie sont peu développés; les cinq septièmes de la population sont agricoles, les recettes sont donc instables, elles dépendent des récoltes.

1. Estimation probablement trop modérée, car le *Times* estime que dans les seules valeurs turques les capitalistes français sont engagés pour 2 milliards et demi.

A quoi sert l'argent que nos banquiers avancent à ces petits pays? A préparer la guerre, c'est-à-dire à préparer à nous-mêmes des ennuis et des dangers pour demain. Quel est, d'autre part, notre commerce dans ces petits pays? Il est nul. Tandis que l'Autriche importait 27 millions de marchandises en Bulgarie, l'Angleterre 19 millions, l'Allemagne 20 milions, nous y importions seulement 2 millions et demi (chiffres de 1907). C'est donc en Orient la même situation qu'ailleurs : les Français fournissent l'argent, les autres en profitent.

Notre argent sert à préparer la guerre.

Admirons encore une fois la justesse de l'argument que les établissements de crédit mettent en avant pour ne pas faire d'industrie en France : ils trouvent que nos entreprises nationales offrent des aléas, ils veulent éviter à l'épargne des mécomptes et des déboires. Cependant, ils poussent leurs clients vers des emprunts de dixième ordre qui concentrent en quelque sorte tous les risques et dont l'acheteur est exposé à la fois aux dangers de la guerre, de la révolution, des mauvaises récoltes, du déficit chronique, de la dépréciation du change et du maquillage du budget! Ainsi, d'après nos établissements de crédit, l'industrie française ne vaudrait pas comme sécurité les petites valeurs balkaniques! Il faut relever sans se lasser ce curieux point de vue

VI

Nos millions en Chine.

80 millions d'emprunts chinois en deux ans. On lit dans *le Rentier* :

Le correspondant du *Times*, à Shanghaï, signale l'absence regrettable de toute organisation financière en Chine. Le gouvernement central, comme la plus grande partie de la population, y vit littéralement au jour le jour. Non seulement il n'y a pas de budget régulier des recettes et des dépenses de l'Empire, mais il n'y a peut-être pas un fonctionnaire du Grand Conseil qui soit en mesure de fournir des renseignements précis sur l'actif et le passif de l'État. Au point de vue économique et financier, la Chine est à peu près dans une situation analogue à celle de l'Angleterre à la fin du XVIIe siècle, ou des provinces romaines dans les derniers jours de la République.

L'industrie française est un placement plus aléatoire qu'un emprunt chinois aux yeux de l'oligarchie. Pauvre industrie!

VII

Le ministre et les banquiers.

Nous avons signalé l'anarchie de notre législation qui permet aux banquiers d'effectuer des émissions étrangères se chiffrant par des centaines de millions, sans aucun contrôle effectif de l'État. Le seul moyen d'intervention que la loi reconnaisse au ministre des finances est le droit d'interdire la cotation des emprunts étrangers à la Bourse officielle, et l'on sait que l'usage de ce droit est des plus délicats pour un gouvernement qui dépend lui-même de l'oligarchie et peut difficilement se passer de cette dernière pour placer ses bons du Trésor et maintenir le cours de ses rentes. Tout le monde comprend que la partie n'est pas égale entre le ministre des finances, personnalité parlementaire essentiellement fugitive, et la coalition des grands établissements qui, gouvernant la presse et manœuvrant la Bourse, peuvent si facilement influencer l'opinion. On a observé, *le Temps* l'a signalé lui-même en termes très vifs, que les sociétés de crédit avaient cessé brusquement leur opposition à l'impôt sur le revenu de M. Caillaux. Il faudrait admirer l'habile diplomatie de notre ancien ministre des finances, s'il avait obtenu un tel cadeau des banques, sans leur donner en échange aucune compensation.

A défaut du Parquet, la coulisse.

De toute manière, il est nécessaire d'observer que le droit du ministre d'interdire la cotation à la Bourse officielle est un moyen totalement inefficace. Les banques se passent très bien de cette cotation, elles n'en ont pas besoin pour écouler le papier. En effet, à côté de la Bourse officielle des Agents de change, il y a la Bourse clandestine et illicite appelée coulisse, et cette coulisse, qui brasse beaucoup d'affaires et négocie des valeurs à transactions considérables, est dans cette situation curieuse qu'elle n'existe pas au point de vue de la loi. En tant que membre du gouvernement, le ministre ne connait pas la coulisse, il n'en a jamais entendu parler, il ne peut donc intervenir sur un marché dont la réalité n'est pas perçue par son entendement. En vertu de cette fiction, il est possible aux grands établissements de crédit de faire coter en coulisse toutes les émissions pour lesquelles il ne leur convient pas de consulter les pouvoirs publics. Ils ont introduit de cette manière en 1907 et 1908 :

Obligations Nord-Donetz 202 millions (d'abord en coulisse), emprunt Saint-Pétersbourg 92 millions, Moscou 31 millions, Stockholm 61 millions, emprunt province Buenos-Ayres, 17 millions et 168 millions, emprunt Sao-Paulo 47 millions, emprunt chinois 62 millions, etc.

En raison de l'échappatoire de la coulisse, le droit du ministre d'interdire la cotation à la Bourse officielle est dépourvu de toute portée.

On place les titres avant la cote.

Il faut tenir compte aussi de l'évolution qui s'est produite. Quand nos grandes sociétés financières n'avaient pas encore l'influence souveraine qu'elles ont aujourd'hui, la cotation à la Bourse officielle et l'appui personnel des agents de change étaient des éléments de succès qu'elles ne pouvaient dédaigner, mais à mesure que le puissance a augmenté et que leur main-mise sur l'épargne a été plus complète, nos établissements de crédit sont devenus plus indépendants, plus exigeants. Leur tendance a été de réduire et d'éliminer graduellement tous les concours extérieurs, de manière à donner le moins possible aux autres et à garder pour eux-mêmes, autant qu'ils le pouvaient, tous les profits d'émission. Que font aujourd'hui ces établissements, quand ils veulent émettre un emprunt? Ils en placent les titres avant la cotation. Conséquence: cette cotation n'est plus aujourd'hui qu'une corvée, dont il faut s'acquitter le moment venu pour ne pas mécontenter la clientèle, mais elle a cessé d'être un moyen de placement, d'écoulement du papier, comme elle l'était autrefois.

Il n'importe guère, dans ces conditions, aux sociétés de crédit, que l'introduction de leurs émissions ait lieu sur le marché officiel ou sur le marché libre, il leur est même indifférent relativement que le ministre autorise ou n'autorise pas l'admission de leurs valeurs à la cote des agents. Elles sont assurées de toute manière de vendre leur papier à leurs guichets, mais il résulte de cette situation que le ministre n'a plus de pouvoir, plus d'autorité et qu'il est tombé dans un état d'impuissance aussi ridicule qu'humiliant à l'égard de l'oligarchie.

VIII

On évite la publicité.

Ces considérations nous amènent à mettre en lumière un autre fait nouveau très important : la tendance des sociétés de crédit à soustraire leurs opérations à la publicité des journaux [1]. Il faut observer à titre d'indication que lors du dernier emprunt russe elles ont rogné d'un quart leurs attributions à la presse. Cette réduction ne fut pas sans provoquer des pleurs et des grincements de dents, mais presque tous les journaux l'acceptèrent bénévolement.

La politique nouvelle des sociétés de crédit consiste à ne plus demander aux journaux un concours actif au moment des émissions. Ce concours est de moins en moins nécessaire, depuis que l'oligarchie a le pouvoir de placer tous les titres à ses guichets. Comment s'y prend-elle pour payer les journaux moins cher ? Elle leur déclare que l'opération est close, que le papier est souscrit, qu'elle n'a pas besoin d'eux, mais que tout de même, pour leur être agréable, elle leur donnera quelque argent. Ou bien elle les prie d'insérer seulement des notes insignifiantes, elle peut ainsi rogner leurs mensualités et réaliser sur leur dos une économie. On paie juste ce qu'il faut pour que les journaux restent neutres et ne disent rien. La nouvelle tactique est d'opérer en silence. Les émissions s'escamotent, on les fait en secret, d'une manière occulte.

Les journaux s'en plaignent.

Le Temps écrivait en juin dernier :

> Ce qui est fâcheux et critiquable dans les usages de nos grandes sociétés de crédit, c'est cette tendance qui s'affirme de plus en plus chez elles à soustraire au contrôle de la publicité les émissions de titres.

1. Ces considérations ont trait principalement aux journaux financiers qui sont les seuls à publier des renseignements détaillés sur les émissions.

Le Rentier, dans son numéro du 27 mars 1907, mentionnait :

Les placements effectués *sans publicité et sans bruit* d'obligations des compagnies de chemins de fer ou de compagnies diverses qui ne recourent pas aux émissions publiques, le succès de l'émission des obligation 5 % Sao-Paulo, remporté par la Société Générale, sans parler de l'emprunt de la ville de Saint-Pétersbourg *qu'un de nos grands établissements de crédit aurait placé dans sa clientèle, sans même que les conditions de cet emprunt aient été publiées au Bulletin Annexe du* Journal officiel (*sic*)...

Sans publicité, sans bruit ! dit *le Rentier*. On a placé de même sans publicité, sans bruit, 134 millions d'obligations du Crédit Foncier Égyptien, 202 millions d'obligations du chemin de fer russe du Nord-Donetz, 92 millions d'obligations de la Ville de Saint-Pétersbourg, 31 millions d'obligations de la Ville de Moscou, etc., etc.

L'État désarmé.

Le droit que possède le gouvernement d'interdire la cotation à la Bourse officielle est, dans ces conditions, une pure duperie. Les banques se soucient bien de la cotation à la Bourse officielle ! Non seulement elles ont la ressource de coter en coulisse, comme nous l'avons vu, mais elles peuvent ne pas coter du tout, elles écoulent leurs titres d'une manière occulte et le tour est joué. Le cas s'est passé récemment : le Crédit Lyonnais, la Société Générale et le Comptoir d'Escompte ont placé à leurs guichets un emprunt argentin de 80 millions *dont la cotation venait d'être refusée par le ministre des finances.*

Le ministre interdit l'emprunt, mais les Sociétés de crédit le placent tout de même.

Il convient d'exposer les faits et de rappeler dans quelles circonstances cet emprunt argentin fut interdit par le gouvernement français; on verra la portée du défi insolent que nos sociétés de crédit viennent de lancer à l'État, on appréciera la gravité de leur récent acte de rébellion. Un concours avait été ouvert dans la République Argentine pour la fourniture de canons; des expériences eurent lieu devant une commission régulière, elles établirent la supériorité du matériel français sur le matériel allemand. Ces résultats furent consignés dans un rapport. Cependant l'Allemagne intervenait auprès du gouvernement argentin et obtenait de ce dernier la nomination d'une autre commission composée d'officiers qui n'avaient pas assisté aux expériences. Cette deuxième commission conclut que ni le modèle français, ni le modèle allemand ne pouvaient être acceptés, sans modification, et le gouvernement argentin, se basant sur cette complaisante décision, passa la commande à l'Allemagne[1]. Devant ce déni de justice, notre ministre des finances se vit obligé d'interdire la cotation à la Bourse officielle d'un emprunt qui devait servir à payer la maison Krupp. Cependant, que firent nos établissements de crédit ? *Ils passèrent outre à la défense du ministre, ils pla-*

1. Ces faits sont exposés dans le rapport complémentaire de M. André E. Sayous sur les « Avantages à réclamer pour notre industrie ou notre agriculture nationale lors de l'admission d'emprunts étrangers à la cote d'une de nos Bourses » (*Bulletin de la Fédération des Industriels et Commerçants français*, de mars 1909).

cèrent quand même l'emprunt que venait d'interdire le gouvernement français !

Le patriotisme des banques pris sur le vif.

Ce fait n'apprend rien à ceux qui sont déjà renseignés sur le patriotisme des grands établissements de crédit, mais, pour l'édification des lecteurs que nos précédentes révélations n'auraient pas ébranlés, nous sommes heureux d'avoir un si beau cas. On réclame souvent des preuves absolues dans des questions où l'on doit se contenter par nécessité d'indices et de concordances... Quand un écrivain dit que des sociétés de crédit sont indifférentes à l'intérêt national, il émet une affirmation d'ordre psychologique et moral qui se déduit d'actes nombreux, mais qu'il est difficile de prouver matériellement, étant donné qu'en pareille matière les apparences sont généralement sauvegardées et qu'on prend rarement les gens en flagrant délit. Quelle aubaine, par conséquent, pour nous de mettre la main sur un cas indiscutable, brutal, évident, qui ne supporte aucune discussion et devant lequel nos contradicteurs les plus acharnés sont eux-mêmes obligés de courber la tête. Dans sa réponse à Lysis, Testis déclare que « les établissements de crédit suivent toujours avec la plus patriotique fidélité (*sic*), toutes les fois qu'elles leur sont confiées, les suggestions du ministre des affaires étrangères » ; il ne se contente pas de le déclarer, « il affirme le fait de la manière la plus catégorique ». Affirmez, Testis, affirmez. Elle est jolie, la patriotique fidélité de l'oligarchie ! Le ministre dit aux banques : « J'interdis cet emprunt étranger ». Et les banques de répondre : « Vous pouvez l'interdire, si cela vous plaît. Nous ne l'en placerons pas moins. » Et elles le placent.

Le gouvernement français ridicule.

Cependant, quelle humiliation, quel soufflet pour le gouvernement français qui a voulu prendre une mesure de sanction à l'égard d'un pays étranger et qui a échoué lamentablement, parce que les banques françaises le désavouent et placent leur emprunt quand même! Quel crédit, quel prestige aura demain ce gouvernement pour négocier l'admission d'autres emprunts étrangers? On lui rira au nez! La preuve est faite, il n'est pas le maître, l'oligarchie des banques en France est plus forte, plus puissante que l'État. Avec son droit d'interdire la cotation officielle, le gouvernement français peut bluffer, mais il n'a pas le pouvoir d'empêcher un emprunt de se conclure et de se placer. Les pays étrangers sont désormais avertis que, pour avoir les milliards de notre épargne, il ne faut pas s'adresser à l'État français totalement impuissant en la matière, mais à l'oligarchie des établissements de crédit qui dispose seule des capitaux nationaux et qui peut seule les accorder ou les refuser comme il lui plaît. Il reste seulement à savoir si le gouvernement français s'accommodera longtemps d'une situation qui le fait descendre si bas dans l'estime des autres et dans la sienne propre.

IX

L'importance d'un mode de placement qui permet d'écouler « sans publicité et sans bruit » des émissions s'élevant à des centaines de millions est trop manifeste pour qu'il n'en soit pas parlé plus longuement ici. Nous avons fait voir que l'adoption de ce mode de placement correspondait à un stade plus élevé de la concentration des banques et que celles-ci visaient de plus en plus à se passer des intermédiaires pour devenir les seuls exploitants de leurs clients. Cependant il convient d'observer que la généralisation de ces émissions occultes a été beaucoup facilitée par l'emploi d'un procédé nouveau, grâce auquel ces placements clandestins peuvent aujourd'hui réussir beaucoup mieux que par le passé. Ce procédé peut se résumer en deux mots : il fallait remédier à la difficulté de couvrir un gros emprunt en quelques jours, délai bien court quelquefois pour mobiliser et travailler les acheteurs. On a trouvé le moyen suivant : faire signer aux clients des souscriptions « conditionnelles » des semaines et même des mois à l'avance. Avec cette formule ingénieuse, non seulement on prépare un emprunt, mais on le place intégralement, avant même qu'il ait été conclu ou signé !

On place les emprunts d'abord, on les conclut après.

Un curieux engagement.

Exemple : longtemps avant l'émission de l'emprunt de Saint-Pétersbourg, les clients du Crédit Lyonnais étaient invités à signer l'engagement suivant :

Monsieur le Directeur du Crédit Lyonnais,

J'ai appris (*sic*) que vous devez d'ici quelque temps (*sic*) placer au prix de *435 francs*, jouissance 15 mai prochain, avec bonification de 3 fr. 50 pour retard de jouissance, des *Obligations de 500 francs*, capital nominal, d'un *Emprunt de de la Ville de Saint-Pétersbourg* du type 5 %, soumises à l'impôt russe et devant être abonnées aux taxes fiscales françaises.

Ces obligations étant à ma convenance, je vous prie de vouloir bien m'inscrire pour... titres au moment où le placement pourra être commencé.

(Signature.)

« Ces obligations étant à ma convenance », fait-on dire aux clients, mais comment les clients savent-ils que ces obligations leur conviennent? Le bulletin ne mentionne ni les conditions de gage, ni les conditions d'amortissement, il ne dit pas si les coupons sont payables en or ou autrement, il ne stipule aucune obligation pour l'établissement émetteur de coter les titres à Paris. Et les clients signent dans ces conditions !

200 millions souscrits dans une société non constituée.

Voici maintenant un bel exemple d'émission occulte et de complète domestication du public : dans son numéro du 28 juin 1908, *le Pour et le Contre* annonçait que « la Société du chemin de fer du Nord-Donetz venait de recevoir la ratification impériale de ses statuts et s'était aussitôt constituée définitivement ». Notez ce détail : la société venait seulement de se constituer. Le même journal ajoutait « que la société allait procéder le 29 courant, à la publication légale en France de ses statuts et des conditions d'émission de ses titres. » Ainsi, ni les statuts ni les conditions d'émission des titres n'étaient encore publiés. Cependant notre confrère relatait comme une chose toute simple et toute naturelle l'énorme fait suivant :

« L'émission est couverte d'avance et au delà par les souscriptions que les établissements de crédit se sont assurées déjà dans leur clientèle au moyen des « démarcheurs » qui la visitent. A telle enseigne qu'avant la lettre, les obligations Nord-Donetz se négocient depuis quelques jours sous le manteau de la cheminée avec une prime de 6 à 7 francs. »

Ainsi 200 millions sont souscrits dans une société dont les statuts n'ont pas été publiés et qui n'est même pas encore constituée en Russie, 200 millions sont souscrits par un public ignorant totalement ce qu'il achète ! Encore un beau cas !

Quand nous disons que l'oligarchie financière dirige l'épargne à son gré, on nous oppose hypocritement la liberté des capitalistes. Ceux-ci choisiraient leurs placements à bon escient. Elle est jolie, la liberté des capitalistes ! C'est librement, volontairement, n'est-ce pas, que les capitalistes français mettent 200 millions dans une entreprise russe qui leur est totalement inconnue et qui n'est même pas constituée légalement, quand ils souscrivent ?

X

Pas de prospectus public.

— Il est à noter d'ailleurs que la publication des statuts et des conditions d'émission une fois faite dans le *Journal officiel*, ces renseignements ne sont pas reproduits dans un prospectus public. Par exemple, aucun prospectus n'a été communiqué à la presse ou aux souscripteurs à propos de cette émission du Nord-Donetz. Le *Répertoire financier* raconte:

Nous nous sommes présenté, comme un bon acheteur, à une succursale de la *Société Générale* pour demander un exemplaire dudit prospectus. On nous l'a présenté à travers un guichet, mais en nous interdisant d'en prendre communication. Nous avons bien pu voir ainsi qu'il existait et était imprimé, mais nous ignorons totalement ce qu'il contenait.

Nous avons fait demander à la *Banque de Paris* un exemplaire du prospectus. On nous a répondu qu'il n'était pas encore à la disposition du public. Dans les autres établissements émetteurs, la réponse a été analogue.

Voici donc un emprunt de 222 millions 1/2 de francs qui vient d'être placé sans publicité autre que celle du Bulletin annexe du *Journal officiel*, c'est-à-dire d'un document qu'aucun acheteur d'obligations Nord-Donetz n'a lu.

Le danger du placement occulte.

Le Pour et le Contre émet les réflexions suivantes à propos du mode de placement occulte auquel nos établissements de crédit ont recours de plus en plus largement:

Tout d'abord, il démontre l'influence de nos grandes sociétés de banque et d'escompte sur l'épargne, et la puissance des moyens d'action dont elles disposent; qu'elles doivent cette extraordinaire facilité de placement à leur autorité morale, d'ailleurs incontestable, ou à leur organisation matérielle, leurs innombrables guichets autour desquels évoluent d'habiles rabatteurs, il importe peu; l'instrument est à juger dans son ensemble et il faut reconnaître son merveilleux fonctionnement.

Mais il n'en faut pas moins se demander si ce procédé d'émission rapide, discret et, pour tout dire, silencieux, est bien de nature à donner, soit au public souscripteur, soit même au banquier émetteur, les garanties de sécurité pour l'un, de succès pour l'autre qui sont en définitive de toute nécessité en pareille matière.

Une émission, surtout quand elle se chiffre par des centaines de millions de francs, est en somme un appel au crédit public. Car ce qui fait la valeur du titre à souscrire et justifie son prix d'émission, c'est le cours qu'il pourra coter à la Bourse; par conséquent, ce n'est pas du tout l'opinion individuelle de tels ou tels particuliers qui le souscrivent, mais bien la confiance collective, anonyme, que lui fera un jour le grand public. Dès lors, il est clair que le titre, et ses conditions d'émission, devraient être livrés à la libre discussion au lieu d'être offerts et recommandés en secret à de bonnes gens qui, à de très rares exceptions près, sont absolument incapables de se rendre compte des mérites intrinsèques d'une valeur nouvelle et de l'accueil qu'elle pourra trouver à la Bourse... La trop grande facilité que laisse ce mode d'émission pour écouler une marchandise frelatée, ou pour en majorer le prix, le fera très rapidement glisser aux pires abus...

Le journal *le Temps* se livrait à des réflexions analogues. Tous les emprunts, disait-il, qui ont été

« Le Temps aussi critiq

placés d'une manière occulte par nos établissements de crédit ont très fortement baissé et laissent une perte considérable sur les taux d'émission. Exemples : l'emprunt de Berne 1895, émis à 98,35, cote 85,40; l'emprunt de Berne 1897, émis à 98,50, cote 84,15; l'emprunt de Berne 1905, émis à 497,50, cote 471,50; l'emprunt de Berne 1906, émis à 495, cote 479; l'emprunt de Fribourg 1902, émis à 453,50, cote 417,50; l'emprunt de Fribourg 1903, émis à 477,50, cote 400,50; l'emprunt de Fribourg 1907, émis à 492,50, cote 482,50; l'emprunt des Grisons 1897, émis à 483, cote 418,50: l'emprunt de Zurich 1907, émis à 493,75, cote 480; l'emprunt suisse 1903, émis à 99,50, cote 83,60; l'emprunt suisse 3 °/₀ différé, émis à 98,60, cote 86,95; l'emprunt norvégien 1888, émis à 89, cote 84; l'emprunt norvégien 1903, émis à 94,50, cote 80,95; l'emprunt danois 1894, émis à 96, cote 85,95; l'emprunt danois 1897, émis à 98,87, cote 88,25. « Ainsi, faisait observer *le Temps* aucun des placements de premier ordre n'a monté au-dessus de son prix d'émission. Au contraire, l'acheteur a toujours perdu sur son capital, parfois jusqu'à près de 15 p. 100. N'est-ce pas la preuve évidente que le procédé de placement occulte est absolument mauvais pour les intérêts de la clientèle ? »

XI

Un autre abus du placement occulte consiste dans les variations de cours arbitraires que les établissements de crédit font subir aux valeurs dont ils ont le marché exclusif et qui constituent un véritable « estampage » du client. Vous voulez acheter? On vous compte le cours plein. Vous voulez vendre? C'est autre chose, on vous compte alors le cours déprécié, vous ne pouvez plus réaliser qu'avec perte. Quand le Crédit Lyonnais plaça son dernier emprunt de Saint-Pétersbourg, il n'était coté qu'en Russie. Ces cours de Russie faisaient foi et tous les jours ils accusaient de gros écarts, ce qui permettait aux financiers de Paris d'attribuer à leurs clients le prix élevé ou le prix inférieur selon que ces derniers étaient acheteurs ou vendeurs. Ceci n'est pas une insinuation malveillante, mais l'exposé d'une situation véritable. Nous pouvons citer le fait suivant : dans une même succursale et le même jour on a repris des obligations de la Ville de Saint-Pétersbourg au cours de 390 francs à un client vendeur, tandis qu'on cédait des titres identiques au cours de 500 francs à un client acheteur. Ainsi, selon qu'il achetait ou vendait dans la même journée, l'écart était pour le client de 110 francs par titre!

Un cours pour l'acheteur, un autre pour le vendeur.

On introduit aussi d'une manière occulte dans notre pays des quantités de valeurs étrangères qui ne sont

La portefeuille d'une dame veuve.

pas cotées en France, mais seulement à Berlin, à Londres, à Madrid. Nous connaissons une dame veuve, âgée de 50 ans, habitant la province et qui n'a d'autre conseil que la succursale voisine de l'une des banques appartenant à l'oligarchie financière. Son portefeuille est curieusement composé. Il comprend des valeurs de sociétés financières comme la Deutsche Bank, des valeur industrielles, notamment de fabriques de couleurs allemandes, etc. ; et à Madrid, de la Rente Intérieure Espagnole pour des sommes disproportionnées à sa petite fortune. Sur un capital de 300.000 francs, plus de 80.000 francs sont représentés par des titres ne se négociant qu'à l'étranger, et tous ces titres ont été achetés sur les conseils d'un grand établissement de crédit français. A noter que la personne dont nous parlons est très inexpérimentée et ne possède que des idées rudimentaires sur les valeurs qu'on lui a fait mettre en portefeuille. Nous étant renseigné, nous avons constaté que ce cas n'était nullement isolé, mais qu'au contraire, le même établissement avait inondé la région où cette dame habite de titres étrangers, cotés exclusivement à Berlin et à Madrid. Le mobile qui fait diriger les clients vers ces opérations apparaît clairement dans les comptes d'achat et de vente. Presque tous les bordereaux se rattachant à ces transactions étrangères accusent des majorations de cours, des commissions de change, des courtages anormaux et excessifs et l'on conçoit que toutes ces carottes ne pourraient être pratiquées aussi facilement sur la négociation de titres français.

XII

On aimerait à savoir ce que le gouvernement pense du mode de placement occulte et s'il estime rationnel et conforme aux besoins de notre démocratie que nos grands établissements de crédit effectuent leurs émissions « sans publicité et sans bruit ». On sait qu'une loi relativement récente oblige les émetteurs de titres de sociétés à publier au *Journal officiel* tous les renseignements jugés essentiels pour que l'épargne s'intéresse aux entreprises nouvelles en connaissance de cause, autant que possible. Pour faire voter cette disposition, le ministre des finances a fait valoir l'argument que, la publicité constituant la principale garantie de l'épargne, il était nécessaire que cette publicité fût obligatoire. Assurément aucun gouvernement républicain n'admettra que ce principe peut être tourné par la coalition des établissements financiers qui monopolisent les grandes émissions dans notre pays. Aucun ministre démocrate ne soutiendra l'hérésie que les sociétés de crédit peuvent avoir le privilège de placer la fortune publique « sans publicité et sans bruit ». On dira que ces sociétés se conforment à la loi et font les publications réglementaires à l'*Officiel*, mais elles placent les titres, mais elles font signer à leurs clients des souscriptions conditionnelles, avant que ces publications aient lieu, quelquefois même avant que les

Le placement occulte et la loi.

sociétés aient été constituées, et que les emprunts aient été conclus. A supposer qu'elles ne violent pas directement la loi, en agissant de cette manière, on n'osera pas affirmer qu'elles l'observent dans son sens et dans son esprit ?

Souscriptions en blanc à l'emprunt russe.

Deux mois avant la conclusion de l'emprunt russe, M. Rouanet signalait la manœuvre d'une petite banque recevant les souscriptions d'un emprunt qui n'était alors ni autorisé ni conclu et demandait au gouvernement de mettre fin à des opérations présentant un caractère illégal. Le ministre fit la sourde oreille. Il ne pouvait sévir. Comment l'aurait-il fait ? Alors que la petite banque en question plaçait les titres du futur emprunt russe hors la loi, les établissements de crédit en question faisaient de même et recueillaient, eux aussi, des souscriptions en blanc à une émission qui n'était pas encore approuvée par le gouvernement et dont les conditions n'étaient pas non plus définitivement arrêtées, comme il résulte des communiqués officiels.

L'envahissement du pouvoir financier.

Mais il est beaucoup moins intéressant de savoir ce que le gouvernement pense en son for intérieur du mode d'émission occulte que d'apprendre s'il est prêt à agir pour défendre les prérogatives de la nation contre l'envahissement du pouvoir financier centralisé en quelques mains. La tendance à la concentration des banques s'affirme de plus en plus. Nos grandes sociétés de crédit viennent encore d'augmenter leur capital[1]

1. Le Comptoir d'Escompte de 65 millions, la Société Générale de 130 millions.

et d'accentuer ainsi leur prédominance. D'autre part, l'allure de ces sociétés devient chaque jour plus dictatoriale et plus hautaine. On a vu qu'elles n'hésitent plus à provoquer l'État et à se mesurer avec lui, en plaçant un emprunt malgré son *veto*. Une autre prétention de ces établissements mégalomanes est d'effectuer maintenant leurs émissions en secret. Elles veulent supprimer tous les intermédiaires, soustraire leur gestion à tout contrôle et ne rendre de comptes ni au gouvernement, ni à la presse, ni à la Bourse...

En deux mots, le syndicat financier qui monopolise la direction de notre épargne et tous les ans exporte deux milliards d'argent français veut travailler en cachette. Il n'est pas possible que l'État et le Parlement restent plus longtemps passifs et muets en présence des progrès du despotisme financier qui met notre pays sous sa botte.

Les Émissions de valeurs Étrangères en 1909 et 1910

Nous avons déjà donné dans le cours de cet ouvrage l'énumération des valeurs étrangères émises à la Bourse de Paris pendant les années 1906, 1907 et 1908. Pour compléter la documentation du lecteur dans cet ordre d'idées, nous publions la statistique des émissions pendant les années 1909 et 1910.

1909

Valeurs étrangères introduites à la Bourse de Paris *en 1909*.

Marché officiel : Emprunt chinois 69 millions. — Emprunt Buenos-Ayres 17 millions. — Emprunt russe 1.089 millions. — Emprunt Sao-Paulo 123 millions. — Emprunt brésilien 5 % 38 millions. — Emprunt Santa-Fé 15 millions. — Banque de Norvège 59 millions. — Emprunt brésilien 5 % 49 millions. — Emprunt Buenos-Ayres 38 millions. — Emprunt ottoman 25 millions. — Emprunt de Tucuman (Rép. Argentine). 24 millions. — Emprunt ottoman

115 millions. — Emprunt d'Uruguay 31 milions. — Emprunt danois 56 millions. — Gaz de Beyrouth 6 millions 1/2. — Industrie houillère de la Russie méridionale 5 millions 1/2. — Prowodnik 37 millions 1/2. — Gaz de Bruxelles 6 millions. — Naphte de Bakou 14 millions. — Port Rio Grande 59 millions. — Est-Asiatique Danois 25 millions 1/2. — Tramways Buenos-Ayres 83 millions. — Charbonnage hongrois 4 millions. — Société cotonnière russo-française 22 millions 1/2. — Gaz de Lisbonne 40 millions 1/2. — Charbonnage Dombrowa 17 millions. — Chemin de fer Santa-Fé 7 millions. — Land Bank of Egypt 13 millions. — Chemin de fer Volga-Bougoulma 31 millions 1/2. — Chemin de fer Rosario 48 millions. — Banque hyp. franco-argentine 38 millions. — Chemin de fer Buenos-Ayres 58 millions. — Orosdi-Back 4 millions 1/2. — Krivoi-Rog 1 million 1/2. — Gaz de Mulhouse 725.000 francs. — Chemin de fer Sao-Paulo 31 millions 1/2. — Crédit foncier argentin 31 millions. — Électricité Varsovie 1 1/2 millions. — Banque Industrielle du Japon 25 millions 1/2. — Canal de Suez 14 millions. — Ville de Kioto 44 millions 1/2. — Chemin de fer de Goyaz 9 millions. — Crédit franco-canadien 9 millions 1/2. — Sud-Est Russe 50 millions 1/2. — Banque Crédit Sao-Paulo 24 millions. — Cie Péruvienne de navigation 8 millions 1/2. — Gaz de Lisbonne 22 millions 1/2. — Sucreries brésiliennes 8 millions. Total : 2 milliards 622 millions.

Marché de la coulisse : Ville de Stockholm 30 millions. — Uruguay 6 % 5 millions. — Emprunt de Pernambuco 35 millions — Emprunt Province de Buenos-Ayres intérieur 31 millions — Banque Industrielle du Japon 27 millions. — Great Cobar 16 millions 1/2. — Gold Mines Investment 14 millions. — Société Hellénique de vins 8 millions 1/2. — Modderfontein 55 millions. — Oriental Carpet 14 millions 1/2. — Ferreira Deep 157 millions 1/2. — United States Rubber 31 millions. — Utah Copper 83 millions. — Laurium Grec 3 millions. — Crown Mines

421 millions. — Brakpan Mines 56 millions. — New Transvaal Chemical 7 millions 1/2. — Van Ryn 65 millions. — Metropolitan Fare Register 1 million. — Lancaster West 4 millions 1/2. — Lena Goldfields 44 millions. — Chartered 8 millions. — Caoutchouc Sumatra 6 millions. — Main Reef 3 millions. — Sté financière caoutchouc 12 millions 1/2. — Heliopolis Palace Hotel 7 millions. — Sté franco-néerlandaise 17 millions. — West Rand Mines 63 millions. — Sté Norvégienne de l'Azote 41 millions. — Chemin de fer Riazan-Ouralsk 23 millions. — Colombian National Railway 4 millions. — Caisse hypothécaire d'Égypte 16 millions. — Ch. de fer Nord-Ouest de l'Espagne 13 millions 1/2. — Port Para 9 millions 1/2. — Chemin de fer Sud-Ouest de Bahia 5 millions 1/2. — Chemins de fer Andalous 3 1/2 millions. — Chemins de fer Équateur 6 millions. — Cie de Pernambuco 5 millions. — Kassandra 2 millions. — Missouri, Oklahoma 10 millions 1/2. — Sté hongroise de cuivres 2 millions. — Chemin de fer Buzau-Nehoiasu 2 millions. — Saint-Louis et San-Francisco 48 millions. — New-York Taxicab 7 millions. — Asti-Chivasso 8 millions. — Chemin de fer Uruguay 7 millions. Total : 1 milliard 447 millions[1].

Le total des valeurs étrangères introduites sur les deux marchés a été de 4 milliards 69 millions, celui des valeurs françaises a été de 1 milliard 50 millions. La proportion des valeurs étrangères a donc été de

En 1909, 80 p. 100 de valeurs étrangères et 20 p. 100 de valeurs françaises.

1. Bien entendu, ces statistiques ont trait aux titres *offerts*, la valeur des titres achetés ne pouvant être exactement déterminée. D'autre part, nous ne dédulsons pas les titres dits de remplacement, c'est-à-dire échangés contre d'autres papiers. En fait, cette évaluation des valeurs étrangères serait certainemen au-dessous de la réalité, si l'on tenait compte des énormes placements occultes qui s'effectuent dans notre pays.

80 p. 100, celle des valeurs françaises de 20 p. 100[1].

1910

Voici maintenant la statistique des émissions en 1910.

Valeurs étrangères introduites à la Bourse de Paris *en 1910.*

Marché officiel : Emprunt argentin 89 millions. — Emprunt suisse 3 1/2 % 78 millions. — Emprunt japonais 4 % 319 millions.— Emprunt serbe 4 1/2 % 102 millions.— Emprunt État de Bahia 44 millions. — Emprunt roumain 4 % 118 millions. — Emprunt Brésil 4 % 89 millions. — Emprunt serbe 4 1/2 % 27 millions. — Emprunt belge 3 % 312 millions. — Emprunt japonais 4 % 432 millions. — Emprunt du Maroc 4 % 82 millions. — Emprunt suédois 3 1/2 % 78 millions. — Emprunt ottoman 4 % 23 millions. — Emprunt mexicain 4 % 274 millions. — Emprunt Santa-Fé 48 millions. — Emprunt suédois 3 1/2 % 78 millions.

1. A noter que parmi ces valeurs françaises figurent une émission de 318 millions d'obligations du Crédit foncier; des emprunts de la Tunisie, de l'Afrique occidentale, de la Guadeloupe, de l'Indo-Chine, du Congo, de la Nouvelle-Calédonie, s'élevant à 134 millions, affaires qui n'ont pas résulté de l'initiative des banques. On compte aussi parmi les émissions françaises les augmentations diverses de capital de nos grandes sociétés financières (Société Générale, Comptoir d'Escompte, Crédit Mobilier, etc.) atteignant 215 millions, mais cet argent ne va pas à des emplois français. Sur un total de 5 milliards 112 millions de titres introduits à la Bourse en 1909, on ne relève donc en tout que 300 millions intéressant directement la production du pays.

Emprunt hellénique 5 % 40 millions. — Emprunt de Buenos-Ayres 85 millions. — Crédit foncier franco-canadien 18 millions. — Banque Nationale du Mexique 2 millions. — Banque Commerciale italienne 45 millions. — Crédit foncier mexicain 19 millions. — Banque Rio-Plata 32 millions. — Crédit franco-égyptien 12 millions 1/2. — Banque hyp. franco-argentine 32 millions 1/2. — Mexico Tramways 72 millions. — Sté foncière du Mexique 43 millions 1/2. — Charbonnage Puertollano 12 millions 1/2. — Crédit foncier du Brésil 14 millions. — Chemin de fer Rosario 12 millions 1/2. — Chemin de fer National nal du Mexique 104 millions. — Sté Prowodnik 12 millions. — Houillères Berestow-Krinka 9 millions 1/2. — Banque Commerciale de St-Péterbourg 35 millions. — Chemin de fer au Brésil 26 millions. — Banque Union de Moscou 58 millions. — Banque Espagnole de Cuba 40 millions. — Crédit foncier argentin 38 millions 1/2. — Caisse hypothécaire argentine 12 millions 1/2. — Banque Rio-Plata 32 millions. — Banque de Salonique 20 millions. — Sté franco-russe produits chimiques 1 million 1/2. — Banque d'Athènes 12 millions 1/2. — Brazil Railway 15 millions 1/2. — Caisse hypothécaire Canadienne 10 millions 1/2. — Industrie houillère Russie Méridionale 5 millions 1/2. — Chemin de fer Buenos-Ayres 10 millions. — Banque d'Orient 29 1/2 millions. — Crédit foncier de Stockholm 20 millions. — Chemin de fer Santa-Fé 8 millions. — Usines Briansk 10 millions. — Crédit foncier mexicain 36 millions. — Sté foncière du Mexique 12 millions 1/2. — Banque hyp. franco-argentine 22 millions 1/2. — Chemin de fer de Rosario 24 millions. — Chemin de fer Damas-Hamah 19 millions. — Chemin de fer Victoria à Minas 13 millions. — Crédit foncier du Brésil 36 millions. — Chemin de fer Éthiopien 65 millions 1/2. — Sté franco-américaine 5 millions. — Chemin de fer Volga-Bougoulma 93 millions. — Sté Norvégienne de l'azote 39 millions 1/2. — Caisse hyp. Canadienne 19 millions. — Chemin de fer Sao-Paulo 27 millions. — Banque hyp. franco-argentine 24 millions 1/2. — Chemins de fer fédéraux brésiliens 47 millions. — Caisse d'Épargne de Pest 23 millions 1/2. — Chemin de fer Buenos-Ayres 16 millions. — Sté Métallurgique Oural-Volga 8 millions. — Cleveland, Cincinnati 48 millions. — Chicago, Milwaukee 236 millions 1/2. — Saint Louis and San Francisco 46 millions 1/2. Total : 4 milliards 74 millions.

Marché de la coulisse : Emprunt argentin intérieur 177 millions. — État de Durango 9 millions. — État Rio Grande do Norte 8 millions 1/2. — Province Buenos-Ayres 5 % 17 millions 1/2. — Province Mendoza 28 millions. — État de Catharina 3 millions 1/2. — Province de San-Juan 11 millions 1/2. — État d'Aguascalientès 3 millions 1/2. — Province Santa-Fé 5 millions. — Province Corrientès 10 millions. — Minas-Geraes 4 1/2 % 114 millions. — Spassky Copper 24 millions. — Cairo Electric 54 millions. — Sté Métallurgique Taganrog 21 millions. — Minas-Mercédès 3 millions. — Malacca Rubber 108 millions. — Maikop 6 millions. — Ciments Sastao 1 million 1/3. — Mines Seriphos 2 millions. — Whim Well 6 millions. — Pétroles Franco-Wyoming 2 millions 1/2. — Eastern International Rubber 9 millions 1/2. — Village Deep 82 millions 1/2. — Canadian Coal 12 millions. — Usines Stoll 4 millions. — Caoutchouc Kali-Tangah 3 millions 1/2. — Mexico Mines of El-Oro 37 millions 1/2. — Chemins Andalous 3 millions. — Quebec Railways 19 millions 1/2. — Batopilas Mining 15 millions 1/2. — Para Island Rubber 3 millions. — City Deep 137 millions 1/2. — Crédit foncier Uruguay 6 millions 1/2. — United States Worsted C° 16 millions. — Caoutchouc Nieuw-Tjisalak 2 millions 1/2. — Foncière Hendaye 4 millions. — Lonely Reef 22 millions 1/2. — Anthracite russe 1 million 1/2. — Companhia Colon do Buzy 4 millions. — Camp Bird 49 millions 1/2. — Oriental Tobacco 19 millions 1/2. — Tubes et Forges Sosnowice

33 millions. — Malacca 14 millions 1/2. — Municipalité Para 9 millions 1/2. — Platine 7 millions 1/2. — Mines de Naltagua 2 millions 1/2. — New-Orléans 9 millions 1/2. — Cherryvale Oklahoma 5 millions. — Huelva 2 millions. — Ville de Tiflis 8 millions. — South Brazil Railway 7 millions. — Florida Railway 18 millions. — Ferrocarril Mexicano 6 millions. — Chemin de fer Est Central Chilien 12 millions. — Algoma Central 14 millions. — Total : 1 milliard 222 millions 1/2.

Le total des valeurs étrangères introduites à la Bourse de Paris en 1910 a été de 5 milliards 296 millions 1/2, celui des valeurs françaises de 782 millions. La proportion des valeurs étrangères a donc été de 87 p. 100, celle des valeurs françaises de 13 p. 100 seulement[1].

En 1910, 87 p. 100 de valeurs étrangères et 13 p. 100 de valeurs françaises seulement.

On ne commente pas de tels chiffres : ils établissent que l'activité de notre finance devient exclusivement cosmopolite et que si des mesures ne sont prises pour enrayer l'orientation antipatriotique donnée par les banques aux capitaux français, la déchéance de notre pays ne pourra que s'accentuer au point de vue du commerce, de l'industrie et de la population.

1. Les valeurs françaises comprennent 274 millions 1/2 d'émissions de la Ville de Paris, 38 millions d'emprunts coloniaux, 24 millions d'augmentation de capital des banques. Il est donc resté bien peu de chose pour l'industrie du pays.

TABLE DES MATIÈRES

CONTRE L'OLIGARCHIE FINANCIÈRE EN FRANCE

LA RÉPONSE DE LYSIS AUX ÉTABLISSEMENTS DE CRÉDIT

IMPRIMÉ

PAR

PHILIPPE RENOUARD

19, rue des Saints-Pères

PARIS

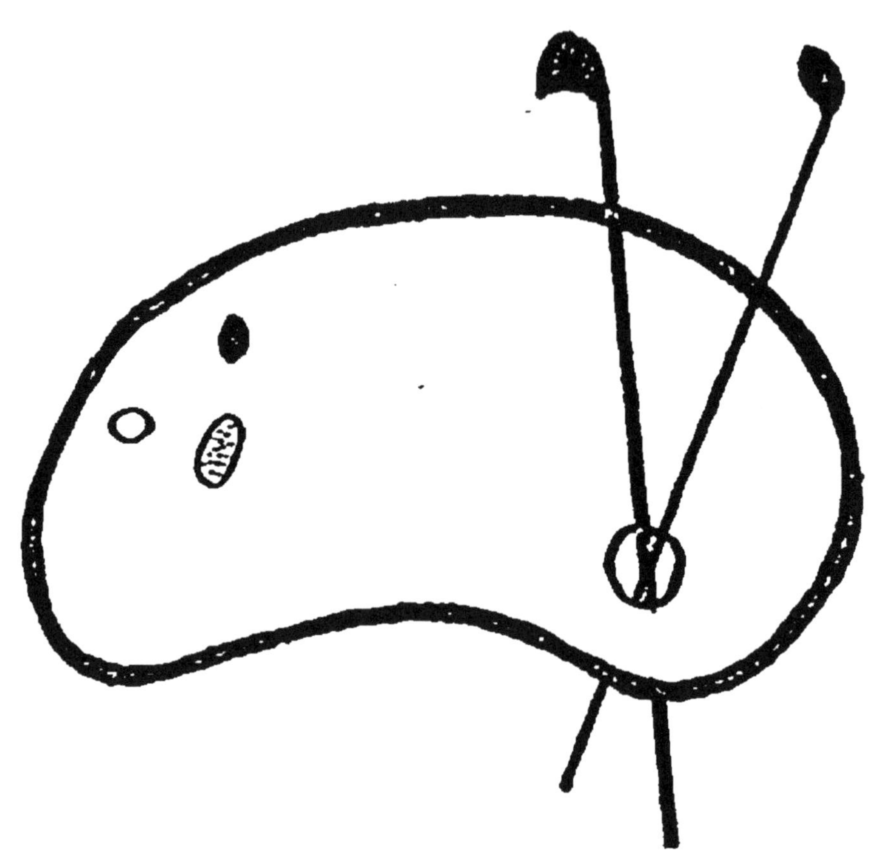

www.ingramcontent.com/pod-product-compliance
Ingram Content Group UK Ltd.
Pitfield, Milton Keynes, MK11 3LW, UK
UKHW021845190726
13855UKWH00001B/162